广东省自然科学基金创新团队项目

"全球价值链的广东制造：国际竞争力与战略转型"（项目编号：S2013030012737)

国家社会科学基金重大项目：

"'一带一路'战略与中国参与全球经济治理问题研究"（项目编号：15ZDA018)

21 世纪海上丝绸之路协同创新中心智库丛书

广东国际战略研究院"全球价值链"系列

Quanqiu Jiazhilian Beijingxia de
Guangdong Fuzhuangye Zhuanxing Shengji

全球价值链背景下的广东服装业转型升级

胡晓红　阳林　著

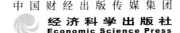

中国财经出版传媒集团

经济科学出版社

Economic Science Press

图书在版编目（CIP）数据

全球价值链背景下的广东服装业转型升级／胡晓红，阳林著．—北京：经济科学出版社，2017.12

（21 世纪海上丝绸之路协同创新中心智库丛书．广东国际战略研究院"全球价值链"系列）

ISBN 978 – 7 – 5141 – 8977 – 3

Ⅰ．①全…　Ⅱ．①胡…　②阳…　Ⅲ．①服装工业 – 产业结构升级 – 研究 – 广东　Ⅳ．①F426.86

中国版本图书馆 CIP 数据核字（2018）第 003557 号

责任编辑：王冬玲　张　燕
责任校对：王肖楠
责任印制：邱　天

全球价值链背景下的广东服装业转型升级
胡晓红　阳　林　著
经济科学出版社出版、发行　新华书店经销
社址：北京市海淀区阜成路甲 28 号　邮编：100142
总编部电话：010 – 88191217　发行部电话：010 – 88191522
网址：www. esp. com. cn
电子邮件：esp@ esp. com. cn
天猫网店：经济科学出版社旗舰店
网址：http：//jjkxcbs. tmall. com
北京密兴印刷有限公司印装
710×1000　16 开　13.75 印张　220000 字
2017 年 12 月第 1 版　2017 年 12 月第 1 次印刷
ISBN 978 – 7 – 5141 – 8977 – 3　定价：46.00 元
（图书出现印装问题，本社负责调换。电话：**010 – 88191510**）
（版权所有　侵权必究　举报电话：**010 – 88191586**
电子邮箱：**dbts@ esp. com. cn**）

总　　序

　　广东在经济改革开放后"先行一步"发展，已成为"中国制造"的大省和全球重要的制造产业基地，以任何方式衡量，广东制造业都无疑是中国经济增长最重要的组成部分。但从全球竞争的视角来看，广东制造虽已融入世界制造业体系，但仍处于全球价值链的中低端。如何调整广东制造业结构、加速产业向高端化转型？实现从"制造大省"到"制造强省"的迈进，是一项亟待研究的重要课题。尤其是继《中国制造2025》发展规划出台，广东省全面对接并提出《广东省智能制造发展规划（2015～2025）》，所有迹象均指明，在全球价值链中培育与抢占具有国际产业竞争力的战略制高点，是广东制造业优势再造的头号工程。

　　改革开放30多年来，广东制造取得了长足的发展。特别是半导体照明（LED）和新型电子信息两大新兴产业以及传统支柱产业中的纺织服装业，在新常态下均成为广东参与"一带一路"倡议推进经济成长的重要动力，是形成先进制造业与现代服务业"双轮驱动"的产业发展格局的关键引擎。然而，近年来情况发生了显著的变化，广东制造业在劳动力、土地等资源禀赋方面成本逐年攀升，曾经带动行业发展的传统竞争优势正在不断被侵蚀，制造产业转型升级变得迫在眉睫。因此，本丛书开始着手系统的研究，包含了广东省半导体照明、高端新型电子信息和纺织服装三大行业，对有关重构高层次分工的国际化发展、产业链治理等问题展开研究。本丛书填补了有关广东省重要制造业行业研究的匮乏，从战略的高度重新审视了产业发展及未来趋势，为新兴产业发展和传统产业转型的研究提供了思路和经验分析总结，并为开启新的方向奠定了基础。

　　本丛书是广东省自然科学基金创新团队项目"全球价值链的广东制造：

国际竞争力与战略转型"（项目编号：S2013030015737）、国家社会科学基金项目："'一带一路'战略与中国参与全球经济治理问题研究"（项目编号：15ZDA018）的成果之一，并在广东国际战略研究院、21世纪海上丝绸之路协同创新中心支持下，顺利完成智库建设。其中第一本著作《全球价值链下广东LED产业：产业链治理与国际竞争力》由李青、胡仁杰、李文玉著，主要关注广东LED产业链治理与国际竞争力，并对广东省LED产业发展趋势进行研判。第二本著作《全球价值链下的广东高端电子产业：价值链重构与产业转型》由袁静、曾楚宏著，从全球价值链的角度，特别关注了广东高端电子信息产业实现转型升级的演化路径和生态环境。第三本著作《全球价值链背景下的广东服装业转型升级》，由胡晓红、阳林著，着重阐释广东服装业创新发展问题，为广东服装企业的全球化发展、战略转型以及政府政策制度变革提供了方向和指引。

这套丛书从筹划到正式出版历时近两年，该丛书的出版是研究团队共同努力的结果，也得到了广东外语外贸大学和有关部门领导的大力支持。感谢中山大学长江学者李新春教授给予的指导与支持。感谢经济科学出版社在本丛书出版过程中的支持和帮助；感谢国家自然科学基金项目、国家社会科学基金、广东省自然科学基金等的资助；感谢参与编撰的所有作者，正是他们的辛苦付出和鼎力支持成就了这套丛书。

隋广军

2017 年 10 月

前　言

　　服装业作为传统低技术制造业的典型代表，是中国早期工业化和经济发展的主导产业之一。在经济区域化和跨国公司跨区域组织生产的大背景下，依赖人口红利、成本优势，曾经为广东省经济的快速发展做出卓越贡献的广东省传统制造业集群，随着经济转型与企业全球价值链的渗透，呈现停滞和衰退迹象。

　　根据政策布局，大量的政府资源鼓励、扶持、补贴各种高新科技产业和"高端"服务业，在高科技、创新型企业蓬勃兴旺的同时，以低制造成本优势、低技术水平和劳动密集为特征的服装制造业，将何去何从？在广东省乃至全国的经济发展中，服装制造业能否保持强劲的势头？政府部门和公司是否需要采取一定措施和步骤加强其未来的优势？是否必须加快转型和升级？这些都是值得重视和深思的问题。

　　我们研究相关理论文献，查阅相关资料，书中第一章、第四章、第六章、第八章的一些企业市场状况的数据主要引用自中国服装网、行业咨询网以及收录在行业数据库中的报纸的报道。根据实际情况，借鉴在发达的国家和地区曾经有的经验，寻求服装产业变迁和发展的规律，探讨影响企业运营和发展的关键要素，结合目前具有的优势和面临的挑战，尝试描述、回答广东省服装业如何继续发展这个问题，为广东省服装企业和政府决策提出建议。

　　国内外学者对产业升级的思考反映了共同的特点：产业从低技术水平、低附加价值向高技术、高附加价值状态演化，Hobbay（1995）总结的后进企业发展共同路径"OEM—ODM—OIM/OBM"为国内外学者普遍接受。相应地，国内学者对服装产业升级的建议都是基于以上国外学者的思路。对于我国劳动密集型产业（尤其是沿海地区），我们所要思考的问题是：这一模式对现阶段的以服装业为代表的我国劳动密集型产业仍然走得通吗？

创建自有品牌，基于国内巨大的内销服装市场优势，成为了众多服装企业的追求。近几年，国内本土服装企业呈现出两种不同的态势。

一方面，国内不少知名的服装品牌企业深陷关店狂潮。曾几何时，为了迅速扩大市场，大多数服装企业都采用增加门店数量来追求利润的模式，创建服装品牌几乎等同于开专卖店。但是随着渠道的多元化发展，导致内部管理、人力资源、周转资金跟不上。在经历了快速的渠道业绩增长后，从2008年开始，诸多品牌企业陷入了库存积压和零售折扣下降的困境，业绩持续低迷不振。再加上成本上涨压力、地租节节攀升等因素，纺织服装行业的关店潮还在持续。与此形成鲜明对比的是，Zara、优衣库、无印良品等国际品牌加速扩张布局。

另一方面，专注于品牌建设和产品创新的原创"淘品牌"在国内的网购市场上异军突起，从市场接受度和消费者反馈来看，原创设计的市场潜力巨大，自主品牌的优势正日益显现。将成为未来国内服装业发展的重要后备力量。而这些后备军大部分来自行业内的小微企业，从简单的OEM代工到转型进军内销市场，敢于转向自主品牌运营的小微企业尚属少数，由于成长时间有限，在服装设计和版型、品质的理解上积淀不足，无法与传统的服装企业相比。很多在管理和融资、产品等复合能力上遇到了各种问题。"淘品牌"的运营模式核心的难点在于要把设计、供应链管理这些环节和互联网更好地融合起来。

因此，现实地看，无论是本土的传统服装品牌还是网络原创"淘品牌"，在残酷的市场竞争中，都面临着困境和挑战。如何能够成功地突破？还有众多的尚未拥有品牌的服装制造企业，如何生存、发展？仅凭一时的市场机会，仅凭企业自身的力量，显然是不够的。单个企业的成败荣辱离不开它所属的地区或产业集群，对集群品牌或区域品牌的重视显得相当的重要。

不少学者在产业集群品牌形象的形成、产业集群品牌资产及其建构方面进行了研究。认为集群品牌的塑造是关联企业的联盟或者集群内的优势企业，将特定行业与某一地理或行政区域联系在一起，比单个企业品牌效应更持久，集群品牌是进一步吸引集群资源要素集聚的驱动因素。从全球价值链视角，集群品牌的提升是集群由 OEM 向 ODM、OBM 进行升级的过程。

从国际经验来看，无论是意大利、德国，还是欧美、日本的产业区，其成功都在于不断设计、生产出纷繁多样的新产品或开展新的服务，并实现市场价值，创造财富。其产品可能是传统的，但工艺和营销方式却是先进的，甚至是高技术的。创新不仅反映在设计方面，更多地反映在工艺过程方面，也就是不断开发各种先进的技术，用来制造那些传统地看来是低技术的产品。创新有产品创新、工艺创新和组织管理创新三方面。最重要的是，产业区中特有的创新机制和文化，使知识和技术不断地积累和扩散。可见，在世界范围内，产业区的演化并不存在单一的路径，而是建立在自身基础和特点之上呈现为"多重路径依赖"，产业区并非一种静态的理想化模式。

中国服装产业的转型升级如何做到向产业链上游攀升？

有着十分完整的服装产业链和众多发达产业集群的广东，在踊跃尝试各种路径进行服装产业转型升级。然而，对于我国服装产业集群以及服装企业如何生存和发展、转型和升级都必须建立在充分了解自身优势和劣势的基础上。在集群的层面上看，广东服装产业集群品牌普遍存在品牌附加值低、品牌建设机制落后、缺乏强势产品品牌、在国际上没有知名度等一系列问题，大大影响了其销售市场和发展前景。如何从本质上解决问题，在于如何加强产业链环节对接力度，"从线状型企业"转向"网络型企业"？

本书依据集群品牌、品牌治理、创新网络和价值共创的相关理论，从广东省服装业着手，通过对企业、政府和中间组织间的互动沟通进行探讨，研究如何适时引导集群内企业并创造条件帮助其向研发、品牌建设等特色产业的高端环节发展，建设和提升集群品牌，意欲破解集群品牌成长"瓶颈"，实现服装业集群转型升级、让传统制造业重新焕发活力。同时，在充分了解服装企业的现实状况基础上，借鉴成功的国家和地区的经验，对服装业的转型升级提出了主要从两方面着手的设想：做强 OEM 和准备 OBM。而无论是做强OEM 还是准备 OBM 都离不开集群品牌的培育和发展。

在建设集群品牌过程中，内部如何有效地互动实现价值共创，如何通过政府和公共机构的引导和机制安排，提高成功，降低风险。其关键是形成以大学企业研究机构为核心要素，以政府金融机构、中介组织创新平台、非营利性组织等为辅助要素的多元主体协同互动的网络创新模式，通过知识创造主体和技术创新主体间的深入合作和资源整合，产生系统叠加的非线性效用。

本书得到广东省自然科学基金创新团队项目"全球价值链的广东制造：国际竞争力与战略转型"（项目编号：S2013030015737）、广东省省级科技计划项目"基于全球价值链视角的集群品牌与创新网络——对广东省服装产业集群升级的研究"（项目号：2014A070703053，粤科规财字〔2015〕72号）、国家自然科学基金项目"'一带一路'建设与中国制造：战略转型与价值链提升"（项目编号：715730058）、国家社会科学基金项目："'一带一路'战略与中国参与全球经济治理问题研究"（项目编号：15ZDA018）的资助，特此感谢。

在本书的写作过程中以及相关的研究中，中山大学李新春教授多次给予指导，同时也得到了广东外语外贸大学广东国际战略研究院李青教授的大力支持，在此表示衷心的感谢。

作　者
2017 年 10 月

目　　录

第1章　为什么研究广东服装业

学者们认为中国制造的产品低端，利润微薄，在全球价值链分工中处于劣势地位，且低成本优势因为汇率上升、原材料价格上涨、环保成本提高、土地成本提高等而受到冲击。因而提出中国经济应该通过技术创新、品牌经营向产业链中附加价值更高的方向发展，甚至有人主张中国现在就可以转向后工业化的产业发展方向，即不再发展工业，而直接向现在服务业快速升级。在这种背景下，大量的政府资源鼓励、扶持、补贴各种高新科技产业和"高端"服务业，而一些传统的低端制造业相对被忽视。结构变化产生的重要结果：服装业作为传统制造业注定要萎缩吗？服装制造业何去何从。结合广东省政府的政策布局，在高科技、创新型企业蓬勃兴旺的同时，以低制造成本优势、低技术水平和劳动密集为特征的服装制造业可以任其自生自灭吗？仍应成为广东经济的重要支柱吗？服装业在广东省乃至全国的经济发展中，能否保持强劲的势头，政府部门和公司是否要采取一定措施和步骤加强未来的优势？是否必须加快转型和升级？这些都是值得重视和深思的问题。

服装行业是具有代表性的低技术制造业，也是中国早期工业化和经济发展的主导产业之一，目前中国是世界最大的服装加工贸易国。对服装业升级战略、路径和产业政策的研究对于其他类似的行业，如家用电器、鞋帽制品、玩具等具有参考价值。

纺织和服装业密不可分，作为传统的制造产业，曾经在经济增长中起了孵化作用。在全球化的进程中，涌现出低成本生产商（我国之前的30年即作为低成本生产商的集中地）的经济，所有先进的工业国家中的纺织和服装业都曾经面临着是否要消失和是否应该加速退出的问题。从行业统计数据可以看到，中国服装产业数量增长时代已经基本结束，20 世纪 90 年代中末期出现的"大爆发"时代已经一去不复返。短短 30 年，中国已成为全球最大的服装生产国和消费国，眼下正面临产业转型"拐点"。

中国服装产业虽然早已参与到全球化竞争中，然而，国际奢侈品动辄数万元售价的背后是中国代工企业低廉的劳动，甚至在一件奢侈品上面所赚利润"只够买瓶矿泉水"。处于产业的最低端，不仅取得的附加值低，而且也是很不稳固的。美中关系专家巴里·诺顿（Barry Naughton）曾经考察了相应的生产"附加值链"，即把货物（纺织品、电子器件、原材料等）从香港地区输入到内地，在那里加工或组装成产品，然后将产品运回香港地区包装、销售和发货的全过程。他估计，就运抵加利福尼亚州长滩港的进口货物而论，其在中国内地获得的附加值在每 1 美元到岸价（成本加保险费价格、运费价格或全部成本价格）中大约 20 美分至 30 美分。国内制造业仅仅靠着生产要素价格优势所获取的回报由此数据可以看出是很低的。

而且，生产要素价格优势并非能一直保持，随着 2008 年《新劳动法》出台，国际上大部分制造厂商为寻求更低成本的土地和劳动力已将生产转移到泰国、越南、印度等地。此外，金融危机导致订单减少。已然全球化的今天，当我们低成本优势丧失，国际服装品牌商进一步把生产环节转移到成本更加低廉的东南亚地区时，广东乃至中国的服装企业面临着同样的问题。2008 年上半年，珠三角、长三角劳动密集型产业遭遇寒冬，出口额下降、外商撤资、数以万计的企业倒闭或面临倒闭，服装产业首当其冲。

继 2009 年金融危机冲击下中国大量外贸出口小企业倒闭后，2011 年东莞、温州等地再次出现小企业倒闭，在各类报道中的倒闭企业大多是服装、鞋类和饰品加工的私营中小企业。中国物流与采购联合会（CFLP）发布的 2010 年 7 月 PMI 为 50.7%。从时间序列看，7 月 PMI 为 2009 年 3 月以来最低。而汇丰银行由于采样以中小企业为主，7 月 PMI 指数更跌至 49.3% 的低位。而这一次小企业倒闭的主要原因不是国外市场需求衰退，而是通胀、信贷压力和工资及材料成本上涨等国内市场的冲击造成的。小企业倒闭现象反映了中国主要集中于沿海城市的粗放型出口加工贸易模式不具有可持续性。

事实上，服装产业在我国目前的处境并非特例，20 世纪 80 年代每个东亚新兴国家、地区都曾经遭遇国内供给的限制（劳工短缺、工资上涨和土地成本升高）和外部环境的恶化（货币升值、关税和配额调整）。日韩早年通过"技术引进—技术模仿—自主创新"进行产业升级，发展自有品牌；中国港台部分企业则选择了以代工切入全球分工，走"OEM—ODM—OBM"①的升级道路。香港地区作为曾经的制造业中心，如何成功地将更多的服务、创新能力附加其上而获得竞争优势，尽管广东并不具备将生产制造完全迁移出去，但它们的经验是可以供我们学习和借鉴的。东南亚新兴国家与地区的升级模式都取得了一些成效，如今是否仍可拿来作为我国产业升级的主要方式呢？

中国服装产业的转型升级如何做到向产业链上游攀升？从而获取定价主动权。有着十分完整的服装产业链和众多发达产业集群的广东，在踊跃尝试各种路径进行服装产业转型升级。

我们一方面研究相关文献资料，借鉴发达国家和地区的经验，探讨服装产业变迁和发展的规律，以及影响企业层面运营的关键要素。另一方面，通过深入走访企业，走访广东的政府机构和行业机构。与企业家、管理人员以及政府部门和民间机构的相关人员进行交谈，发放问卷。结合广东时装业在全球价值链中的位置以及广东本地企业目前具备的特点，试图回答广东服装业如何继续发展这个问题，发现我们具有的优势和面临的挑战，为广东服装企业和政府决策提出建议。

1.1 广东服装业的历史演变

1.1.1 基本概况

广东是中国重要的服装生产大省和出口大省，20 世纪 90 年代以来，生产总量和出口总额均名列全国第一。服装行业是全省九大支柱产业之一。目前，

---

① OEM 即 Original Equipment Manufacturer 的缩写，意为贴牌生产；ODM 即 Original Design Manufacturer 的缩写，意为原始设计制造商；OBM 即 Original Brand Manfacturer 的缩写，意为原始品牌制造商。

广东拥有服装企业 3 万多家，规模以上企业 2500 多家，拥有涵盖面辅料、制衣、印染加工、集散市场在内的完善产业链，并形成了门类较齐全、具有相当规模的工业生产体系。同时，产业集群化发展优势明显，拥有 26 个服装特色产业集群，从珠江三角洲向东西两翼延伸，主要集中在深圳（女装），虎门（时装），惠州（男装），中山、园洲（休闲服），南海、小榄（内衣），普宁（衬衫），佛山（童装），新塘、开平、均安、大涌（牛仔服），潮州（晚礼服），大朗、澄海（毛衣），张槎（针织）等地，广州市品牌云集、市场十分活跃。广东服装以款式多样、色彩绚丽、流行时尚引领国内时尚潮流，种类齐全，产品畅销全国，出口世界各地。这些服装产业集群，首先是专业化生产形成"块状"产业，是在与相应的专业市场互动和劳动力资源有效供给的条件下，专业化生产相互配套，集群内外部效应增强了集群的活力，带动了当地经济的崛起。再加上集群企业与港澳市场结合紧密，信息灵通，跟进国际流行趋势快于国内同行，其产品产量、品牌影响、出口比重等在全国同行中占有一定优势。

纺织服装业是广东省传统优势产业，2011 年传统优势产业增加值增长14.6%，其中，纺织服装业增长 12.1%，见表 1-1。该产业发展对广东省经济增长和社会稳定意义重大，如表 1-1 所示，广东省纺织行业年总利润 93.2亿元。产业从业人数稳步上升，2011 年解决全省就业 71.3 万人，对提供就业岗位和稳定失业率曾做出过重要贡献。由于广东省服装产业在经济和就业上的重要地位，研究服装产业的发展和升级显得很重要。

表 1-1　　　　　　　　　　2011 年广东省纺织行业规模情况表

企业数（个）	员工数（万人）	总资产		总负债		总利润	
		金额（亿元）	增长（%）	金额（亿元）	增长（%）	金额（亿元）	增长（%）
2343	71.3	1589.8	11.3	838.7	-0.4	93.2	25.07

资料来源：中国行业研究网。

广东省纺织服装产业发展现状。从我国七省/市 2007 年纺织服装产业出口商品总额来看，广东省服装产量居于首位，化学纤维产量排在第五位，布产量排在第四位，棉布产量排在第三位，棉混纺布产量排在第四位，化学纤维布产量排在第五位，印染布产量排在第三位。从这些可以看出，广东省虽然是服装大省，但不是纺织大省。

从横向看，广东省在服装产量上的优势地位越来越不突出，浙江、江苏、山东的产量紧追其后。广东省目前共有各类型服装企业 3 万多家，包括全民、集体、三资、民营、个体等多种所有制成分，主要以中小型民营企业为主，规模企业所占比例很少，整个广东省只有 7 家纺织服装上市公司，整体上处于产业强、品牌弱的现状。尽管实施品牌战略以来，品牌建设取得了一定的成绩，2004 年实现中国名牌零突破，2006 年实现驰名商标零突破，走过了"无牌—贴牌—创牌—名牌"过程，但是，名牌产品的稀缺仍然是产业"软肋"，未能摆脱"产业强、品牌弱"的尴尬局面，在竞争中仍处于追赶和从属地位。这一点也可以从下面的数据得到一定程度的印证，见表 1 - 2。

表 1 - 2　　　　　2007 年我国纺织服装强省所获国家级荣誉比较

国家级荣誉	广东省	江苏省	浙江省	福建省	山东省
中国驰名商标	1	4	7	8	4
国家免检产品	40	101	74	46	49
最具市场竞争力品牌	1	7	7	0	2

资料来源：广东省服装服饰行业协会。

更为关键的是，不少的研究调查发现广东大部分企业家过于务实，过度追求短期收益，注重有形资产的经营和积聚，经营思路上墨守成规，模仿跟风，凭借高产低成本方式竞争；虽然在款式、面料、工艺水准等方面至今仍有优势，但是，大多数企业缺乏品牌观念、创新精神和居安思危意识，厌恶产品设计和品牌建设的风险，"为他人做嫁衣裳"赚取贴牌加工费，不愿意放弃这种低附加值的粗放经营模式，沦为国外品牌的生产基地。广东省作为改革开放的发祥地，其先发优势明显。但是，随着长三角等地纺织服装产业的迅猛发展和国际纺织服装产业转移的影响，广东纺织服装产业的先发优势正在逐步减弱，仍处于纺织服装产业发展的初、中阶段。品牌建设不仅远落后于浙江宁波、温州等地，甚至已经不及近年发展起来的福建晋江。

近年来广东省服装产业整体增长出现了明显的趋缓态势：2014 年 1 ~ 10 月全省规模以上服装企业累计完成服装产量 55.73 亿件，占全国总量的 20%，

同比增长 6.6%，总量稳定、小幅上升、仍居首位；出口方面，共出口服装及
衣着附件 295 亿美元，同比增长 9.1%，增幅显著高于全国平均水平，已经扭
转了上半年被浙江省超越的局面，保住了服装出口第一大省的地位。

在投资方面，2014 年前十个月，广东纺织服装行业实际完成投资 442.14
亿元，比上年同期增加 7.34%，占全国的 5.2%，排名第 9 位，与其他几个服
装大省相比，广东省纺织服装的固定资产有所落后，但投资总额一直在保持
较大增幅，说明广东服装产业固定资产投资有逐步恢复增长趋势。

在效益方面，广东规模以上纺织服装企业 4597 家中，亏损户数 680 家，
亏损面占 14.79%（同比略下降），主营业务收入 4928.71 亿元，同比增长
8.26%，利润总额 209.14 亿元，同比增长 22.71%，成本利润率为 4.83%。

总体而言，广东服装规模以上企业经济效益平稳上升，亏损面有所收窄，
利润率增幅高于全国；但据行业调研了解，规模以下服装企业发展困难和生
存压力仍较大，对当前企业生产经营影响最大的问题集中在成本上涨、市场
竞争激烈、招工难、市场需求不足、贸易摩擦等方面；行业呈现两极分化
趋势。

1.1.2 发展中面临的问题

改革开放以来，广东凭借其毗邻港澳地区的地缘优势、低廉的劳动力成
本以及改革开放的先行政策优势等多种有利因素，承接了以香港、台湾为主
的发达地区劳动密集型产业的转移，经济实力得到极大的加强，但整个制造
业产业产品附加值不高且缺乏自主知识产权。随着国际、国内形势的变化，
随着劳动力成本上升和土地、矿产等资源使用的加剧，广东经济环境发生了
重大变化。经济环境的变化导致广东服装产业集群出现新的不稳定因素，作
为典型的传统的劳动密集型产业的纺织、服装制造业的产品价格竞争优势逐
步丧失，显示竞争劣势，发展正面临着一系列新的挑战。

（1）资源和环境的挑战：资源利用率低，升级空间大。

纺织服装业部分属于高能耗、高污染的企业，有很强的资源依赖性。从
总体上看，广东服装产业集群的发展，走的也是一条依赖比较优势外向带动

和低成本资源要素外延开发相结合的发展路子。现今,珠三角土地资源已日趋有限,外延扩张增长方式难以为继;劳动力成本快速上升,劳动密集型产业将难以为继;以依赖大量物质资源消耗为前提的粗放型加工制造业体系,正在面临全球资源短缺和价格上升的严重冲击。我国 2009 年制定的《纺织工业调整和振兴规划》明确指出,要坚决淘汰高能耗、高污染、低效率的落后生产能力,加强节能管理和成本管理,纺织业就是 16 个亟待整治的行业之一。目前,广东省纺织业以中小企业居多,大多数一直以高能耗、高污染的落后生产方式进行生产。广东省服装行业万元产值用水量在 $400m^3$ 左右,是发达国家的 10~20 倍,废水回用率不足 10%,而国外至少在 50% 以上,有的国家甚至高达 90%。

由此看来,纺织服装业的转型升级已经是必然的趋势。

(2) 广东纺织服装业外贸导向的特点——承受国际市场的冲击。

世界服装产业结构主要分布有如下的特点:美国以信息通信技术的应用和全球化运作;意大利竭力打造成为流行、创造力的发源地;亚洲发展中国家、东盟成为巨大的纺织服装产品供应基地。

激烈的国际竞争,正在引起西方国家政府干预政策和国际贸易保护主义抬头,对出口导向,劳动、资源密集型加工制造业造成很大的国际压力;人民币的持续升值,快速压迫产业集群内企业狭小的利润空间,这些因素使集群内面临企业大规模关闭、外迁的严峻挑战。一些西方国家所采取的技术壁垒和反倾销指控,也使广东服装业陷于孤立无援的境地。

(3) 周边国家服装业的崛起。

近年来,随着东南亚投资环境的不断改善,吸引外资不断增多,其中包括劳动密集的服装制造业,服装的出口规模也不断扩大,这对广东服装业造成一定的影响。中东欧、东南亚等国家和地区凭借着更低廉价劳动力和贴近主要消费市场的地缘优势,已经对我国服装出口构成了强大的竞争压力。广东服装业原先以劳动力和土地等作为国际比较优势正在逐渐丧失。

(4) 企业自主创新能力有待提升。

广东服装业的主体以中小企业为主。对于相当一部分中小企业,求生存成了最重要的任务。即使有少数企业进行创新,也主要是产品特点、服务特色等方面的创意，大范围工艺和技术创新的较少。大多数中小企业经营者普遍缺乏科技创新意识和专业技术背景，经营思想急功近利，风险规避意识过强，对技术创新顾虑重重，畏缩不前。这就导致在大多数以外资企业为主的产业集群中，不仅缺乏技术水平在国际领先的领头企业，也缺乏能够对于核心技术与关键技术模仿引进后消化吸收能力强的企业，缺乏以创新性龙头产品带动产业集群发展。

（5）国内其他地区的激烈竞争。

近年来，浙江、江苏等省份服装产业发展迅速，以创品牌、推行特许加盟等模式挤占市场。同时，广东的邻居福建也发展突飞猛进，七匹狼、九牧王等企业已完成上市及资本运作。另外，中西部地区开始重视服装产业发展与建设，产业环境和政策环境都在优化，优势逐步明显。以河南、江西等一些中西部省市成长非常迅猛，这都对广东服装产业集群发展带来了新的挑战。

广东服装、服饰、色织布、针织物、毛纺织品、化纤等纺织工业主导产品产量位居全国前列，服装产量多年来居全国第一。早在 2011 年 12 月，如表 1-3 显示广东省纺织行业企业单位数、从业人员年平均人数分别是 2343 个和 71.3 万人，利润和资产总量的增速较快。显示广东省纺织企业数量和产值在全国排名前列，但根据中国纺织工业协会公布的中国纺织服装企业 100 强名单，如表 1-4 所示，广东企业上榜的仅有 6 家。还有表 1-5 表现出的数据，中国纺织服装企业出口 100 强中，广东的企业同样远远低于浙江、江苏和山东等省份①。

表 1-3　　　　　2011 年主要省份纺织行业企业单位数　　　　单位：个

省份	浙江	江苏	广东	福建
企业单位数	4966	5217	2343	880

资料来源：中国行业研究网。

---

① 毛蕴诗，金雨晨，李杰. 加工贸易相关产业转型升级研究——以广东省纺织服装业为例 [J]. 当代经济管理，2012，34 (8).

表 1 - 4　　　　　2010 年中国纺织服装企业竞争力 100 强　　　　单位：个

省份	浙江	江苏	山东	广东	上海	福建
企业单位数	31	22	16	6	5	3

资料来源：根据中国纺织工业协会数据整理。

表 1 - 5　　　　　　2010 年中国纺织服装企业出口 100 强　　　　单位：个

省份	浙江	江苏	广东	福建
企业单位数	4966	5217	2343	880

资料来源：根据中国纺织工业协会数据整理。

2010 年江苏省服装产业每发生 100 元的企业三项费用（企业销售费用、财务费用和管理费用）能产生 77.11 元的利润。而同期的广东省，每百元带来的利润仅有 33.43 元。2010 年江苏省服装产业的资产收益率（7.95%）高出广东省的 3.1%。营利能力有限，主要原因是产品附加值低，同时费用率高。

进入 2015 年以来，我国经济走势更是备受国内外关注。增速回落是经济进入新常态的重要特征，这本质上是结构调整正逐步深化。如何主动适应新常态，注重调整结构、需求分析、创新驱动和质量效益，努力走向产业中高端，保持好的发展势头？只能主动调、主动转，否则，压力会比较大。

1.2　本土服装企业的终端市场表现

传统服饰行业在过去的十年时间里，经历了从天堂到人间的境遇。库存、关店、清货、转型等关键词成为传统服饰行业的主流现象级标签。在过去五年间，不论是互联网的凡客、传统服饰品牌李宁都还未能走出服装模式的困境。与此相反，以 Zara、H&M 为代表的快时尚品牌的大店铺零售模式却保持了快速增长。

同时，习惯了互联网的年轻一代消费者成为主流，又使得裂帛、韩都衣舍等新兴淘品牌，快速分食时尚口味多变的年轻女性人群的钱包。国内女装市场陷入了"发展焦虑"。反倒是新兴女装力量大踏步发展的机会。一说话和行动带着典型湖南泼辣风格的女老板廖女士，在最近一次市场调研中披露了一组鲜活的数据：她所代理的上海轻熟时尚女装品牌卡莎布兰卡（casablank），仅进长沙市场一年，就冲到了长沙最高端的百货商场——王府井百货女装销量的前五名，全年销售额高达500多万元。销量排名同样居前的上海女装品牌还有dazzle等。按照廖女士的说法，新一代女性白领，与以前成熟女性消费者消费选择和偏好迥异。自由，快速，热情，国际化，小众化，性价比高……互联网信息时代所能带来的种种消费关键点的变化，既使得宝姿、朗姿、白领中国等老牌子逐渐式微，也使得上海的拉夏贝尔、卡莎布兰卡，深圳的歌力思等深谙本土市场，风格明快，具备快速对接国际潮流系统能力的新一代女装品牌借力而起，对接资本力量，发起了一波又一波的洗牌运动。

1.2.1　品牌实体店关店潮

以中国的本土品牌为代表，李宁、七匹狼、雅戈尔等核心商业模式是以品类调性切割市场，专注某一细分市场或细分品类，采取品牌轰炸式的推广方式，塑造品牌影响力；供应链模式上大都采取期货制模式，生产环节OEM或自有工厂；渠道策略方面，采取品牌自营＋经销商加盟的模式，一般有上千家店铺，但店铺面积不大，以中小面积为主。

目前国内不少知名的服装企业都发家于20世纪90年代中期。由于当时国内整体的服装资源相对匮乏，为了迅速扩大市场，大多数服装企业都采用增加门店数量来追求利润的模式。曾几何时，创建服装品牌几乎等同于开专卖店，以服装品牌运营＋经销商加盟的渠道连锁模式是很多企业快速融资上市的"葵花宝典"。但这种模式的副作用太大，以致证监会在有一年紧急砍掉了很多服装连锁加盟上市的企业IPO，原因是实际承诺的业绩因为产品力和渠道零售能力的缺失，很多企业无法达到资本市场的要求。

随着渠道的多元化发展，导致内部管理、人力资源、周转资金跟不上，于是自顾不暇。在经历了快速的渠道业绩增长后，2008年大部分网模式的品牌企业陷入了库存积压和零售折扣下降的困境，业绩持续低迷不振。然而，受累于前期渠道的快速扩张，一些品牌服装企业无法承受由于店铺数量急剧增加所带来的成本上涨压力，再加上高库存、地租节节攀升等因素，纺织服装行业的关店潮正在持续。国内近 30 家服装、鞋类 A、H 股上市公司中，八成以上公司门店处于收缩通道，而在业内专业人士看来，此种趋势在未来两三年内都将难以改变。

一边是 Zara、优衣库、无印良品等品牌加速扩张布局，雅戈尔、报喜鸟、美邦等服装企业热火朝天地投资、并购、转型，安踏上半年狂收 51 亿元创下公司历史最高水平，茵曼等互联网品牌到线下开店抢夺市场份额，而另一边，却是无数的服装品牌欲哭无泪，深陷关店狂潮。曾经的旗舰店变成折扣店，或是彻底消失在人们的视线中。

从下列数字可以看出，关店潮早几年就持续存在。

知名的李宁体育用品有限公司在港披露，截至 2014 年 6 月 30 日，李宁品牌的门店总数为 5671 间，与上年底相比减少 244 间；经销商 52 家，较上年年底减少 3 家。上半年公司实现收入 31.37 亿元，同比增长 8%，但亏损 5.86 亿元。回查资料，2012 年，李宁亏损 19.8 亿元，门店减少 1821 家；2013 年，李宁亏损 3.9 亿元，门店减少 471 家。亦即李宁已陷入连续三年关店、亏损之窘境。

截至 2014 年 6 月末，佐丹奴在内地的门店数量共 1066 家，自营店与加盟店基本各占一半。佐丹奴公司发布的报表显示，第三季度，佐丹奴共计关闭了 74 间零售店，其中 63 家位于中国内地。此前佐丹奴发布的财务报表显示，上半年在内地就关闭了 95 家门店，其中消失的加盟店明显多于自营店。频频关店的背后则是其在内地销售业绩的持续下滑，2014 年上半年，佐丹奴在内地销售额同比下降 6%，利润更是骤降 49%。真维斯 2013 年下半年到 2014 年上半年的一年时间里关掉了 213 家门店，其中 193 家都是自营店，同时其在内地销售额也减少了 15%。① 羽绒服第一品牌波司登 2014 年度中期业绩也显示，上半年门店减少 3436 家，净利润同比减少 22.5% 至约 2.527 亿元。艾格

---

① 转载自亿邦动力网：http://www.ebrun.com/20150731/143058.shtml.

仅半年就关闭了在中国内地的 88 家门店，经过 2014 财年净减 236 个亏损百货专柜后，剩 2886 个销售点。旗下拥有 Esprit 等品牌的思捷环女装企业全球去年在华关店 38 家。

李宁、波司登各自作为子行业的代表，其关店并非个例，背后潜藏着的是绝大部分服装类上市公司的关店潮。体育运动及鞋类公司中，除李宁外，安踏体育 2013 年上半年门店也减少 56 家、星期六门店减少 33 家；除部分企业未披露门店数据外，服装企业上市公司中，仅有百丽国际、361°、海澜之家、雅戈尔等少数几家公司 2014 年上半年门店处于增长状态，其余均出现不同程度的关店情况。服装行业中，除波司登外，九牧王、七匹狼、朗姿股份、卡奴迪路、步森股份 2013 年上半年门店分别减少 134 家、347 家、11 家、53家、近百家。此外，美邦服饰、森马服饰、希努尔等多家公司也同样正处于关店过程。

从宏观方面分析，服装实体市场几近饱和，难以容下太多店铺，品牌"关店"并不新鲜。即使关店潮已经持续有几年，但是从上半年的情况来看，仍然让人瞠目。

2015 年 3 月 31 日的年报数据显示，上一财年波司登营收为 62.93 亿元，同比下滑 23.61%；而净利润更同比大跌 81.01%，至 1.32 亿元。截至 2015年 3 月 31 日，波司登零售网点为 6599 家，同比减少了高达 5053 家，其中自营零售点减少 1296 家、第三方经销商经营的零售网点减少 3757 家。频频关店的背后也是业绩的持续下滑。

而关于引发关店潮的原因，普遍的看法如下。

一个原因是传统的"品牌 + 批发"经营模式不仅导致产品市场适应性低，服装产品滞销造成库存积压，还增加了企业的管理成本，导致企业毛利率下降；服装企业往往从经销商处获取终端零售的信息，而忽略深入一线，从卖场、专卖店调研销售情况、消费者意见。对于新款服装的研发，服装企业也将全部希望寄托于寻找一线设计师、知名设计团队，而忽略了从目标消费群中发现潮流引导者。一些国内知名家居服企业的订货现场，经销商们往往凭借自己对市场的预估，挑选服装款式、订购服装数量。除了对新款服装的简单解说外，品牌商和经销商在订货会期间几乎是零交流。

另一个原因是电子商务的发展、消费者消费习惯的改变，使得一些缺乏竞争力的实体门店业绩表现不佳，不得不关店。①

1.2.2 传统企业的触电转型失败

事实上，2008 年以后，电子商务快速发展，传统服装品牌企业面临着要不要做电商的苦恼，做电商线下线上冲突，左右互搏；不做电商，竞争对手线上增长迅速，有极强的危机感。所以，传统式企业主要有两个应对策略，第一，线上特供产品到独立货品规划；第二，针对线上推出独立的电商品牌。目前看起来都是失败的。

独立特供货品和规划可以暂时规避产品的冲突问题，但是带来的是两盘货品的开发成本和库存成本的上升。独立的电商品牌在母体不振的形式下，并未达到期望，这里除了爱慕的心爱品牌独立自负盈亏，其他品牌的电商子品牌大都退出了市场②。

（1）传统企业对快时尚追逐不利。

以 ZARA、优衣库、JACK&JONES 的快时尚模式为代表，核心商业模式是全球市场产品企划，按照区域采买选货，货品 SKU 数量海量，不聚焦品类和细分人群；采取终端的自营的零售大店铺，侧重数据驱动，及时反馈产品缺货和产品快速上新，快速售罄的快反模式。店铺面积较大，在数千平方米以上。

ZARA、H&M、优衣库等外资快时尚品牌进入中国市场的时间其实很短，外资快时尚的市场进入阶段恰逢中国传统的本土品牌业绩遭遇增长"瓶颈"。尽管近几年的国际经济形势不好，现实中仍然有越来越多的国际服装的快时尚品牌将门店开到了广州，除了 ZARA、H&M、UNIQLO、UR 等品牌门店数量在增加外，GAP 等品牌也在广州开门店。快时尚品牌抢滩中国市场呈现一路高歌猛进的状态。这一点的确可以通过随便逛逛天河商圈的几家 Shopping Mall 得以验证。这些快时尚品牌的门店里人流量一般都挺大，产品价格有相对高性价比，上新速度够快，这个拉起了一场平民的时尚风潮。相比较之下，

---

① 转载自亿邦动力网：http://www.ebrun.com/20150906/147713.shtml.
② 资料来源：中国服饰报 2015 - 09 - 05 11：09：37。

旁边国产服装品牌门店就要冷清许多。外资快时尚品牌在中国市场占据了重要的市场份额和地位。

这给国内服装企业带来销售冲击的同时，也带来了观念的冲击。于是近年不少国内品牌都或明或暗地打起了"快时尚"的旗号，甚至连运动品牌李宁也拿出 10% 的产品试水"运动快时尚"。它们开始模仿快时尚品牌门店的风格，希望学习快时尚品牌快速研发、快速上货周期及零库存的模式，希望能够解决现在整个行业普遍面临的高库存压力。

（2）快得不彻底——供应链体系支持不足。

但从目前的情况看，一些宣称自己是快时尚的国内品牌，做到的只是价格便宜而已。但价格便宜从来都只是"快时尚"品牌的优势之一，整个流程上的"快"，还有对时尚潮流的准确把握才是别人的制胜关键。从与服装行业人士的交流中了解到，国内传统服装产业链可以分为七个环节，即制造、设计、原料采购、仓储运输、订单处理、批发经营以及终端零售，一般来说，传统服装生产企业要走完这几个环节，平均周期是 180 天。现在很多企业强调效率，优化流程提升速度，但往往还需要 3 个月左右的时间。但要知道 ZARA 从设计版样、定制、出货到上架的周期只需要不到半个月的时间。国内传统服装企业并不能真正做到"快"。

在电商和国际快时尚品牌的双面夹击下，大众休闲品牌原有的价格优势正在消失，曾经备受"80 后"追捧的班尼路、美邦、森马、以纯等休闲服装品牌逐渐被边缘化。有业内人士指出，休闲品牌被国际快时尚品牌打压是因为无法赶上国际品牌的新品更新速度。

国际"快时尚"品牌在产品和设计方面不断的变革更新，也突破了原有中国本土品牌要依靠广告和电视等手段拉升品牌知名度的营销手段，零售型的快时尚品牌在营销市场费用的投入极为吝啬。门店即广告的推广，也突出了大品牌的终端模式的核心。在门店的零售和数据管理方面，快时尚的店长和门店数据采集系统，也支持门店做快速的补货、调货和活动，保证门店货品的高售罄率和店效增长。

支撑快时尚的重要王牌打法是产品的快速上新，这背后是强大的全球产品设计和供应链体系的支持，据传 ZARA 的西班牙基地工厂之间有地下通道直接运输和配送，这也是快时尚快速的一个符号。

（3）时尚得不领先——市场信息系统、设计和研发投入不足。

"美邦、班尼路、佐丹奴等只能算是休闲品牌，算不上快时尚品牌"，知名服装行业专家马岗认为，这些品牌只不过朝着快时尚的方向在走，但与H&M、ZARA 等还有很大差距。美邦所谓的"快时尚"，只是其在委托生产和铺货上做到了快，但在追逐快时尚的拥趸们所热衷的流行前沿、紧贴市场需求的快速变化、快速更换样式设计等方面，美邦却因国内服装企业的固有传统而并未快得彻底、领先时尚。不仅仅服装业，国内一些时尚企业，大多不重视市场潜在需求的挖掘和分析，不重视技术或设计的研发投入，往往是凭借对市场货品的畅销程度来决定自家的生产计划。依据这个逻辑发展，企业永远是跟在市场变化的后面，结果只能是走下坡路。

另一方面，在分工合作、委托生产的模式下，委托方每次必须采购数量不菲的货品，可同时，中国休闲时尚企业通常仅仅局限在国内，因此，大量货品全部需要在国内市场消化，但其所面对的消费群体的需求会经常性快速变化，如果不能短时间内销售掉所有订单货品，势必造成巨大的库存。

ZARA、H&M 等市场信息系统无比强大，甚至每个门店每一货品的实时库存数据都可以同步显示在总部的市场分析部门，它们根据实时销售数据，快速调拨各门店的相关货品数量，使其达到最大程度降低库存积压、资金占用的状况，同时，这些实时销售数据，还可以进行顾客消费习惯与偏好的分析，并迅速与受托生产企业进行生产安排或调整，使得它们的整个业务链条始终处于实时动态调整的状态，避免了货品滞销等无谓成本对企业经营健康的损害。

（4）模仿只得形似。

ZARA、H&M 等品牌全直营，美邦等休闲服饰以加盟为主。前者店大、多品类、超市模式；后者小、休闲品类、导购顾问模式。双方资源不同，所以不可复制，但是能借鉴，譬如商品、供应链管理等方面，不过即便是模仿、借鉴，企业未来的转型之路也不是一蹴而就的。

（5）服装互联网品牌的崛起。

对于中国的互联网淘品牌们，它们真正成长的时间更短，不到五年时间。

在五年时间里，借助电商互联网的红利，很多淘品牌也从屌丝走上天堂。借助于淘品牌对于流量生态和游戏规则的熟悉和超强的推广执行能力，淘品牌在线上的平台之争中，始终占据着先发的优势。曾经天猫的"双十一"服装会场中，有近30%的淘品牌。

但是，淘品牌由于成长时间有限，在服装设计和版型、品质的理解上积淀不足，无法与传统的服装企业相比。天猫的平台也深知此问题，一方面依赖淘品牌无缝的紧密配合，切割现有的市场；另一方面，又不得不出台打击各种不利于卖家和淘品牌的平台规则。每一次新的平台规则，天猫都在革命一批淘品牌和买家。伴随着传统企业对于电商重视程度的提高，天猫进一步加大了对于传统品牌的支持力度，扶持天猫 TP 和传统品牌。

在这场产业和流量之争中，大部分淘品牌死在了路上，加上淘品牌企业创立时间短，很多在管理和融资、产品等复合能力上，遇到了各种问题，曾经淘宝还要成立专门针对卖家和淘品牌的咨询部门。在活下来的淘品牌中，多品牌扩张成功的，只有韩都衣舍一家，大部分还是留在了原地。也有希望进军地面门店的尝试，但因为基因不符合，失败退出。淘品牌的运营模式核心的难点在于要把设计、供应链管理这些环节和互联网更好地融合起来，大部分淘品牌仅仅做到了一部分，所以，互联网的服装品牌也是服装行业的少数派。

如何进行品牌建设？随着市场变化、技术的演变，有哪些新的、重要的因素需要在品牌建设中予以强调？近年来的趋势表明，服装行业营销平台的转型也显得越来越重要。一方面，淘宝网和天猫原创品牌的丰富性和多元化，是线下远远无法企及的。原创品牌的个性化和对于流行趋势的敏感吸引了越来越多的淘宝买家。中咨网①研究部数据汇总显示，目前淘宝女装 Top10 几乎全部为原创品牌。而另一方面，原创品牌的形态还在逐渐丰富，个性鲜明的个人设计师店铺还在不断增多。

此外，互联网服装品牌的发展、网购的分流作用这两年尤其明显，包括大学生在内的很多年轻人都不再来逛店而是习惯在网上买衣服，严重冲击了

---

① 中咨网网址：http：//www.china-consulting.cn/。

实体门店的销售。佐丹奴实体门店销售额的下降从其财报中可以得到印证。

互联网的迅猛发展和物联网的崛起，为各行业孕育了新的广阔市场，并成功吸引了大量现代企业的入驻。服装行业也已经进入手机购物市场，随着人们消费习惯的转变，传统线下市场的消费群体日益锐减，与之相反，则是移动互联网市场的蓬勃发展。

线上平台对于服装行业而言，不仅有助于扩大行业容量，提高企业知名度和经济效益，更重要的是推动服装行业的信息化建设。服装行业转型至少需要考虑以下两方面的因素：一是品牌定位，国内服装企业将产品定位局限于国外中低端消费者，还是需要在设计创新方面苦练内功，提高服装的艺术含量向高端消费者群体延伸？不同的定位风险和机会如何评估？二是渠道，国内企业保持低端市场定位，根据市场日新月异的变化趋势，应如何建设和管理与之相匹配的渠道？如果从中低端向高端转型，在产品升级之后，渠道建设方面需要怎样的升级，专卖店的装修、选址如何考虑？积极拓展线上渠道应该如何与线下协同？

1.3　企业市场表现的思考

1.3.1　传统服装企业

正如人们对引发关店潮的原因的普遍看法，传统的"品牌＋批发"经营模式不仅导致产品市场适应性低，服装产品滞销不仅造成库存积压，还增加了企业的管理成本，导致企业毛利率下降；服装企业往往从经销商处获取终端零售的信息，而忽略深入一线，从卖场、专卖店调研销售情况、消费者意见。对于新款服装的研发，服装企业也将全部希望寄托于寻找一线设计师、知名设计团队，而忽略了从目标消费群中发现潮流引导者。一些国内知名家居服企业的订货现场，经销商们往往凭借自己对市场的预估，挑选服装款式、订购服装数量。除了对新款服装的简单解说外，品牌商和经销商在订货会期间几乎是零交流。

这意味着传统服装企业对品牌、渠道以及市场需求的重要性等营销重要概念存在着理解上的严重误区，把专卖店当做是建设品牌核心，忽视了对消费者的理解，同时从管理上既不重视终端信息的搜集、与消费者恰当的沟通，也不重视内部信息系统的建设和供应链的管理。

当互联网大潮到来，感受到互联网品牌的威胁时，仍然不能够重视对市场研究、消费者特征和市场变化趋势的把握，一厢情愿地仅仅把网店当作一个补充的渠道，没有意识到这是一个生活方式的彻底转变，没有意识到企业必须从经营模式和管理思路上彻底改变才可以适应这种变化。

当看到国际品牌的快时尚的风光时，也仅仅做到了对表象的模仿，不了解内在的核心理念和关键支撑点的模仿，只能是失败。

因此，对传统服装企业而言，面对市场、经济环境的巨变，必须从对核心理念的深度思考开始，从深层的理论层面尊重市场规律、尊重管理规律并在实践中踏踏实实践行。虽然我们的服装企业暂时还不强大，但毕竟我们拥有广大的国内市场，让我们有机会去成长。当然，从之前的分析也不难推断出，单个企业大面积的市场受挫，除了整体经济形势的影响以外，体现了整体企业水平的低下，这与发展过程中身处的地方、集群的生态环境大有关系，其中形成和支持运作的政策导向、中间组织的发展、产业链的成熟以及研发合作体系的不完备都有密不可分的关系。若离开了这些，仅从企业层面谈也是空谈。

1.3.2 原创互联网品牌企业

迅猛的互联网经济造就了互联网服装品牌，然而，这些品牌天生的缺陷——大多从小网店做起，没有成熟的企业运作经验，因批量小与供应商合作困难、仓储物流等难题，在传统服装企业懵懂未醒之时以及自身发展初期，尚可稳定发展。但是随着网店的快速发展、销售商量，各种管理问题都会涌现，再加上传统服装企业的转型，必定遭遇"瓶颈"，如何未雨绸缪？是探讨服装业发展绕不开的话题。

库存高企的现象说明了以渠道为主的经营模式颓势渐现，在这种模式的指导下，企业难以做到以需定产，而是以计划定产，但产品只是卖给了加盟商，企业并不清楚产品是否卖给了消费者。如果产品卖不掉，就会变成通路库存，并随之产生恶性循环，下一季度通路便会被堵死。

在行业步入寒冬期后，很多服装企业面临供应链、多渠道清库存、门店管理等层面重整战略的问题。"都市丽人"的渠道扁平化模式给她带来了优势，"都市丽人"没有所谓代理商的概念，门店直接和公司联系，需要补什么货公司就给补什么货，公司和前端门店的接触比较紧密。

第2章　中国服装业在全球价值链中的位置

服装企业属于典型的劳动密集产业。以国际标准（inernational standard industrial classification，ISIC）为基础进行技术分类，通常将制造部门依据技术高低分为四大类：高科技产业、中高科技产业、中低技术产业和低技术产业（Hatzichrongoglou，1997）[1]，服装纺织属于低技术类。根据 Lall（2000）[2] 提出的贸易商品技术分类体系，纺织服装产品（LT1）包括纺织产品、衣物、皮革制造、箱包，也属于低技术资源型产品（LT）。

纺织服装业在中国出口商品中的比重，在 1985～2006 年，其中 1985～1993 年，纺织服装产品在出口中比重快速增长，1993 年的出口比重分别是纺织品 7.3%，服装 20.3%。而接下来到 2003 年之间，纺织服装类（LT1）产品出口大幅度下降，从 1994 年的 35.16%下降到 2003 年的 21.42%，劳动密集型产品加工贸易增长缓慢，而资本技术密集型产品加工贸易加速发展。

Hanson，Mataloni，Slaugher（2003）对跨国公司的垂直生产网络进行研究后发现，最近几十年全球贸易的增长主要归功于中间产品贸易的快速增长，其中，大部分贸易是跨国公司与其在国外子公司之间以加工装配方式进行的。在全球价值链分工格局下，产业内贸易替代产业间贸易成为国际贸易增长的主体，加工贸易成为参与国际分工和交换的重要途径。

---

① Hatzichronoglou, T., 1997, "Revision of the High-Technology Sector and Product Classification", OECD Science, Technology and Industry Working Paper, Paris.

② LallS., 2000, "The Techno Logical Structure and Perfomance of Developing Country Manufactured Exports, 1995 – 1998", Oxford Development Studies, 28 (3): 337 – 369.

从 20 世纪 70 年代末改革开放初期，中国实行加工贸易政策，政府出台众多优惠政策，鼓励外商在华投资，发展加工贸易，加工贸易产品主要是纺织、服装、玩具等劳动密集型产业，中国香港、中国台湾、日本、韩国等地企业来中国大陆投资，利用我国劳动力成本低廉的优势，把大量劳动密集型的产业转移到我国。

20 世纪 80 年代后期，加工贸易在弥补我国建设资金不足，缓解就业压力等方面具有投资少，见效快的特点，从而推动我国加工贸易发展进入一个新的阶段。到 20 世纪 90 年代中期，我国加工贸易产品仍以劳动密集型产品居多。但由于给外资企业提供许多优惠政策，使其对民族工业产生巨大冲击。但国内厂商也很快意识到，它们在国际市场的销售渠道上与跨国公司相比还有很大差距，即使有再好的技术、再多的投资，卖不出产品也等于零，而同时，外资企业不再中国发展加工贸易还可以到其他国家发展，发展加工贸易吸引外资的政策再次得到认可，加工贸易进入了新的快速发展期。

20 世纪 90 年代末以来，我国加工贸易不仅在沿海地区全面展开，而且逐渐深入中部地区进行深加工结转。之后，随着外商在华直接投资渐进高潮，外资企业进行加工贸易的比重也迅速上升。中国倾向于出口低端商品而进口高端商品。

在不同企业性质出口中，"外资"企业出口的单位价值高于"总出口"的单位价值，而"总出口"的单位价值则高于"本土"企业出口的单位价值。原因是中国服装业整体上处于全球价值链附加值最低的环节，大量外资企业的幕后主导营造了我国服装产业的表面繁荣，本土企业的制造能力还相当弱，大多数本土企业还没有切入主流的全球价值链，游离在领导品牌建构的核心价值链之外而其产业国际竞争力脆弱。本土面临被边缘化的风险。整合的 OEM 供应商与领导品牌商协同管理的核心价值链，不仅使本土企业难以切入，而且更像游牧民族那样逐水草而居，总向劳动力成本低的国家转移。

2.1　全球价值链的视角

全球价值链理论是在 20 世纪末世界创造体系出现了前所未有的垂直分离

和再构的基础上，从宏观到微观多层次多角度系统认识产业发展的新型理论。比较得到普遍认可的是 Sussex 大学的发展研究所对全球价值链的定义：产品在全球范围内，从概念设计到使用直到报废的全生命周期中所有创造价值的活动范围，包括对产品的设计、生产、营销、分销以及对最终用户的支持与服务等。组成价值链的各种活动可以包含在一个企业之内，也可分散于各个企业之间，可以聚集于特定的地理范围内，也可分散于全球各地。

在 Gereffi 和 Frederick（2010），Kaplinsky（2004），Humphrey（2004），Gereffi（1999）等人定义的买方驱动服装商品链中，主要企业角色包括处于买方地位的领导企业（零售商、品牌商）和中介组织（中间商、贸易、企业的海外采购部门），以及处于供方地位的制造企业。与通过直接投资建立的一体化生产体系不同，服装行业通常采取外包和采购的方式建立供应链，企业间是买与卖的市场交易关系。买方驱动的商品链类似于一个压力传导系统。最初的压力来自于消费市场竞争和消费需求变化，驱使零售商和品牌商不断调整角色和战略。领导企业又通过全球服装生产和贸易网络将压力向下级的供应商传递，最终转向加工制造企业，成为全球商品链价值活动转移，企业淘汰、迁移和升级的动力。

Geriffi 提出的全球价值链立足于全球，直接以价值创造为研究对象，跨越传统的产业边界和国家边界，为产业竞争力评价提供了新的思路。全球价值链理论的视角独特，使其很快用于产业分析。2003 年联合国工业发展组织连续公布了一系列关于全球价值链的研究报告，发表了相关领域专家对发展中国家的传统升级及其前景的深度分析和展望。美国杜克大学的 Gary Gereffi 和 Olga Memedovic 用全球价值链的框架分析了服装产业在生产、贸易和企业战略方面的转变，并研究了服装产业的创新和学习（Gereffi & Memedovic，2003）按照全球价值链的分析思路，我们不仅可以发现本国某一产业在国际化生产链条上的定位，即现有的国际竞争力状态，还可以发现距离本国该产业竞争力水平最近的高一级的分工定位，找到和累计具备进入这种生产经营活动领域的竞争优势的途径和方法，为升级指明新的目标（刘林青，2008）。

在全球价值链背景下，不同国家产业的竞争力水平不是体现在最终产品上，而是体现在某个环节创造的中间品或半成品上，这样，某种产品的国际竞争力就转变为某种生产经营活动的国际竞争力问题。全球价值链分工的一个基本思路就是全球产业价值链条存在众多的价值环节，并非每个环节都创造等量价值，按照各价值环节增值能力的不同，整个产业价值链就被分解为按照价值高低排列的不同环节或阶段，从而使全球价值链表现出"价值等级体系"的特征。某些辅助性环节创造价值较低，只有某些特定环节才能创造更高的附加值。全球价值链分工在具有不同比较优势的地域或经济体中进行配置，使得同一价值链条生产过程的各个环节通过跨界生产网络被组织起来。

2.2　服装价值链中的角色和关系变化

服装业属于高度竞争的行业，过去 30 年来的全球化进程使参与全球服装商品链的国家和地区不断增加，生产技术扩散和供应商数量的增加提高了世界服装产品的供应能力，生产环节退居次要地位。服装商品链中的竞争重心是品牌推广和市场销售。这也导致了服装企业角色和关系的不断变化，近年来全球服装领导企业、制造商和中间商之间的边界趋向模糊。其变化主要反映在以下三个方面①。

2.2.1　强化品牌和市场环节竞争力

有能力的服装企业加强了建立自有销售渠道的投入，许多品牌制造商和销售商在全球增设门店，而且产品趋向集中供应自有销售渠道而不是外部客户（Cattaneo et al.，2010）。上述做法除了能够扩张市场占有率外，也是巩固品牌、提高产品差异化竞争优势的手段。类似的做法还有品牌销售商与百货零售商合作设立独家生产线（Asaeda，2007）。通过与零售商进行排他式的销售渠道合作，而不是通过传统的多级渠道销售有利于建立和发展独特品牌。随着电子商务的快速发展，很多中小型的零售商和 OEM 企业也在尝试进入品

---

① 潘明韬. 小企业经营困境中的服装产业升级——基于全球商品链的分析［J］. 生产力研究，2012（No.1.）：232 - 235.

牌发展和销售环节。这种愿望促成了私有零售品牌数量和种类的急剧增加（Cattaneo et al.，2010）。私有品牌零售商更加注重利基市场（niche-market）的竞争，依靠家庭式设计团队、制造环节外包和海外直接产品采购等商业手段，私有品牌商缩减了大型零售商和品牌商建立的多级分销环节，电子商务直接提供了这样的可能性，能够以较低的成本向偏好各异的小消费群体提供服装商品（如瑞士服装品牌 Cheap Monday），创造了更高的边际利润和顾客价值。

2.2.2　增强无形价值活动的能力

除了设计、品牌和销售活动外，服装商品链中的无形价值活动还包括订单管理、供应链协调、原材料采购、质量检测等一系列协调和管理活动。这些价值活动是联结不同企业内部价值活动的链条，有时甚至渗入企业内部（Porter，1993）。通常，企业网络的管理和协调要求大量与信息技术相关的投入，而且存在规模经济。在全球商品链扩张价值活动转移的过程中，10～20年前的大型制造商凭借与国际品牌长期交易积累的关系资产，建立其全球性的服装供应网络，从制造、物流运输等有形环节转向协调与管理的无形环节。例如，香港利丰集团就是典型的例子，它的业务从过去的全包产品制造转向对 Walmart、Kohl's 等国际零售企业提供海外采购服务。这种生产功能扩展和增强无形服务的能力是服装企业升级的主要趋势之一。为了获得订单，许多加工企业和 OEM 企业在外包中都发展出原料采购、款式设计、物流运输等纯粹制造活动之外的功能。

2.2.3　优化供应链

降低产品成本，保持产品销售的弹性以及对不断变化的消费者需求快速反应是推动服装商品链的供应链持续优化的动力。从 Asaeda（2007）、Speer（2011）等相关报告提供的数据来看，大型服装零售商和品牌商以直接采购网络为主。例如 2008 年，专卖品牌商 GAP 的直接供货商有 900 家，分散在 60

个国家。建立涵盖众多供应商的供应体系能够保持供应稳定、获得调整的弹性并且能够在供应商中间分散风险。

2.3　服装企业转型升级的问题

由前面的分析可知，在我国的本土企业还没有切入主流的全球价值链，国际竞争力非常脆弱的情况下，近年来全球服装领导企业、制造商和中间商之间的关系和角色又出现了很多新的变化，服装产业不能再以出口数量多上论英雄。在这样的种种变化中，在适应竞争和生存严峻课题面前，广东服装产业的发展何去何从？

立足全球价值链视角的产业国际竞争力分析首先要识别价值链的战略环节。因为真正创造价值的经营活动是链上的"战略环节"。领导企业在价值链中掌握着战略环节的控制权，拥有对全球价值链的协调和管理力量，而供应商则处于被领导的地位，整个价值链中参与企业的力量呈现出金字塔形的力量和治理结构（Sacchetti & Sugden，2003）。

可以从全球价值链的形成过程推理出哪些环节是战略环节。全球价值链的形成是按照两个维度展开的（Feenstra，1998）：一个是产品生产的垂直结构，是全球价值链分工在环节和功能上不断深化的过程，是产品生产按资源要素禀赋在全球重新布局的过程，这从根本上是由创新和创新的梯度转移所推动的。谁创新能力强，谁就会在这个分工过程中占据战略性环节而掌握主动权。另一个则是贸易整合，是全球价值链在全球范围内形成统一市场的过程，从根本上是市场推动的，谁拥有了市场的力量，谁就会在整合过程中掌握主动权，即垄断的拥有是关键（刘林青等，2008）。两者结合，创新能力最终会被企业转为在市场上能击败竞争对手的垄断优势，所以在服装产业拥有竞争优势，关键是掌握服装全球价值链中战略环节的垄断优势。因此，从理论上可以得出的一点毋庸置疑的结论是，广东乃至全国的服装制造企业必须摆脱现有地位，必须发展，必须升级。

我国"'十二五'计划"阐明的将经济和 GDP 的更大份额转型消费和服

务领域，从廉价出口导向型经济转向消费导向型经济，从低成本生产出口国转变为消费驱动型社会。根据广东省政府的规划：广东服装业从整体上要加快产业升级，发展高科技含量、高附加值的产品，在产品创新、技术创新、品牌战略、营销网络，特别是在建立国际化营销中心上实现突破。在空间布局上要以广州、深圳两个中心城市为龙头，发展服装业总部经济和时尚创意产业，构建完善的服装研发、资讯、金融、中介、展览、传媒、物流等产业支持体系，重点发展高附加值的中高端时尚服装和品牌服装。重点发展服装加工制造业，成为广东服装业有力的基础支撑。已形成产业优势的服装集群要保持并强化各自特色，以产业升级和信息化带动为主旋律，提高产业集群的层次，实现其资源整合。这些目标如何实现？

处于全球价值链底端的广东和我国服装制造业如何升级？

国内外学者对产业升级的思考反映了共同的特点：产业从低技术水平、低附加价值向高技术、高附加价值状态演化（张向阳、朱有为，2005），Hobbay（1995）总结的后进企业发展共同路径"OEM—ODM—OIM/OBM"为国内外学者普遍接受。Geriffi（1999）总结了亚洲服装产业升级的典型轨迹：OEA（Original Equipment Assembling）—OEM—OBM。Humphrey 和 Schmitz（2001）提出了以企业为中心、由低级到高级的四层次升级分类方法：过程升级、产品升级、功能升级和链条升级，过程升级是提高企业内部流程的效率，产品升级是引进新产品或者改进旧产品，功能升级是改变企业的活动组合以提高附加值，链条升级则是转换到更高附加值的价值链。在不同层面的升级方式中，已有的国际经验提供了一个普遍认可的升级路径，从过程升级到产品升级，再到功能升级，进而达到链条升级。该升级路径与东亚企业 OEM—ODM—OBM 一脉相承（Kaplinsky，Morris，2002）。对服装产业的升级研究（Bair & Gereffi，2002；Tokatil，2003，2004；Rantisi，2002；Gereffi & Memdovic，2004）都是同样的思路。相应地，国内学者（黄永明等，2005；卜国琴、刘德学，2006）对服装产业升级的建议都是基于以上国外学者的思路。对于我国劳动密集型产业（尤其是沿海地区），我们所要思考的问题是：这一模式对现阶段的以服装业为代表的我国劳动密集型产业仍然行得通吗？[1]

尽管拥有国际知名的自主品牌是未来需要着重发展的目标，但是必须清醒地认识到，由于 OEM—ODM—OBM 的升级通道越来越窄，从微观层次上看OBM 的意义是空洞的，甚至是一厢情愿的。OBM 不同于代工的经营模式，它侧重"创新研发"和"品牌营销"这两项活动，与贴牌生产管理者的既有能力差异大。贴牌模式下成长的管理者，自创品牌所面临的挑战不只是要掌握包括创新研发、品牌营销以及掌握市场机会等创新活动，同时必须改变经营模式。在贴牌时期，积极主动地进行超越代工所需的额外学习。

价值链各环节的价值包括基本价值和附加值，前者由生产和销售某产品所付出的物化劳动和活劳动的消耗所决定。后者则有技术附加、营销或服务附加、企业文化与品牌附加三部分所构成。现在的发展趋势是，基本价值的比重逐步在下降，而附加价值的比重显著而且将进一步上升。广泛采用的附加值是德鲁克（P. F. Druker）提出的，他将其量化定义为企业生产的产品或提供的服务所得之总额与有外部买进的原材料或服务的采购额之间的差值（莫涛，2007）。

服装全球价值链可划分为原料、生产和销售三大部分（刘林青，2011），服装生产过程程序繁多，包括打样、裁剪、车线、缝合、锁纽、钉扣、修线、查补、整理、熨烫、检查、包装等，生产过程难以完全自动化生产，必须依赖大量劳动力。劳动力成本占服装成本50%以上。

设计环节包括款式和概念设计、面料及辅料的开发和选择、样板设计、大规模生产的试验等。营销环节包括探索和确认市场需求、市场变化趋势、新产品开发、定价、渠道设计、品牌沟通和促销。全球领导买主凭借资本力量和管理能力掌握设计和营销环节的主动权，研发设计成本往往被计入营销商的成本。

作为典型的买方驱动价值链，服装产业的领导买主包括三类：（1）大型零售商，如德国五大服装零售商 C&A，Quelle，Metro/Kaufhof，Kardstadt，Otto；英国两大服装零售商 M&S，Burton Group。（2）品牌营销商，即没有工厂

---

① 刘林青. 产业国际竞争力的二维评价及演化研究——全球价值链背景下的思考 [M]. 北京：人民出版社，2011，9：172.

的制造商，如 Nike, Reebok。（3）大型品牌服装制造商，它们有大订单，提供中间投入品到海外，通过广泛的海外供应商加工组装之后销售给买主，其角色主要在于组织和管理整个制造过程。总体而言，目前服装全球价值链的设计研发中心和营销中心在欧美，生产制造中心在亚洲。

服装全球价值链中，设计和销售环节附加值高，制造环节的附加值低。据研究，日本服装业的附加值构成是加工 19%，批发 15%，零售 36%（徐钟，2003），加工环节附加值约占生产环节附加值的 1/2。发展中国家所处的全球价值链状况还没有这么乐观。

由于在服装面料、辅料及配件上面常常不能满足高档服装生产要求的条件，我国服装出口是以量取胜，长期以来中低档服装占据主体（常平，2005）；来料加工、来样加工、来牌加工的比例占据出口服装总量的绝对多数。2007 年，我国 50% 的出口服装为来料加工，30% 以上由进口商提供商标、款式、纸样，进行来图来样加工，自助品牌只占 10% 左右。

在附加值最低的制造环节，中国的国际市场占有率自 1994 年以来一直位居世界第一。发展到 2008 年，我国服装产业 OEM、ODM、OBM 比例高达 7：2：1，贴牌比率为 90%。

2.3.1 以 Nike 构建的价值链为例

Nike 是全球价值链的典型代表（Geriffi，1999）。Nike 公司于 1972 年成立，1978 年第一条 Nike 服装生产线开始上马。主要生产运动鞋、运动服装、体育器材，全球拥有 667 家供应商，其中服装供应商有 437 家，占供应商总数的 66%（Nike 年报，2007），近年来，中国一直占据 Nike 全球供应商榜首。

Nike 的国际生产布局从日本—东亚新兴国家/地区—中国等地的演变正是全球服装生产基地转移的缩影。Nike20 世纪 70 年代开始在亚洲生产，日本代表了生产核心，80 年代 Nike 以配额、劳工成本和生产弹性为标准，中国台湾和韩国成了生产核心。日本工资与美国相当，是材料的提供者，不再是 Nike 的生产线。90 年代中国台湾、韩国等供应商应 Nike 要求到中国大陆、越南、印度尼西亚等地投资建厂，大陆的企业积极要求加入 Nike 全球生产网络，中国上升为 Nike 生产基地核心。低工资是 Nike 选择供应商的初始动机,影响生产的地理空间分配。

随着国际分工的重组,Nike 控制领域从进口、分配发展到设计、分配渠道、市场营销等领域,东亚新兴国家/地区的供应商职能领域也逐渐从生产领域延伸至原材料供应、参与设计、配送等环节。中国大多数服装企业供应商处于"制衣"的生产环节。

对于 Nike 全球价值链各环节的价值分布,可依据 Nike 公司网站资料以零售价 100 美元的产品来分析。该公司年报将其价值链环节分为生产、批发、零售和仓储,生产商的附加值是 9.04 美元,批发商和零售商附加值分别为 27.32 和 47.97 美元,服装供应商属于生产环节,增值率处于整个价值链中环节附加值最低的位次。

在整个全球价值链空间架构中,Nike 拥有生产空间的支配权,将订单下给紧密合作的新型工业国家(地区)的供应商,后者则把订单转给相临近的低工资的境外制造厂。品牌商、中间商、中国大陆生产商三者呈现金字塔的层层控制局面。中国台湾、韩国等虽然已经不是表面的生产基地,但实际上则是上升成为制造服务商,成为负责接单和安排海外生产的半边陲组织。

中国的 Nike 供应商在 2007 年 Nike 供应商名单中,大陆以 132 家位居第一,其中广东以 54 家居全国第一。其次是山东、江苏、福建、上海、浙江、辽宁等,基本反映了我国服装生产的布局。其中有对应的中文企业名和相关信息可以整理出 103 家。这其中共有 90 家"三资"企业,以中国台湾、中国香港、韩国、日本投资企业为主。这 103 家供应商中服装企业 50 家,12 家是本土企业,本土比例为 24%。Nike 中国供应商市场是多国籍的代工市场,本土企业明显处于从属地位。《中国产业地图》的资料表明,近年来服装产业的企业工业总产值构成中,"三资"企业占有近一半的比重,民营企业虽然在出口额上高于"三资"企业,但企业总数却是"三资"企业的 1.5 倍左右。民营企业不仅规模小,而且相当比重是围绕"三资"企业的离岸工厂而设。如,在当地引入一家外资服装企业,民营的印染厂、面料厂很快就在附近建立起来,一旦一家外资撤离,一批民营企业就会应声倒下。数据显示,中国本土企业并没有真正意义上切入主流的全球价值链。大量外资企业的幕后主导者制造了我国服装产业的表面繁荣。

所以说，我国服装产业生产环节显示出的巨大优势很大比例上是由"三资"企业贡献的，我国服装产业的实际竞争力是脆弱的。

另外，Nike 名单中的很多供应商同时代工多家国际知名品牌，这些全球领导买主都要求供应商的产品质量、生产环境、员工福利、消防安全、人权保护和工会组织等各项指标达到国际标准，这在一定程度上说明了我国大多数本土企业还达不到标准。①

Nike 可以看作大量国际服装品牌在全球布局和攫取利润的缩影，从这个例子我们可以看出，从一开始，广东作为我国的服装生产企业的典型代表，在 Nike 的全球生产布局中处于价值链附加值贡献和获取的最低端，其幕后的大量外资企业背景说明了以广东省乃至中国服装业的繁荣在某种程度上是一种假象，国际品牌企业在中国乃至全球服装市场上大快朵颐的时候，我国本土的服装企业得到的仅仅是残羹冷炙而已。更为让人担忧的是，随着时间的推移和竞争的加剧，大多数的广东本土服装生产企业并没有从代工中学习并获得成长而进入主流的价值链环节中，在接下来的竞争中，发展还是消退？活着还是死去？成为大多数广东服装企业不可回避的问题。

2.3.2 香港联泰集团——服务供应链合作伙伴

走向 OBM 是中国台湾和中国香港 20 世纪 90 年代升级的目标，但目前成功自创品牌的很少。如果港台厂商在代工过程中学到了它们所有应该学到的，它们应该取代握有品牌的先行者 Nike，但是事实不是这样。尽管港台供应商在与 Nike 等国际品牌商的长期合作中积累了在全球价值量中生存和发展的经验，当时政府也适时 OBM 升级，但是港台大型服装企业的定位和实际行动表明 OBM 攀升是艰难的。很多试图 OBM 的企业又退回到 OEM（瞿宛文，2006）。如 Appelbaum（2000）所言，以往的升级轨迹从简单组装—OEM—ODM—OBM 的道路越来越艰难，即使厂商在升级阶梯的底层获得必要的知

---

① 刘林青. 产业国际竞争力的二维评价及演化研究——全球价值链背景下的思考 [M]. 北京：人民出版社，2011，9：178－186.

识，也将发现往上爬升的路线封闭起来了。

它们的升级之路也不再是简单的 OEM—ODM—OBM。香港联泰集团是 Nike 中国供应商名单中东港联泰制衣厂的背后主导者，它有 30 年历史，是以服装制造为主的多元化跨国集团。拥有约 20000 名员工和超过 5 亿美元的资产，在世界各地拥有多处服装生产基地。每年生产 4000 万件上衣，800 万条裤子，150 万件外套，以及 13 万套套装。其中 78% 进入美国试产，13% 进入亚太地区，9% 供应欧洲地区。数据表明，在美国售出的每 8 件男士衬衫就有一件出自联泰集团。

可是联泰并没有创建它们的自由服装品牌，而是将自己定位为"服装供应链合作伙伴"。香港溢达集团，Nike 供应商名单中有三家是该集团投资所建，没有自创品牌，而是拓展价值链制造环节，从棉花种植开始，业务涵盖了棉纺、梭织、针织、染纱、后整理及制衣、配送等各个环节。如果能像联泰、溢达集团等提高制造能力和整合能力，也不那么容易被取代。

Nike 早期的一些小规模供应商如今在其全球供应商名单中已经消失，对于小规模的服装企业而言，要想成功保持全球价值链 OEM 的地位已是困难，想进军需要大量资金和全方位人才支撑的 OBM 就更显艰难。Nike 作为大型买主，依仗资本实力，强调品牌差异、流行和产品品质等，一方面使得代工企业要满足其订单就要集中人财物各种投入，无暇顾及自有品牌的培育；另一方面，代工企业创建的自有品牌往往遭遇来自品牌商的封锁，有失去订单的危险。

中国香港和中国台湾的大规模服装企业没有选择扩大 OBM，而是选择强化贴牌，可能的原因是：（1）大规模代工企业的优势在于生产和整合，并不是创新和经营品牌；（2）高端品牌的大规模代工企业，所获得的附加值并不低。

我们一方面研究相关文献资料，借鉴发达国家和地区的经验，探讨服装产业变迁和发展的规律以及影响企业层面运营的关键要素。另一方面通过深入走访企业，走访广东的政府机构和行业机构。与企业家、管理人员以及政府部门和民间机构的相关人员进行交谈，发放问卷。结合广东时装业在全球价值链中的位置以及广东本地企业目前具备的特点，试图回答广东服装业如何继续发展这个问题，发现我们具有的优势和面临的挑战，为广东服装企业和政府决策提出建议。

2.4　不同的理论视角

沿着产业价值链分工的趋势。围绕特定需求，产品是生产的完整过程构成价值链：包括研发、设计、原材料、设备采购、产品生产、运输、仓储、营销、服务多环节的完整过程。理论上，上、下游厂商之间相互依赖，不再是纯粹的买卖关系（股权投资、战略联盟等介于市场和层级制之间的网络制大量出现）。

2.4.1　资源依赖的视角：纵向合作与企业网络

企业网络/中间组织是企业之间在各个生产环节上长期合作而形成的一种稳定的产业组织形态，考虑到组建网络的企业在产业链中的位置，企业网络可分为横向网络和纵向网络。纵向企业网络的具体形式有战略联盟、研发联盟，等等。

产业组织理论研究的企业纵向合作问题，局限于对市场的控制和企业在研发、生产等各个领域的合作。新制度经济学的视角（交易成本学说，不完全契约论）则从成本的角度为分析纵向企业之间的契约和产权关系提供很好的工具。但无法解释为什么合作？

从企业能力理论的视角看产业链中的企业纵向合作：绩效内生的观点，解释产业内部企业之间的绩效差异？为什么个别厂商的支配地位能够长期维持。从收益的角度，关注对企业能力的动态影响，研究纵向关系和产业发展——资源基础论、核心能力论、企业知识论认为，纵向企业之间的合作行为被认为有利于资源、能力或知识的整合。在产业分工细化高度专业化的环境中，企业将资源集中于某个环节，有利于提高企业的竞争力，但同时也会对其他企业依赖，所以推动企业间的纵向合作，有利于整合不同企业之间的资源，提升合作企业整体的能力。从资源和能力互补的视角，对纵向合作竞争的原因、效果影响可以解释。

根据资源依赖理论，在企业之间平等交换资源的情况下，企业间权力就处于一种平衡状态；而在资源不对称依赖的情形下，企业间权力就会掌握在掌控资源的核心企业手中（Molm，1997）。

从资源依赖理论视角来看，企业间的这种非对称依赖关系源于作为强势方的核心企业对核心资源的追逐和掌控。现实中，核心企业可以通过多种渠道来避免对特定成员企业的依赖，或者降低对特定成员企业的依赖程度，而成员企业则无法摆脱对核心企业在资源上的依赖。这种非对称依赖会增强核心企业的强势地位，而核心企业凭借自己的强势地位就有了凌驾于其他成员企业之上的权力（Perrons，2009）。这种权力不同于企业管理者手中掌握的职权，两者的差别在于：其一，核心企业对丁其他成员企业的权力属于企业间权力，是"一家企业影响其他企业的能力"（Hart 和 Saunders，1997）；其二，企业间权力并不是正式的组织职权，而是核心企业因掌控了资源而能够控制其他成员企业的强制力量。

一方面，企业的能力决定了它在网络中的位置。市场竞争格局的变化，致使网络成员企业更加依赖核心企业的创新能力和市场能力，核心企业也因此而成为网络的中枢。从协同演化的视角来看，市场竞争单位由企业向网络的拓展大大提高了网络企业之间在价值生成和实现方面的关联性，同时也凸显了核心企业所发挥的网络协同演化领导者的作用。市场竞争越是激烈，对网络企业之间协同的要求就越高，从而导致企业之间的价值联系越加紧密。非核心成员企业为了更好地实现盈利目标，必然要更多地依赖核心企业对网络的协调和整合。

另一方面，企业所处的网络位置的中心度影响其各种企业能力的提升。企业能否很好地从其他联盟伙伴那里学到知识，在很大程度上取决于企业所处的网络位置。Zaheer 和 Bell（2005）基于社会网络理论研究发现，从网络结构角度看，网络中处于不同位置的企业会遇到不同的知识获取机会，也因此会对它们的联盟能力与绩效产生不同的影响。他们认为，基于不同网络位置所形成的创新能力会直接作用于企业绩效，并把这种能力称为"网络驱动的能力"。如果企业对结构洞进行桥接以扩大网络关系，那么就能提升绩效。如果企业能够不断拓展网络关系，并逐渐逼近网络中心位置，那么就能以自己为中心建构更多的网络关系，而网络其他成员企业之间的直接关系就会相应减少（Ahuja，2000）。根据 Mahmood 等（2011）的研究，企业通过与不同类型的成员企业建立关系，就能很好地推动其创新能力的提升；而且，企业在特定网络中的中心度越高，创新能力提升就越显著。

2.4.2　价值共创的视角

就个体企业的微观层面而言，服装品牌商和品牌销售商与市场上的消费者之间如何保持良性、畅通的互动，创造好的消费体验，从而形成该服装品牌独特的、一致的、稳定的、强化的品牌价值，并为目标消费者所认同和喜爱，甚至让消费者主动参与、关心品牌的发展，这些都是非常重要的。然而，市场终端的良好反应，在全球产业链竞争的时代背景和框架中，终究是以来自于相对宏观的地区政府、社会组织以及产业链组织成员的良性和顺畅的互动。

在研究的过程中也发现，仅从产品品牌的角度来分析品牌资产或者仅将品牌资产构建的主体局限于消费者或者企业，难以应对品牌当前面临的产品质量不断同化、私人品牌兴盛与公司品牌崛起所带来的新挑战，因此，需要寻找更为广义的品牌资产分析框架（Jones，2005）。学者们用来拓展品牌资产研究的新框架包括：利益攸关者框架（Jones，2005；Schultz，2004）、品牌综合（Synthesis）模型（Keller，2003）、价值链（Haigh & Knowles，2004；Keller & Lehmann，2001，2003；Gehani，2001）、品牌整合战略模型（Lepla & Parker，2003）、声誉资本（Reputational Capital）（Gehani，2001）。其中最有建设性的是前三个框架。

以管理理论中的利益攸关者理论（如，Greenley & Foxall，1997；Whysall，2000）为基础，利益攸关者框架认为影响品牌资产的主体不仅包含企业与消费者这两个核心主体，还囊括了企业的几乎所有其他利益攸关者（包含竞争对手、利益团体、公众、政府、供应商、分销商、媒体、金融机构、雇员以及职业经理人等）（Jones，2005），这些利益攸关者通过与品牌之间的互动关系，促进各自在品牌联想、品牌识别以及品牌沟通等多方面的协同整合，在创建与维持自己个体品牌资产的同时，也共同创建与强化了总（Total）品牌资产。显然，识别出自己的战略利益攸关者及其期望，找出与对方合作的价值增值焦点，发现与协同利用双方的核心资源并与交易的形态相匹配，由此促进各主体声誉的叠加与提高多层次的关系绩效是此模型的重点思路（Jones，2005）。

价值链框架将品牌资产的价值增值过程看作一系列连续的活动与流程（Porter，1985），这一过程被称为品牌价值链（Brand Value Chain）（Keller & Lehmann，2001，2003）。从广义的角度来看，凡是参与价值增值活动的各企业内部与外部主体，均能够运用自己或别人的资源与能力，通过频繁的互动沟通与协作，来为品牌资产创造增值的空间。有学者认为应追踪品牌与其核心影响主体之间的相互关系对品牌联想与品牌认知的影响（Haigh & Knowles，2004），并重视品牌的核心资源及其核心业务流程（Doyle，2001）在其中的作用。Keller & Lehmann（2003）则将品牌（核心）价值链分为营销活动投资、顾客心智、品牌战略绩效与品牌财务绩效四个价值阶段，并辨识出各阶段的价值影响因素与不同的阶段价值转换乘数（Multiplier）。这一详尽的剖析为今后深化品牌资产研究提供了重要的平台。

这两个框架的共同之处是均批评现有分析框架的视野狭窄，主张从多主体互动的思路来扩展品牌资产的研究框架，比较强调构建主体的多元化与各主体之间在资源、能力与知识等方面的协同。利益攸关者框架在本质上更为宽泛，它在分析过程中运用了关系营销的泛关系框架（Gummesson，1994；Payne，1995）与大顾客概念（李蔚，1995；姚作为，2002），也参考了价值链的研究结构，而利益攸关者框架对构建主体之间的协同活动分析、价值链框架对品牌价值分解过程的详尽描述与品牌综合框架对品牌知识扩展的巧妙构思相互弥补、相互支持，更有利于品牌资产研究的深入。

研究范式的扩展、利益攸关者理论与价值链理论的被引入以及品牌知识框架的丰富，推动了品牌资产的整合研究。实施整合研究的基础是人们对品牌资产研究整体的内在逻辑的透视。这一重要的研究主线可以表达为：企业的营销组合变量→消费者角度的品牌资产→战略角度的品牌资产→财务角度的品牌资产。其中，消费者角度的研究关注的是品牌对顾客心智的影响力，而战略角度与财务角度则分别关注品牌资产的战略绩效与最终的财务结果。显然，在引入多个利益攸关者的情况下，不同主体之间在资源、知识、能力等多层面的互动、整合与共享，会使品牌资产的构建与强化工作变得相当复杂。为应对此问题，人们必须将研究模型从早期的狭义框架发展到今天的多主体、多学科整合的广义框架。

Prahalad 和 Ramaswamy（2004）提出了"互动是企业与消费者共同创造价值的重要方式，共创价值形成于消费者与价值网络各结点企业之间的异质性互动"的观点。在他们看来，企业与消费者的互动不仅能够帮助企业获取关于消费者及其偏好的深层次信息，而且还能帮助消费者在服务提供者的支持下完成价值创造过程。互动以多种形式存在于价值创造或体验形成的各个环节，既包括企业与消费者之间的互动、消费者之间的互动，也包括企业与价值网络其他成员企业为消费者营造体验情境而进行的互动。价值共创贯穿于企业与消费者互动和消费体验形成的整个过程。是立足于企业经营和战略设计的微观基础提出了他们的价值共创理论，从企业战略管理和竞争的视角去探讨价值共创问题，揭示了新环境下由企业与消费者角色转变导致的企业经营理念与经营模式的转变，并且认为企业与消费者共同创造价值是企业构建新的战略资本和塑造新的核心能力的全新战略取向。Prahalad 和 Ramaswamy 两位学者有关价值共创的基本观点可概括为两点：一是共同创造消费体验是消费者与企业共创价值的核心；二是价值网络成员间的互动是价值共创的基本实现方式。对于企业根据新的价值创造方式调整自己的经营战略具有重要的现实指导意义。

当前的竞争升级为"产业链对产业链"的竞争，由单纯的"产品竞争"转变为贯穿全产业链系统的"集成创新竞争"。在竞争焦点已从品牌产品、渠道模式发展到产业平台的全方位竞争的情境下，研究服装业的核心环节：品牌、设计、面料、设备的核心技术是什么？为哪些企业拥有？具体情况如何？广东服装业中的企业类型包括了制造生产性企业、服务性企业，更加具体的企业结构构成如何？以及广东服装产业链中的层级组织（纵向一体化—合并）、市场（纵向解体）以及介于两者之间的中间组织［纵向联盟（产权关系/相互持股或建立合资企业）、纵向限制/垂直约束（契约关系）：如上下游间长期具有约束力的合约状况］的结构状况，可以帮助我们了解：服装与面料协同发展在哪些方面有待促进？在从"线状型企业"转向"网络型企业"的发展进程中，广东服装企业处于何种状态？广东地区服装产业链环节对接力度是否足够强？同时，研究横向的行业组织、协会等中介组织的发育状况，研究某个地区政府组织、高校等科研组织机构在其中是如何发挥作用并发挥了什么样的作用，这些就成为阐释一个地区的服装业兴盛与否的一把密匙。

2.4.3 产业集群的视角

产业集群是指在特定区域中，具有竞争与合作关系，且在地理上集中，有交互关联性的企业、专业化供应商、服务供应商、金融机构、相关产业的厂商及其他相关机构等组成的群体。代表着介于市场和等级制之间的一种空间经济组织形式。

多产业集群还包括由于延伸而涉及的销售渠道、顾客、辅助产品制造商、专业化基础设施供应商等，政府及其他提供专业化培训、信息、研究开发、标准制定等的机构，以及同业公会和其他相关的民间团体。

因此，产业集群超越了一般产业范围，形成特定地理范围内多个产业相互融合、众多类型机构相互联结的共生体，构成这一区域特色的竞争优势。产业集群发展状况已经成为考察一个经济体，或其中某个区域和地区发展水平的重要指标。

从产业结构和产品结构的角度看，产业集群实际上是某种产品的加工深度和产业链的延伸，在一定意义讲，是产业结构的调整和优化升级。

从产业组织的角度看，产业群实际上是在一定区域内某个企业或大公司、大企业集团的纵向一体化的发展。如果将产业结构和产业组织二者结合起来看，产业集群实际上是指在一定的地区内或地区间形成的某种产业链或某些产业链。产业集群的核心是在一定空间范围内产业的高集中度，这有利于降低企业的制度成本（包括生产成本、交换成本），提高规模经济效益和范围经济效益，提高产业和企业的市场竞争力。

从产业集群的微观层次分析，即从单个企业或产业组织的角度分析，企业通过纵向一体化，可以用费用较低的企业内交易替代费用较高的市场交易，达到降低交易成本的目的；通过纵向一体化，可以增强企业生产和销售的稳定性；通过纵向一体化，可以在生产成本、原材料供应、产品销售渠道和价格等方面形成一定的竞争优势，提高企业进入壁垒；通过纵向一体化，可以提高企业对市场信息的灵敏度；通过纵向一体化，可以使企业进入高新技术产业和高利润产业……

首先，产业集群的规模效应有利于地区产业和经济增长。产业集群可以使集群内企业分工更为细化，提高企业的专业化程度；同时由于集群内企业的集中和相互关联，使得中间投入品的规模效应和劳动力市场规模效应充分发挥作用，这些分工和规模效应会促进效率提高和产出增加。与一般企业内部的分工和规模经济不同，产业集群的分工和规模经济主要的不是单个企业内部，而是在企业与企业之间。在产业集群内，单个企业的生产可能是非常专业化的，甚至可能只是某一类型的配件或某一道加工工序。这种专业化程度极高的生产方式非常有利于生产率的提高和技术创新，从而促进企业的发展，而在企业与企业之间，合作关系很稳定，交易成本很小，因而可以共同分享规模经济甚至是范围经济。此外，产业集群中许多企业集中在一起，可以分享基础设施、公共服务和其他组织机构的产品，能够很好地发挥其他组织和基础设施的规模效应。所以，集群既可以细化分工又可以创造规模效应，当然有利于经济增长（Henderson，1986）。

其次，集群能有力地促进技术进步和扩散，这也非常有利于经济增长。在现代经济增长中，全要素生产率的贡献率越来越高，技术进步与制度变迁在经济增长中的作用表现得非常明显。在发达国家，由于经济制度相对稳定，技术进步成为了长期经济增长的唯一引擎，因而有关技术进步和技术扩散的研究成为增长理论的重要方面。技术进步来源于技术创新，技术创新又来源于技术创新体系，对于区域经济而言，产业集群就是重要的创新体系。产业集群不仅有利于企业创新，而且形成了新的创新模式——集群式创新。因而，产业集群能加速技术进步，不断为经济增长提供原动力（Audretsch & Feld-man，1996）。对于技术扩散，产业集群更有明显的优势，集群内部企业之间地缘接近，联系紧密，互通有无，技术扩散的速度非常快。技术的迅速扩散，使得每一个企业都能及时更新设备、采用新工艺，调整要素投入组合，能够普遍提高企业的生产率和产出量，从而增加地区经济总量和市场竞争力，促进地区经济增长。

最后，产业集群有积聚力量，会吸引区外的技术、资本和劳动等经济资源向产业集群集中，这将增强地区经济实力，提高地区的经济增长速度。如前所述，产业集群是某些或某一产业的资本、劳动力、技术和企业家有组织地集中，成长能力非常强，市场发展十分迅速，因而它必然对集群外企业和组织非常有吸引力，相关企业和组织如果有条件一定会向集群地区迁移（王缉慈等，2001）。这一点在现实中表现最为突出的就是产业集群对外资的吸引：无论发达国家还是发展中国家，外商投资的区域性都非常明显，产业集群政策能够降低外资进入的成本和风险，对地区吸引投资非常重要；而外商投资的地域和行业集中又能够有力地促进地区产业集群的发展，甚至能培育新的产业集群，这将对地区经济增长有双重的促进作用。

在实证方面，Leo、Braun 和 Winden（2001）的研究表明，产业集群对城市或更小的经济区域的经济发展可以发挥决定性的作用。产业集群为欧洲一些城市的经济集聚提供了动力和实现方式，在城市经济发展中发挥了非常重要的作用，通过产业集群促进经济增长已经成为欧洲大陆多数城市长期增长战略的主要政策措施之一。Fan 和 Scott（2003）研究了东亚和中国的产业集群与经济增长之间的关系，发现二者之间具有很强的双向促进关系，中国香港、上海和北京等城市都利用产业集群策略来吸引外商直接投资，加速地区经济发展。周兵和蒲勇键（2003）在研究我国一些地区的集群发展时也发现，产业集群通过发挥集聚经济和竞争优势降低了产业集群的平均成本和产业集群中单个企业的平均成本，使产业集群所在区域无形资产提高，对其他地区的企业很有吸引力，能吸引大量的资本和劳动力流入集群地区，从而促进区域的经济增长。

综上所述，产业集群能够发挥分工的优势和规模效应，具有特殊的创新能力和技术扩散能力，能够吸引区域外资源流入，在诸多方面对经济增长有很大的促进作用。同时，地区经济增长也会影响集群的发展，如果地区经济繁荣，将有利于地区各方面的发展，必然也有利于产业集群的发展；如果地区经济萧条，对产业集群也会有很大的冲击。总之，产业集群与地区经济增长相辅相成，相互促进，在地区发展过程中应当也完全可以实现产业集群和地区经济共同发展。

2.4.4 传统产业集群升级的重要性

集群升级重要的是解决包括集群内缺乏提供公共产品和服务的机构、产业配套和规章制度不完善、分工合作不充分等通常被称为系统失灵的问题。集群升级通过建构区域创新体系，提升技术创新能力；通过优化产业组织、完善相关配套，加强分工合作；通过对相关制度进行适应性调整和积累社会资本等，提升集群产品的附加值和在全球价值链上的竞争力。

有学者①认为：在微观地域范围内，尤其是在成熟的产业集群占优势的地方，考虑集群升级更合适。从长远来说，集群升级有利于积累产业升级的资金、培育产业升级的人才与改善产业升级的环境。对已形成集群的地方而言，集群升级是当务之急。之前，该学者在珠三角做调查时经常听到"退二进三"、减少制造业、发展第三产业或现代服务业；"腾笼换鸟"、从传统产业转向发展高新产业或重化工业的呼声。虎门人知道服装产业是虎门的优势产业，并没有好高骛远放弃传统产业去追求高新产业。

其实早期虎门人曾经有过教训，他们曾经想大力发展电子信息产业，结果却"有心栽花花不开，无心插柳柳成荫"，虽投入很多资源，电子信息产业发展却不如愿，而起初不起眼的服装产业却蓬勃发展。他们清楚，放走金丝雀，未必引来金凤凰，倒不如实施集群升级战略，提升传统产业的附加值和竞争力，使服装产业这只金丝雀更加艳丽多彩。

从工业虎门到商贸虎门和时尚虎门，实际就是在服装产业的价值链上的

---

① 丘海雄，于永慧，丘晴. 珠三角传统产业出路何在——来自广东东莞虎门的调研报告［J］. 学术研究，2008（10）：45－51.

"退二进三"，而且如果没有当初充分发展的工业虎门，也不可能有现在的商贸虎门和未来的时尚虎门。虽然时尚虎门尚是一个梦，由于这个梦有工业虎门和商贸虎门做基础，更有可能梦想成真。

因此，借鉴虎门的经验，珠三角以传统产业为主并且已经形成产业集群化的地方，目前或许应将注意力集中在集群升级上。在这些地方，"退二进三"可理解为在原有产业的价值链上控制制造业的增长，加大研发、品牌建设的投入，适度转移一部分生产环节，发展总部经济，为产业发展提供更好的条件和环境，"换笼不换鸟"。

2.5　广东省服装企业的现实问题

单个企业的个性特征是企业行为和历史积累的结果，会影响纵向关联的性质。一般来说有两种情况。情况一：企业之间已经形成合作关系，并通过合作逐渐掌握共性知识，则依赖水平会低。情况二：对单个企业而言，如果企业能力低，并没有通过学习和创新摆脱对共性技术和系统知识的依赖，则对产业链上下游企业的依赖将长期维持；反之，如果企业能力加强，又有大量异质性资源，特别是在共性技术研发和系统知识积累方面占优势，则会使其他企业产生对该企业的依赖。有学者实证研究得出结论，如果纵向生产性联系不对称，对另一方依赖水平较高的一方在纵向合作的价值分配中处于不利地位（丁永健，2010）。

从企业间关系治理角度来看，核心企业的知识整合方式会直接影响网络其他成员企业的认知和承诺。核心企业越注意与其他成员企业沟通合作，建立和保持良好的联结关系（Schreiner et al.，2009），知识整合就越有效。在产品内分工日益细化的今天，品牌企业是庞大的价值网络中的重要一员，负责向市场供给最终产品，并承担产品价值的实现，而其他生产与服务企业则围绕最终产品业务链条从事价值创造活动。因此，品牌企业的业务拓展与市场开发能力显著影响整个价值网络的价值创造和整体竞争力。

在产业链这个庞大的价值网络中，品牌企业居于如此重要的地位，我国广东的服装企业在这方面的表现如何呢？事实上，从我国自改革开放以来服装业的发展演变来看，广东省的大部分服装制造业属于第二种对其他企业依赖水平较高的情况。举例来看，深圳女装出现创立品牌风潮始于20世纪90年代中期，集中出现在1995~2004年，占企业总数的72%。但只有不到10%的女装企业顺利实现代工贴牌到自创品牌转变。这些企业一般规模较大，部分企业仍在进行代工生产。但是，成功转型的企业都有良好的经济效益和内外部市场渠道。2005年纺织品贸易配额制度取消后深圳纺织服装出口激增，代工企业开始将订单进一步分包给周围城市的小型加工企业，而不是新创品牌。这说明全球价值链下领导企业的管治确实容易抑制生产商向高端功能的升级，企业对固定的买家和市场容易造成依赖，失去升级动力。

中国既是世界服装生产大国，也是世界服装出口第一大国，其出口服装量占全球服装贸易总额的1/5左右，但这并不代表中国就是服装强国，虽然地球人早已穿上了"MADE IN CHINA"的服装，但遗憾的是，在中国生产的服装品牌很多都不是中国的，中国自主品牌要走向世界，首要任务就是改善消费和经营环境。广东很多服装制造企业都同时给多家国外知名品牌贴牌生产，在工艺设计、品质保证上早已达到国际先进水平，但国内消费者却似乎更青睐国外大牌，小看了"MADE IN CHINA"。对于这样的说法、这样的现实情况，我们是如此熟悉。但是什么因素导致了这样的境地？

受到国际经济形势走好影响，虽然服装行业有了一丝暖意。数据表明，2013年前10个月，我国累计纺织纱线、织物及制品的出口货值相比2012年同期增长了11.0%，服装及衣着附件出口货值同比增长了11.5%。整个纺织服装行业回暖迹象明显。

但整体形势依旧不容乐观，局部供过于求现象仍然较为严重，例如，运动、休闲等服装企业大部分面临库存高企难题。高库存，品牌效应低，劳动力成本的增加等都是困扰服装行业发展的问题。我国服装主要是走低价路线，对于国内企业而言已经难以为继，一些东南亚国家手工业兴起，人力、原材料成本低廉，产品极具价格优势，耐克、阿迪等大型企业纷纷将工厂进入，而中国的人力、原材料等成本却不断攀升，对企业营利能力造成了较大影响。

对于中国服装行业而言，转型升级已经成为不得不面对的问题。行业能否实现转型升级的"跨越",如何转型升级,不仅关系着"中国制造"能否实现向"中国创造"的华丽转身,更决定着未来中国服装行业在庞大的价值网络中乃至国际市场的地位和竞争力。

服装行业要实现转型,首先就是要提升服装行业的品牌价值。中国服装要改变这种命运,就必须要靠自主品牌的培育及建设。如果能够打造自主品牌,不管东南亚劳动力成本有多低,有自主品牌,就是转移不了,市场是你的;如果打造自主创新企业,提升技术含量和品质,来消化成本。那么服装制造业可以继续兴旺,国内外学者普遍接受的后进企业发展共同路径"OEM—ODM—OIM/OBM"也是这样的升级设想。然而,在目前这样的现实基础上,在严峻的市场发展环境中,即使不说它过于理想化,即使作为长期目标理想的指引,如何具体化为可执行的落地的阶段目标——如何才能让我们的"好钢"得以用在真正的"刀刃上",甚至退一步说,"刀刃"究竟在哪里,我们需要具有系统思想的体系化的理论指导。在升级之路上,每一步都需要走得踏实,根据上面的理论我们可以知道,每一步对个体企业、政府、中间组织甚至高校科研机构能力、行为及其配合都有具体的要求——需要做些什么?做到什么程度?标准在哪里?每个责任主体能否做到?

第3章　先进国家和地区的转型升级

3.1　德国的经验

在过去15年里，日本的出口受挫，但德国的出口却令人印象深刻。这两个15年前情况类似的出口大国，现在境遇明显不同，德国制造为何胜出日本制造？

比较日、德两国的发展经验，无论是本书中谈及的德国工业出口领域优势，德国政府扶持中小企业发展的举措，还是以"智能工厂"和"智能生产"为主题的德国"工业4.0"概念，都可以成为中国在新一轮工业革命道路上值得借鉴和思考的经验。

德国——出口机器。德国在21世纪击退其竞争者脱颖而出。以美元计算，德国是世界第三大出口国。中国第一，美国第二。但是以人口和GDP加权计算，德国是目前为止世界上最大的出口国。大约达到人均17000美元，德国的人均出口量要比中、美、日三国的人均出口量总和都要多（参见图3–1）。

为什么德国在过去15年超越其对手如此之多？我们特别注意比较日本，因为15年前这两个国家看起来专门化的产品类似（汽车和资本财产），有相似的世界领先的科技以及看起来在全球化中处于资本相近的位置。我们认为有如下原因。

（1）无可比拟的中小型企业。

德国的"Mittelstand"——中型和大多数的家族企业成为经济结构中独特的一支，支撑着经济的增长和出口。超过99%的德国公司属于中小型企业（German Mittelstand）。德国的中小型企业占据全部经济输出的52%左右，全

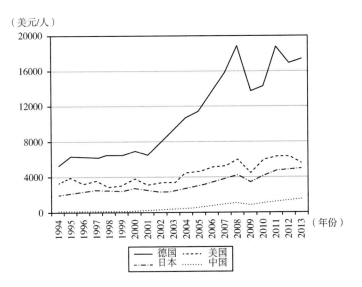

（美元/人）

图 3 - 1 德国、美国、日本、中国的人均出口量

资料来源: DataStream 和 SLJ Macro Partners（IMF, WEO）.

职雇佣劳动力的 60%，还有 82% 的管理培训生①。

（2）长期战略。

这些中小型企业几乎都是家族所有，家族运营。因此，本质上公司的发展策略倾向于长远策略以求代代相传，股东权益比率很高并且借贷谨慎。相比于其他发达国家，德国的中小型企业在工业方面高度活跃。

（3）较高的研发投入。

德国的中小型企业在价格方面不恶性竞争，但是在质量和产品的创新方面竞争激烈。研究表明德国有世界上最多的"隐藏的冠军"（工业领先但其品牌却不那么为人所知）：德国有 1307 个，美国有 366 个，日本有 220 个，奥地利有 128 个，瑞士有 110 个，意大利有 76 个，法国有 75 个，中国有 68 个，英国有 67 个。为了保持这个优势，德国的中小型企业在研发上的花费增长近71%，相比之下，一般大型企业的研发增长只有 19%。这个研发上的花费导致的有形结果就是：54% 的德国中小型企业在 2008—2010 年间引进一些新式

---

① 袁雪. 解密"德国制造"神话：中小企业撑起一片天 [J]. 中小企业管理与科技（中旬刊），2010（1）.

的工艺创新，与此相比，欧盟的平均水平只有34%。

持续的创新和提升帮助维护和保障"德国制造"的品牌优势。

（4）政府和中间组织的力量。

德国政府尽职地在各种层面上扶持这些中小型企业发展。例如，德国政府有一个中央中小型企业创新项目用来帮助这些企业的研发。它在国际贸易和国际推广关系上有效地运行。德国海外商会（CCA）在80个国家设有120个办公室，有超过1700名员工帮助推广德国的商业产品。任何一家德国的中小型企业可以去海外商会确定潜在的经销商和其他海外合同。部分出于这种关系网的原因，和其他国家不同，德国的中小型企业已经在海外有了良好的形象。

德国政府同时也非常支持在国内培养高技能的员工，帮助企业融资及保障这些企业的原材料来源。德国的这些中小型企业在过去的十年里没有太多外包，因此，德国始终保持良好的出口量①。

相反，日本的中小型企业倾向于向日本大型企业提供中间产品。而美国的中小型企业则偏向于在国内扩张而非海外，并且美国的商会偏向于关注大型企业的发展。

日本的中小型企业在近几年一直遭遇困境。日本的大型生产商已承受巨大的价格压力，而中小型企业则以供应它们为主。这些中小型企业被大生产商压榨，因为后者把价格压力施加于前者。大多数日本的中小型企业发现要拒接它们单一"靠山"客户的需求比较困难。根据日本经济产业省（METI）的调查，21世纪初日本大型企业利润的反弹大多来自对中小型企业的压榨。在最后几年，大概只有1/3的日本中小企业是盈利的。

（5）区域化的优势。

中国2001年加入世界贸易组织是全球化一项重要的进程：不仅中国可以向世界出口，世界上其他国家也可以向中国出售商品。相反地，欧盟和欧洲货币经济联盟是用来促进"区域化"的制度上的安排：相比较成国和非成员国之间的贸易，欧盟成员国之间的交易是有优惠条款的。

图3-2显示了2000~2012年出口增长上的地理因素。对于日本而言，超

---

① 史世伟. 德国国家创新体系与德国制造业的竞争优势［J］. 德国研究, 2009（1）.

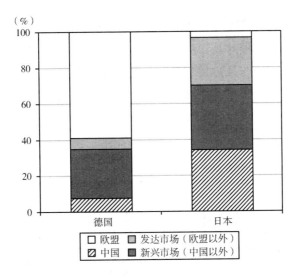

图 3 - 2 全部出口增长贡献率 (2000~2012 年)

资料来源: DataStream 和 SLJ Macro Partners.

过 1/3 的出口增长来自中国,另外 1/3 来自其他新兴市场。简略来说就是地域对日本出口增长的影响是平均的:中国、新兴市场(除中国)和发达市场各占 1/3。欧盟对日本增长的贡献接近于零。

对于德国来说,图像就完全不同了。除去中国外的新兴市场占据了德国出口增长的 1/3 左右——和日本非常接近。然而有显著不同的是,中国只占了德国出口增长的 5%,德国作为一个出口大国地位不断提升,中国对其帮助却普遍的权重相反。另外,欧盟在这段时间内占据德国出口增长的 60%,除去欧盟外的发达市场贡献接近于零。

德国作为欧盟成员的优势。概括来说,数据显示德国作为全球出口"超级大国"的崛起,"区域化"的因素要远大于"全球化"(欧盟内不受阻碍的贸易渠道),而后者则是日本出口赖以生存的。

3.2 香港地区的经验

香港地区服装业的从业人数在 1980 年达到顶峰,之后十年间急剧下降,从 301545 人下降到 1994 年的 137287 人。数字的背后是该行业并没有萎缩，香港地区作为中国内地和其他国家地区进出口和转口业务的生产网络协调服务的角色而存在，哪些条件促成这样的角色达成？同时又有主要分布在广东珠三角地区的大量工厂，香港企业则掌握控制权和管理权，其主要市场面向美国、欧洲、日本、中国香港和中国大陆。中国香港企业是如何实现这样的转型的？考虑到全球市场环境的变化，对照现在中国大陆的服装业所处的阶段和具备的条件，其借鉴意义如何？

3.2.1 成功转型升级的关键要素

从企业的层面看，企业的竞争力包括产品层面的，如企业产品生产及质量控制能力、企业的服务、成本控制、营销、研发能力；以及各经营管理要素组成的结构平台、企业内外部环境、资源关系、企业运行机制、企业规模、品牌、企业产权制度等管理制度层面的；而最核心层，则包括以企业理念、企业价值观为核心的企业文化、内外一致的企业形象、企业创新能力、差异化个性化的企业特色、稳健的财务、拥有卓越的远见和长远的全球化发展目标。

有学者研究发现转型成功的香港地区服装企业具有很多优势，存在世界级的企业家，他们用合理的成本做到快速递送，采用新工艺工程的纤维特性，对日本和大陆市场顾客需求具有高度敏感性，其品牌形象和质量的高度一致性，即使使用了出自香港地区的高价格原料。

一个服装企业在高工资社会中寻求高回报，不仅要做到价格合理、做工精细，还要求厂家发货迅速，零售及时进货，抓住季节流行趋势。所以需要电子技术传递给顾客，通过电子数据库选择布料，根据传回生产地点的数据为顾客量体裁衣，经过监控、调整生产各个环节的配合，拥有顾客购买时有需求、会偏好和信赖的品牌。

政府和公司两方面都认识到：仅靠单个企业是不行的，集体行动必不可少。政府应动员社会和专业资源的力量，重点促进大学、机构等产业界合作在纺织服装业的应用和开发方面的研究。

在种种的竞争要素中，中国香港的投入主要用来保障生产高附加值的产品的生产活动。学者研究得出的结论是，造就了成功的香港地区服装企业的六个关键要素特征①。

（1）生产的灵活性。

生产多种产品并能迅速转换产品生产的能力。①生产的产品种类不断增加以适应满足不同种类商品的需求。每种订单可以小，如 150 ~ 350 件。②仓库储存量要足以能迅速装运任一种类的产品。香港地区的一位纺织公司的总经理观察到，在其大陆和香港的工厂用相同的机器生产相同的产品，香港工厂的多样化程度更高。大陆厂最终也可以做到，但处理时间长。可能的解释是：香港的生产计划能力较强，取得原材料的途径更简便。③对工人培训，使之胜任多类产品的生产工作。④企业内的信息技术发展，增加与顾客的迅速沟通，尽早获得订单信息。⑤迅速交货的能力，采用电子数据交换技术连接制造商和零售商，加快订购、存储和商品再补充，减少季末必须亏本出售库存和浪费产品的情况。制造商收到零售商的订单多少天内（香港在 20 世纪 90 年代中期达到 30 ~ 33 天）可以将商品送至零售商的仓库，零售商的仓库库存时间（香港于 20 世纪 90 年代中期降至 6 周，正争取降到 4 周）。零售商试图减低风险并减少库存，因而很多时候厂商到季节中期才能接到订单，对于这种订单厂商（包括纺织商和棉布商在内）处理的策略趋势都是生产变得越来越快。面临的障碍则主要是运输时间，即制造前的时间：设计、样品制造和部分产品的可得性。而裁剪、缝纫、完工和装船在亚洲都不是问题，所以原材料纤维的供给地对此有很大的影响，在供给地开设工厂成为一种响应策略。这样供给地的供给能力和质量都变得很重要。

（2）理解不同市场层次的顾客。

理解并响应迥然不同的顾客群体偏好的能力。保持老顾客，开拓新市场。表现在：在同一国家的市场上改变销售对象，在其他地方开辟新市场。不同的市场上消费者的需求有几大差别，需要采用以下方法：感情深入地理解外

---

① M. Dertouzos, R. K. Lester and R. M. Solow（eds）. Made in America: Regaining the Productive Edge, Cambridge, Mass.: MIT Press, 1989; J. P. Womack, D. T. Jones and D. Roos. The Machine that Changed the World, New York: Rawson Associations, 1990. 转引自苏珊·博尔格，理查德·K. 李斯特. 由香港制造——香港制造业的过去·现在·未来［M］. 北京：清华大学出版社，2000.

国语言和文化，在外国长期逗留和定期访问，广泛频繁地接触同一社会不同种族和国籍的人。为洞察市场的偏好而对市场做频繁的调查。美国买主提出非常详细的技术要求，强调价格，提供长期大额的商务机会。欧洲买主征求制造商的设计创意，强调连续性和质量，和供应商的关系更稳定。

如何将生意过程中发展的能力升级为进入新市场的能力。日本市场需要日本伙伴（贸易公司），而与它们建立关系需要相当常的时间。对质量标准要求高，小商店和百货商店控制了零售系统，各个柜台分别被不同品牌控制着。

（3）协作生产的能力。

有关纺织品和服装的国际贸易法规、配额，决定了在原产地的几个生产步骤。不同国家复杂的配给规则和原始产地规则的变动，决定了制造商地域政策的变化。也要求制造商必须要有出色的组织能力来协调分散的生产活动。根据关于纺织品和服装的新协议（ATC），以后的贸易障碍逐渐打破并消失，没有纺织品和服装贸易限制的世界，即没有了配额制度和西方大市场对中国制造的产品的进口限制，对中国香港有利吗？

购买商需要在纤维织物进入正式生产前去考察布料的最终结果，有关的生产过程就必须顺应这样的事实，对于复杂的条纹图案需要多个环节的有效沟通，染色、印花业务包括审批设计、样品等生产过程必须放在核心控制的位置。

给香港地区以外的内地工厂提供和分配管理资源：工人流动率高，造成培训水平低，与德国制造商在东欧开设新工厂时投入巨大资源用于培训劳动力的努力相比，中国香港在珠三角的工厂中，培训项目非常少。在缺少稳定劳动力以及自然的合作精神、团队领导和长期一起工作发展起来的职业标准的条件下，需要大量的管理工作协调各个工厂，平衡各条生产线并保证具有稳定的质量和生产率。这有赖于香港服装制造和纺织业40年来迅速发展所建立的巨大的管理人才库。管理者的技能源自本地以及国外工程和科学两方面的大学教育；与本地工厂中熟练工人长期共同工作取得的经验，和国外要求严格、富有经验的购买商的多重紧密的接触，以及对国际市场深层的理解和跨越不同产业部门的大量香港地区公司取得的不同经验。

（4）城市本身特点：纺织和服装生产网络中心。

在香港地区，活动聚集于一个小区域内并具有相当的产业规模，极易找到一家公司，不仅可以满足所有要求，而且速度快，可靠性高，价格低。买主可以找到他需要的任何特质品，从纤维织物、鉴别颜色和样式，检查生产样品，会见公司的设计人员或零售商，监督生产质量。所有的销售在香港地区，工厂由香港人控制和融资，利润归于香港。

（5）公共机构的完善和支持。

交通优越、通信、船运服务等商业基础设施极为便利。促进局、贸发局、服装技术演示中心、服装产业培训局、技术学院和香港理工大学的纺织和服装研究所。大规模的公共投资的结果是机构设施优良。

3.2.2　曾面临的困境

Kurt Salmon 在 1995 年的产业研究中，估计55%的香港地区纺织和服装企业已经具备海外生产能力，将生产转移到内地生产[①]，这一网络生产的模式非常成功。然而，香港地区在转型过程中面临种种困境并因此也成为潜在的制约因素。

（1）低成本劳动力。

事实上，这种基于低成本劳动力的生产系统是很脆弱的。新兴国家复制很容易，香港地区在那些国家没有特别优势（如今的中国广东更是如此）。低成本劳动力生产，对产业吸收优秀管理者、技术人员和生产工人有不良影响。依靠低成本、低技能的劳动力增加收益的实质就是拒绝对可以真正提高生产率的技术采用。香港地区曾经致力于推广模块化生产，随着它们逐步将工厂迁移到内地并转向低成本劳动力的生产模式，都放弃了实验和努力。而作为纺织服装业企业引进新技术的先决条件是需要受过良好培训的工人并不断地提高他们的技能。

（2）依赖于美国市场。

长期依赖于美国市场而形成的生产模式，对进入新市场造成障碍。1994

---

① 香港政府工业署，1995 年香港制造业。1995 年 12 月：41～42，75～77。转引自苏珊·博尔格，理查德·K. 李斯特. 由香港制造——香港制造业的过去·现在·未来［M］. 北京：清华大学出版社，2000：155.

年香港地区产业界联盟的调查显示：在内地生产的纺织服装业公司中72%没有在内地销售产品。有销售产品的公司，其销售额也低于总额的20%。

（3）培训的不足。

与20世纪80年代鼎盛时期相比，用于培训工人和管理者的资源由于产业转移而迅速减少，服装产业培训局从一年培训6000～8000名缝纫工人，到90年代中期每年有180名获得1年或2年期证书的学生。企业内部培训通常只局限于观摩其同事操作，雇主提供的公司外上课的机会很少。这与其他经理纺织和服装业重组过程的国家形成了鲜明的对比——美国和德国把越来越多的资源投入到生产工人和管理者的培训中。

（4）设计师阶层的缺失。

香港地区有不少商人能将国外买主的需求和偏好诠释给香港地区的制造商。也有少数的时装设计师其创造性和技术能力保证了他们拥有一个由富裕消费者组成的小规模市场，但对确定大范围内的流行趋势没有什么影响力。两者间缺少一个设计师阶层。而巴黎、纽约、米兰却很多。香港地区的开发西方市场品牌的公司中，没有启用香港设计师的，即使主要市场在亚洲的企业也是用欧美的设计师。

更新发展为高附加值制造业的关键：当创新和生产被联系起来的时候，在创造服务增强型产品的过程中不断学习。在高工资、高生活水准的地区，纺织和服装业的良好工作机会（实实在在地支持升级——提供什么样的工作岗位使之能驱动创新乃至产业升级？——而非仅仅是养活低成本的劳动力。需要增加的新的工作岗位）和公司未来盈利依赖于对多重竞争能力的培养和投入，任何单独的投入，若缺乏连续、相关的变化，都不会影响产出。不仅需要熟练的劳动力和工程师，还需要既懂技术又了解顾客，并能将二者灵活地与生产系统结合起来的管理者。若直接与顾客打交道，并能预测未来的需求和偏好时，就能进行产品创新。与顾客的密切接触和沟通十分重要。产品开发、新的市场以及快速的反应带来的机会，推动创新。快速反应是为了获得更高附加值的前进目标。需要建立生产的基础设施。

没有任何一项建议能够独自改变一个产业的未来。新技术（信息技术）、设计、广告、样品制造和款式设计、与环境和社会标准协调一致、技术先进、保护品牌的制造商和公共机构都非常重要。

公共服务平台和组织的力量：美国的行业机构：美国纺织业联盟（Amtex），在能源部指导下，是由产业、产业协会和国家实验室共同建立的合作机构，20 世纪 90 年代布置了一个把前沿技术引入该产业的多种研究项目，其副产品——国家资源数据库被频繁使用，其中包括服装交换网址①。

产业升级将带来更多的机会，支持综合产业：设计、信息技术、管理、媒体、旅游、零售等各具有吸引力的服务性行业。

随着全球化进程的推进，发展中国家的产业区正日益融入全球生产网络中，然而，大部分发展中国家产业区主要依靠劳动力成本优势参与国际劳动分工，并面临着"逐底竞争"（Race to the bottom）和"低端道路"（Low road）锁定的困境。

改革开放以来，伴随着市场化和民营化进程，中国东部沿海地区出现了大量的专业化产业区。其中比较典型的有浙江的"块状经济"和广东的"专业镇"。这些产业区在特征上与意大利的产业区非常相似，例如，以传统产业为主、中小企业空间集聚等。大部分产业区仍然面临着产品质量较低、技术创新能力不足、企业竞争力不强和国际化程度不高的问题。劳动力成本以及人民币汇率的不断上升，特别是全球金融危机之后，以低附加值、劳动密集型为特征的产业区遭遇前所未有的挑战，转型升级成为产业区可持续发展的迫切要求。"第三意大利"作为产业区模式的典型区域，其充足经验能够为中国产业区的发展提供重要启示。

3.3　意大利的经验

3.3.1　产业区的形成

私营中小企业是意大利战后进行经济重建的最重要的生力军。经过初具雏形与缓慢累积阶段，意大利的产业区到 20 世纪 70 年代开始大规模兴起，

---

① 引自苏珊·博尔格，理查德·K. 李斯特. 由香港制造——香港制造业的过去·现在·未来[M]. 北京：清华大学出版社，2000：140.

并因生产与出口商的成功而被世界关注。最为世界所熟知的就有卡尔皮（Carpi）和普拉托（Prato）的纺织服装业。区内企业之间形成广泛的横、纵向一体化，进而发展成为一种相对稳固的经济社会共同体，离不开典型的地方文化、共同价值观、行为体间的相互信任等非经济因素。基于这种共同体，区内企业不以追求短期利益最大化为目标，而是努力在竞争与合作之间寻求平衡状态，了区内劳资关系也更加灵活融洽。

意大利产业区在整个 20 世纪 70 年代和 80 年代，经历了形成、快速扩张、平稳发展的过程，直至成长为意大利制造业经济的"硬核"，这一成果具有重要意义，一方面挖掘了意大利经济的潜力，奠定了"意大利制造"的国际竞争地位；另一方面更重要的是，作为一种根植于地方特殊社会文化关系的生产组织形式创新，产业区为现代工业生产模式的多样化做出了重要贡献。

经合组织的统计资料显示，到 2000 年，意大利 99% 的工业企业雇佣人数在 100 人以下，93% 的企业雇佣人数不足 20 人。但企业规模小并不意味着竞争力弱。根据"伦巴第指数最佳中小企业评估"的结果，2000 年度营业额在 1000 万欧元至 3.35 亿欧元之间的意大利中小企业有 1200 多家。

根据意大利国家统计局（ISTAT）2005 年的统计数据显示，意大利共有 156 个制造业产业区，雇员在 250 人以下的中小企业为产业区内绝对主体，就业人数超过 490 万人，占全国总就业的 25%，其中制造业就业人数超过 190 万人，占全国制造业总就业的 40%。

156 个产业区从事的专业领域大多数属于典型的"意大利制造"部门，包括服装与时尚、家庭装修装饰、自动化与机器设备、食品饮料四大制造业门类。这清晰地显示了意大利产业经济的特点：机构上以拥有众多产业区而闻名于世界，组织上高度基于中小企业，产品结构上高度集中于已经被其他发达国家放弃（或认为已经不再重要的）的技术相对较低的部门①。

随着全球化进程的深入以及知识经济的兴起，意大利产业区的发展正受到剧烈变化的外部环境的严峻挑战。一方面，生产过程的片段化促使价值链在全球范围内的重组。全球化进程不断消除国家的边界，跨国公司的主导作

---

① 孙彦红. 试析近年来意大利产业区的转型与创新 [J]. 欧洲研究，2012（5）：117-135.

用日益突出，通过全球生产网络推动产业在全球范围内的整合。另一方面，随着知识经济的兴起，技术创新过程不断加快，产业区的分散化产业创造力模式因缺乏大企业的突破式创新能力而受到挑战。在外部环境剧烈变化的背景下，意大利产业区正经历着一系列的重组过程。

3.3.2 发展的困惑

随着经济全球化的加速、知识经济的兴起、技术进步的突飞猛进以及国内经济政策化环境的不断变化，很多有利因素也在发生变化，意大利产业区体系自 20 世纪 90 年代初开始遇到困难，面临前所未有的多重挑战。90 年代初新技术——自动化、计算机、信息通信技术——的迅速应用，大企业的生产与管理的灵活性明显提高，相比而言，产业区的生产传统不利于新技术的应用，区内小企业在技术更新上也普遍资金不足。随着新型经济体的崛起，世界市场的消费能力显著扩大，为大企业提供了更广阔的市场空间，新的市场需求形式明显提升了产品设计、营销、资金管理等非生产性因素的重要性，这恰好是大企业的优势，而产业区的中小企业长期偏重于生产，缺乏关注市场的传统和实力。

生产的最终消费产品技术含量低，在日趋激烈的国际竞争中表现为诸多不适应，带来不利影响：行业进入"门槛"低，一些标准化的产品和生产环节容易受到来自新兴经济体的竞争威胁，而当时意大利国内劳动成本的逐年上升也使产业区企业处于不利地位。

从国际化模式上看，意大利产业区通过参与国际分工获取优势的能力面临挑战。意大利国内市场小，产业区从早期阶段就偏重于出口导向模式，贸易伙伴（西欧和美国）在 20 世纪 90 年代和 21 世纪初出现经济增长放缓，产业区就会遇到困难。同时，以中小企业为绝对生产主体，集中于传统部门、出口导向模式造成产业区对外投资水平相当低。

产业区遇到发展"瓶颈"，就纺织服装业而言，规模最大的普拉托产业区经历 20 世纪 90 年代的增长停滞后，从 21 世纪初开始出现衰退，2000 ~ 2005 年区内共减少 2000 多个工作岗位。科莫（Como）产业区的年营业额下降

20%，就业人数减少9%。

3.3.3 产业区的特征

意大利产业区经济上表现为：以中小型企业为主，企业间通过广泛的垂直和水平分工形成弹性专业化的地方生产系统。产业区内的企业既合作又竞争，合作主要体现在垂直层面，竞争体现在水平层面。

社会上表现为本地独特的产业氛围，如自助精神、本地的归属感、企业间相互仿效、区域的产业声誉等。本地企业之间的高度信任和互惠性，促进合作与知识流动。本地服务机构提供共享的基础设施、管理培训以及营销、技术、金融等法门的支持。地方政府机构对于促进产业区发展具有重要作用。

3.3.4 产业链中的协作与竞争

企业间紧密的前、后向联系构成范围经济。产业区数量众多的中小企业生产高度专业化，通过上下游企业间的分工协作，使下游企业获得灵活多样、具有成本优势的产品组合。从产品的生产结构考查，在垂直方向上，存在着处于不同生产阶段的企业间的合作供应关系，强调的是企业间的分工和协作。在产品的同一生产阶段的水平方向上，则存在着不同的供应企业，而这些企业正在进行着激烈的竞争，不同的企业及上游产品供应商、下游产品分销商和最终用户共同构筑了边际报酬递增产业区"价值链"，形成了意大利产业区的整体规模经济，而这正是保持产业区凝聚力的源泉。

3.3.5 中介机构的作用

（1）非正式联系——技术创新扩散机制。

产业区存在有效的技术创新扩散价值。技术创新在企业间的扩散是维持产业区竞争力的主要环节。这种扩散的知识主要来自生产实践和产品开发，是能够切实提高劳动生产率或产品性能的新型产品、新的生产加工技术和新的产业组织形式。此类知识的传播并非借助政府的直接干预，而是企业处于自愿的目的，动力在于产业区的专业产品在市场上取得的竞争优势加强了企业对本产业区整体形象的认同，企业间广泛存在的"非正式联系"也为技术扩散创造了客观条件。为维持并发展这一能够使企业普遍受益的公共品，技术创新企业处于追求自身经济利益的实际目的，愿意通过市场交易的方式与其他企业一同分享这些成果。

（2）商业性中介服务机构。

商业性中介服务机构中，"真实服务中心"最具有代表性，包括专业服务设计市场调查、商务咨询、技术转让、产品市场开拓、中小企业经营的技术支持等。同时，意大利政府部门通过有关财政、金融政策的立法、实现支持中小企业发展、鼓励企业创新型投资、适度分担接待风险、加大对落后地区扶持、强化地方政府作用、促使企业密切协作调高国际竞争力等政策目标，这些措施支持就业增长也有限。从意大利的经验可看出，传统产业并不意味着必然缺乏竞争力。通过技术创新，传统产品的生命周期会延长，并实现高附加值。中小企业尽管单独生产、经营和技术创新的能力有限，在专业规划产业区内，如能建立有效的专业分工生产和技术创新扩散机制，仍可获得强大的竞争力。[①]

3.3.6　转型和创新

近年来，意大利产业区转型与创新的步伐明显加快，方向更加明确。主要体现在：区内企业的集团化趋势，生产网络的外向化和国际化趋势，"专注于产品"与"绿色经济"理念的切实践行。

（1）"专注于产品"的理念——制造能力的优势。

由于纺织服装业是最终消费品，意大利区内企业长期将"专注于产品"理念置于战略地位，这一战略定位又通过企业简单的竞争与合作产生示范与放大效应，进而成为整个产业区的竞争战略。企业将现代工业生产技术与自

---

① 王传英. 意大利产业区发展经验与启示［J］. 经济纵横，2003（7）.

身传统手工工艺及设计艺术相结合，持续不断地在产品质量、设计、品牌信誉等方面下功夫，力图在细分市场的高端寻找立足点，获得额外的高附加值。

值得注意的是，即使近年来营销等服务环节的重要性受到普遍认可的情况下，企业仍将产品视为其竞争力源泉，坚持主要从制造能力而非商业活动中挖掘优势。2011 年意大利商会联合会产业区企业竞争要素的调研统计结果，其中将产品设计与质量视为竞争要素与战略方向的企业高达 60.2%，将企业形象与品牌视为竞争要素的企业为 15.7%，对比各项竞争要素的占比，不难得出产业区企业"专注于产品"战略的直观印象（见表 3 - 1）。

表 3 - 1　　　　　　　　　　产业区企业各项竞争要素对比

竞争要素	企业占比（%）
分销渠道	1.0
企业组织模式	2.3
售前/售后服务	3.3
人力资源质量	3.6
创新与企划能力	4.1
企业形象与品牌	15.7
产品设计质量	60.2

资料来源：La Federazione dei Distretti Italiani, Osservaorio Nazionale Distretti italiani-Rapporto Ⅲ, 2012, PP. 65 - 66.

（2）绿色经济的发展——从正外部效应中获益。

"绿色经济"的发展也成为几年来意大利产业区转型的重要内容并逐渐成为产业区经济的新特色。20 世纪 90 年代初产业区企业对于环境规制导致的生产成本上升普遍不满，但是，随着企业间示范、竞争、合作等各种效应的相互作用，至 21 世纪初时，产业区已经逐步形成了从整体上应对环境规制的新模式，企业较快适应了"绿色"生产方式。在本地中介机构的牵头和政府的支持下，企业确立了联合投资建设环保基础设施、联合开发环保生产技术等多种形式的合作。大多数企业在承受环境规制成本的同时，也从合作的正外部效应中逐步获益。如今"绿色经济"已经不再被企业视为负担，而是越来越被公认为一种管理、组织、生产与营销的新方式，是企业活力与竞争力的新源泉。根据意大利商会联合会的调研，2011 年，在经济危机的困难形势下，仍有超过 1/3 的企业在"绿色"技术上增加了投资：53.8% 的投资用于降低能耗的设备与技术，30.5% 用于改造设备以减少环境污染，另有 15.7% 投资于生态型产品的研发与生产。

（3）产业区集团逐渐成为产业区的主导。

产业区集团指由产业区范围内属于同一产业的企业通过正式与非正式联系组成的商业集团。由于产业区内企业与供应商、客商以及竞争者长期以来形成的信任关系增强了产业区集团形成的可能性。龙头企业通过兼并和并购的形式将产业区内的其他企业纳入集团，并主导整个集团的发展战略。但是，大多数的被兼并企业仍然保持较大的自主性，通常会试试独立的管理运作并保留原有的品牌。

近年来的研究如表 3 - 1 所示，意大利产业区内部的等级化趋势正在不断加强，产业的集中化趋势也在不断提高。在 Carpi 的纺织服装产业区和 San Mauro Pascoli 的制鞋产业区，产业区集团主要采取垂直一体化的战略，将原来的分包合作变为等级制的合作关系。龙头企业为了保证产品质量和供应速度，开始与有限的供应商建立稳定的关系，对产业链的各环节进行直接控制。

从自身特征与市场表现两个角度对有关意大利产业区转型绩效及其转型与创新道路上的困难进行简述。

第一，就自身特征而论，如今的意大利产业区不仅在量上不失为意大利制造业经济的硬核，而且在质上也焕发新的活力，引领着意大利制造业的整体转型与创新。

第二，"专注于产品"战略是意大利产业区转型与创新值得关注之处，正是这一战略成就了"意大利制造"的特色——将现代工业技术与自身手工艺与艺术设计优势相结合，持续在产品质量、设计和品牌信誉上下功夫，在差异化和专业化的细分市场中寻找立足点。这一战略固然会减少从商业性活动中获利的机会，但也使企业得以集中精力持续提高产品品质，对以中小企业为主的意大利产业区是一个现实的选择。于是，意大利并未像其他多数欧洲国家那样泛起所谓"劳动密集型"的服装、制鞋、家具等一系列部分，而是向世人展示了一个如何沿着"传统部门"的质量阶梯持续攀升的过程。

（4）创新活动与知识系统。

传统的产业区创新被认为是一个本地化的集体学习过程，主要通过"干中学"和"用中学"的方式进行渐进式创新，是一种"没有研发的创新"（Innovation without R&D），创新过程主要强调基于"隐性知识"（Tacit Knowledge）与"实践知识"（Practical Knowledge）的本地化学习。知识的产生和扩散过程根植于本地情景，受地方的环境与文化因素影响。地域与社会邻近性对于本地主体之间的知识流动具有重要作用。

（5）与研究机构合作。

随着全球竞争的加剧，基于本地学习过程的渐进式创新难以应对外部需求环境的快速变化。由于技术创新日趋复杂化，以科学为基础的知识越来越重要，企业需要开展研发活动增强突破式创新能力。另外，产业区过分注重本地化学习可能会存在近视的风险，造成"认知锁定"。增强研发能力和融入全球知识网络成为产业区保持竞争力的主要战略。近年来的研究表明，许多有竞争力的产业区企业都在通过扩大研发（R&D）活动的投入，与外部的高校、科研院所开展联合研究等途径增强突破式创新的能力。例如，Montbelluna 运动鞋产业区中的 GEOX 集团不仅在本地建立实验室，还与米兰理工学院、东京大学等机构合作。

（6）龙头企业在知识网络中的主导地位。

龙头企业在产业区创新和学习过程中的作用越来越重要，一系列的研究表明，龙头企业通过增强内部的研发活动与外部的知识联系，主导着产业区内部知识的创造与扩散。Boschma 与 Terwal 通过对 Barletta 制鞋产业区的研究，发现产业区内不同企业之间的创新能力存在较大的异质性，只有少数龙头企业在知识网络中占据主导地位，而拥有外部知识联系的企业通常比其他企业具有创新能力。龙头企业在产业区的知识网络中处于核心地位，主要承担外部知识的吸收、转译与共享功能，但是，知识的共享仅限于一般性的信息类知识，关键性的技术知识很多好在产业区内部扩散。

3.4　借鉴意义

3.4.1　转移是必需的吗

日本最早开始做劳动密集型加工业，20 世纪 60 年代的时候产业转移，亚洲四小龙借用这个机会发展起来了，那些都转移到中国大陆来了。

我们现在也已经到了日本当年产业转移的阶段了，不管你采取什么措施，到最后还是要转移出去。转移出去有两个问题，其实大部分的台资企业、港资企业，已经转移大部分到越南去了。我们大陆的企业在转移的时候比它们更为不利，因为它们是第二次转移，环境比较适应，而我们是第一次转移，大部分老板在四五十岁，外语也不行。

产业区内的企业将低附加值的生产活动转移出去后，更专注于研发、营销、物流等功能的升级。例如，在 Montebelluna 运动鞋产业区，本地企业将大量的劳动密集型生产环节转移到东欧国家，而设计、研发、营销、物流等环节仍然保留在产业区内。但这并非产业区国际化的唯一模式，也有的产业区则是通过功能"降级"（Down-grading）的方式融入全球价值链。例如，Brenta 制鞋产业区中的企业完全放弃设计和营销环节，专注于生产环节，成为奢侈品全球价值链中的生产者，也同样获取了成功。

第二是转移到哪儿去？早期第一批的像台资、港资企业转移到越南、柬埔寨等东南亚国家，但是你必须要考虑中国是一个 13 亿人口的大国，打个比方来讲，水缸里的水满了，往水杯里面流，水杯一下子也满了。其实这几年，越南、柬埔寨、缅甸、孟加拉工资的水平比我们还低，但是增长的幅度一定不比我们慢，甚至比我们还快。所以现在已经转移到这些国家的企业，一般认为在那些国家顶多就是再待三年五年，也必须再转移一次。因此在这样的情况下，转移出去的企业我们必须帮他克服两点。第一就是再转移；第二是到底转移到什么地方比较好。

3.4.2 企业转型升级以及产业集群的演化不存在单一路径

无论是意大利、中国浙江，还是欧美、日本的产业区，其成功都在于不断设计、生产出纷繁多样的新产品或开展新的服务，并实现市场价值，创造财富。其产品可能是传统的，但工艺和营销方式却是先进的，甚至高技术的。创新不仅反映在设计方面，更多地反映在工艺过程方面，也就是不断开发各种先进的技术，用来制造那些传统地看来是低技术的产品。意大利企业的工业创新有产品创新、工艺创新和组织管理创新三方面。计算机辅助生产、机器人的使用已成为新工艺潮流所趋。"低技术部门的高技术"（high-tech in low-tech sector）为我们创造了很高的竞争力。因此，最重要的是，产业区中特有的创新文化，使知识和技术不断地积累和扩散。

有研究将知识和学习能力视为产业区演化的主要动力，并以此为基础分析产业区演化的不同模式。根据学习能力管理的差异，Nelussi 和 Pilloti 将产业区分为弱学习系统、具有吸收能力的系统和动态演化系统三种类型。由于本地技能、创新能力、结网能力及对外部机会感知能力的不同，产业区的演化并不存在单一的路径，而是呈现为"多重路径依赖"（Multiple Path dependency），产业区并非一种静态的理想化模式。①

对于我国服装产业集群以及服装企业，要生存和发展，转型和升级都必须建立在充分了解自身优势和劣势的基础上，如前所述，借鉴成功的国家和地区的经验，以下几点创新显得尤为重要：政府的作用、中介机构（包括商业性中介机构）的作用以及公共机构的完善和支持反而是不同地区所达成共识和重要的要素。如何通过这些方面的完善、努力配合，产业集群能够整体上一个台阶，增强竞争力，进而促进服装企业的发展，是我们应当关注的。

---

① 王周扬，魏也华. 意大利产业区充足：集团化、创新与国际化 ［J］. 地理科学，2011（11）.

第4章 广东服装企业的发展路径

中国纺织工业联合会流通分会的资料表明，近年来，一批成长潜力大、拥有较强品牌营销网络及品牌运营能力的企业，正在男装、女装、童装等领域渐成气候，尤其在纺织服装行业面临众多困难时，仍然保持着较快增长，业界将其称为未来国内服装行业发展的生力军，"成长型服装品牌"的概念由此而生。介于高低端服装之间，成长型服装品牌多以设计"亲民"、售价适中、质量"不打折"而被消费者青睐，再加上他们大多以品牌产生地附近作为发展"根据地"。

相关资料显示，2010～2013年，共有300多家服装品牌从数十万服装企业中脱颖而出，成为国内服装成长型品牌的代表。而在国内二、三线城市以及淘宝等电商平台，中小原创品牌正拥有数量可观的拥趸。这些新的服装品牌能否为行业发展增加一抹亮色？其中，来自广东、江浙及北京等地的新兴品牌表现尤佳。比如，原创品牌广东异形目前已在全国开设150家品牌专卖店，且近些年的销售额保持15%左右的增幅；柏仙太子品牌服装2012年销售额已达4亿元，业绩直逼某些一线品牌。

专注于品牌建设和产品创新的新品牌将是未来国内服装业发展的重要后备力量。而这些后备军大都来自行业内的小微企业。从简单的OEM代工到转型进军内销市场，敢于转向自主品牌运营的小微企业尚属少数，但从市场接受度和消费者反馈来看，原创设计的市场潜力巨大，自主品牌的优势正日益显现。

数以万计的新兴中小服装品牌却在各自擅长的领域静悄悄绽放。更加贴近消费者、紧紧把握市场潮流、反应速度快，是成长型品牌的优势，但反应灵活的同时，成长型品牌更面临设计创新、定位精准上的考验①。

但对于沉默的大多数——没有形成自己品牌的服装企业，对于由这样特点的大量中小型服装企业所构成的产业集群，在当前的经济和市场形势下，如何发展？根据之前章节中的理论思路所提及的关键要素，对照广东的服装业现有的发展水平和特点进行梳理，然后结合先进国家和地区的经验提出建议。

4.1 广东服装产业具备的优势：以虎门镇为例

广东具备服装业产业升级的有利条件吗？究竟珠三角传统产业的出路何在？地方政府何为？利用近几年对东莞发展的观察，尤其是对虎门镇调查获得的资料，回答上述问题。

目前广东的产业类型中，传统产业仍然占有较大的比例，而虎门的服装产业是典型的传统产业，同时也是典型的产业集群。虎门社会经济发展很大程度上得益于服装产业集群。虎门服装服饰产发展轨迹："洋货一条街—服装小集市—大举造市场—大量建工厂—女装专业镇—服装服饰产业集群"。虎门服装从无到有，从小到大，从少到多，从无牌到名牌，从无序到规范，走过了漫长的艰苦创业历程。服装产业在虎门有牢固的根基。

2002 年 8 月，虎门被中国纺织工业联合会、中国服装协会命名为"中国女装名镇"；2003 年 11 月，虎门被广东省科技厅命名为"广东省技术创新服装专业镇"；2006 年 12 月，虎门被广东省经信委认定为广东省产业集群升级示范区；2007 年，虎门被纳入国家火炬计划东莞市虎门服装设计与制造产业基地；2008 年 9 月被中国国际产业集群博览会、国际产业集群发展论坛评为"2008 中国百佳产业集群"；2009 年 8 月被东莞市政府认定为"东莞市重点扶持发展产业集群"；2011 年，虎门服装市场集群被列为广东休闲服装国际采购中心重点培育对象；2012 年，富民商业大厦被评为"中国百强商品市场"。

---

① 中国新兴服装品牌渐成气候，2013 - 04 - 04，经济日报.

20 世纪 90 年代中后期，与许多传统产业一样，虎门的服装产业也面临劳动力成本和原材料价格上升、土地供应日渐短缺、环保压力不断增强、市场竞争愈演愈烈等压力。为了帮助企业摆脱困境，镇政府及早实施集群升级的战略，为促进虎门镇的服装产业发展做了不少工作。

4.1.1　政府为推动集群升级所做的工作

提出服装产业"四个转型"的发展思路：从外延扩张向内延发展转型；从服装生产基地向服装品牌集散中心转型；从贴牌加工向创立品牌转型；从中低档向中高档转型。为了实现"四个转型"，镇政府主要实施了如下计划。

（1）培育区域品牌。

产业集群的区域品牌包括企业品牌、区域"名片"、集体商标三个层次。镇政府为了促进虎门服装产业的升级，推出了一系列创建区域品牌的措施。

首先是促进企业品牌。镇政府制定《虎门镇实施名牌带动战略工作方案》，委派专人协助企业申报国家、省著名商标和名牌产品，办理服装商标注册登记；实施"百万促名牌"工程，承诺：凡是在虎门投资创业，企业获得全国驰名商标、中国名牌产品的，奖励 100 万元；企业获得国家免检产品的，奖励 30 万元；企业获得广东省著名商标、名牌产品的，奖励 10 万元。在镇政府推动下，虎门服装企业在创品牌上走出一条"无牌—贴牌—杂牌—品牌—名牌"的发展道路。虎门服装生产企业在国内外注册商标 6000 多个，其中，中国驰名商标 1 个，中国名牌产品 3 个，国家免检产品 11 个，广东省著名商标 13 个，广东省名牌产品 11 个，已经形成了 80 多个有影响力的品牌，如"以纯""松鹰""伊韵儿""莎琪贝尔"等。

其次是争取区域"名片"，区域"名片"是由有关机构或组织评定或授予的"称号"或批准的项目，在一定程度上能反映集群的发展水平和地位，有助于提高集群的知名度和美誉度，而且有些项目还带有配套资金的支持。在镇政府的积极申报争取下，虎门服装产业集群获得的"称号"或项目有：广东省科技厅授予的"广东省专业镇技术创新试点镇"、广东省经贸委授予的"广东省产业集群升级示范区"、中国纺织工业协会授予"中国女装名镇"，被国家科技部列为火炬计划"虎门服装制造设计特色产业基地"等。

最后是注册集体商标。集体商标是指由工商业团体、协会或其他集体组织成员所使用的商品商标或服务商标，用以表明商品的经营或服务的提供者属于同一组织。产业集群的集体商标通常冠以地域名称，如"虎门服装"。镇政府已经以虎门的地域名注册了 200 多个集体商标，其中相当一部分与服装有关，目前正在准备实施推广。集体商标不但能解决中小企业的品牌问题，而且可以此为纽带组成产业联盟，发挥行业协调、自律的作用。

（2）建构公共服务平台。

虎门服装技术创新中心成立于 2006 年，由镇政府委托属下的集体企业富民公司承办。中心设有服装展示厅、信息化创新体验区、时装表演 T 台、服装图书馆、电子阅览室、设计师交流园地等。创新中心的功能主要通过信息资讯互动、设计生产技术、人才培训交流、企业管理咨询、市场营销拓展五大平台发挥作用。此外，创新中心还通过构建互动网络（信息网、设计网、人才网、教学网、服商网）实现信息化带动产业化，建立与大学、科研机构、其他中介机构的联系，整合服装产业链条，推动产业科技创新和创意产业的本土化，塑造虎门时尚文化。

除了创新中心，镇政府还以合作、扶持等各种形式引进民间融资机构为虎门的中小企业提供融资担保服务，引进顾问公司为企业提供规范化管理、人才培训、营销策划、品牌推广等服务。

构筑公共平台，引进各种机构为企业提供研发、信息、培训产品展示等服务机构支持网络。

（3）完善产业配套是提高集群竞争力的关键。

哈佛大学商学院对全世界 800 多个产业集群进行调查后，发现生产要素对集群的发展固然重要，但是有生命力、发展势头好的集群与那些走向衰落的集群相比，前者有较完善的配套。在珠江三角洲，地方政府官员和老板经常抱怨原材料和劳动力价格上涨、土地资源短缺，生意难做。生产要素基本上是刚性的，不容易改变，而产业配套是柔性的，改善的余地比较大。虎门打造各 1 平方公里的服装专业市场和布料、辅料、配料专业市场，完善产业配套是提高集群竞争力的关键。这其中，地方政府大有可为。

虎门的服装业是市场带动型的。镇政府注重产业的市场配套，突出表现在建造为产业上下游服务的两个占地一平方公里的大市场。一是"一平方公里"的以"富民时装城"为中心的 23 个大型专业服装批发商场，内有批发商铺 1 万多家；二是"一平方公里"的以"虎门国际布料交易中心"为中心的 11 个布料、辅料和配料批发市场，内有商铺 8000 多家。市场的领头羊富民集团旗下包括富民时装城、富民鞋业皮具城、富民布料市场等十大商场，聚集5000 多商家。富民集团不但在虎门专业市场办一家成功一家，而且在商场设计、经营管理方面形成了一套独特的经验。现在富民已经成为有影响力的商业品牌，开始了品牌和管理输出。许多地方都邀富民去当地办贴富民品牌的商场，如厚街镇便有富民步行街。富民这种"走出去"的战略进一步推动了虎门服装产业的扩散，也加强了服装产业链的地区资源整合，有利于整个服装行业的发展。

虎门的市场已经走出了虎门。从 1996 年开始，镇政府每年举办一届中国（虎门）国际服装交易会。服交会是国内外采购商云集的盛会，与会人数逐届增加，从第一届的 40 万人次增加到第十届的 82 万人次；成交额也逐届提高，第一届为 12.5 亿元，第十届达到 35.8 亿元。通过服交会，在与国内外市场对接、碰撞、交流中，虎门的服装产业得到了全方位、多角度的拓展，促进了信息流、技术流、商品流、人才流和资金流的汇聚。

除打造大市场外，镇政府积极引进和扶持 100 多家织布、定型、漂染、拉链、绣花、纽扣等配套生产企业和 50 多个物流、仓储、配送、货运公司落户虎门，缔造了一个完善的生产网络。

（4）扶持行业协会。

在镇政府的扶持下，虎门镇成立了全国第一个镇级服装服饰行业协会和虎门服装设计师协会，2008 年又成立虎门布料、辅料行业协会。各协会由镇政府服装办牵头，以"引导、协调、管理、服务"为宗旨，主要工作是协助镇政府举办每年一届的服装交易会，组织企业实施名牌战略，引导企业由来料加工向自产自销转变、由"杂牌"向"名牌"转变，组织本镇的服装企业到北京、大连等地参加服装节、展览会和交易会，到中国香港、法国、意大利等地区和国家参观学习，帮助企业进行品牌注册、登记、融资，发挥沟通、服务、行业自律和维权的功能。

镇政府通过建立园区平台、联盟平台、网络平台，开启时尚之路。

园区平台以"时尚创意产业园"为依托，重点吸引知名设计师、媒体、时尚服务机构、专业教育机构等聚集园区，发挥各类信息、知识的溢出效应；

联盟平台主要是建立一个网络联动机制，通过各类人才网络的信息库促进虎门适时汲取外界资源，传递世界时尚文化；

网络平台是指建设一个大型电子商务平台，充分利用电视、电话、网络三位一体的技术手段，实现网上与网下的无缝对接。此外，镇政府还通过举办"虎门国际女装设计师大赛""虎门国际模特大赛""虎门营销小姐大赛"等活动营造时尚氛围，密切国际知名设计师与虎门企业的联系，吸引国际模特培训机构落户虎门。

4.1.2 集群升级战略的效应

对企业升级的带动。镇政府推动产业升级的各项举措，为虎门服装企业的升级提供了良好的条件和机遇。

根据 2012 年对全虎门镇辖区内从事服装服饰生产、销售、配套服务的上万家企业及机构的调查数据，发放了 13000 余份调查统计表，收回 12500 余份。根据回收的调查表统计及工商、国税、地税各职能部门的抽调数据，基本可以说明镇服装服饰产业现状，我们据此予以描述和分析。

经过 30 多年的发展，虎门的服装服饰产业已基本形成了全国最大的服装产业集群、配套完善的产业链条、成熟发达的市场体系、强镇富民的龙头产业、特色显著的区域经济。基本情况如下。

一是企业集群，根基雄厚。截至 2011 年底，全镇共有服装服饰生产加工企业 2346 家，其中，服装类 2240 家，服饰类 106 家，规模以上的共 126 家。全镇服装服饰总生产面积 274 万平方米，65 万常住人口中从事服装服饰产业及相关行业的有 20 万人以上。

二是配套齐全，环节完整。截至 2011 年底，全镇有服装服饰配套企业及服务机构共 1061 家，其中，面辅料企业 299 家，物流、绣花、印染、洗水等配套生产加工企业 438 家，电子商务、网络公司、咨询、培训、设计、策划等配套服务机构 324 家。虎门已经形成了从人才、装备、设计、生产、销售、配套和服务一体化的产业结构体系和完善的产业链。虎门的服装在镇内就可以实现生产到销售全过程，随时可通过海、陆、空发往国内外。

三是市场成熟，产销两旺。至 2011 年底，虎门服装服饰市场总区域面积约 7 平方公里，包括服装服饰中心交易区、面辅料等产业配套区及正在建设中的富民中央商务区三部分。目前，建成区总经营面积达 232 万平方米，有 1.5 万经营户，有 40 个专业市场；在建面积约 170 万平方米，包括地一大道商业街、富民商贸城等，均位于富民中央商务区内。2011 年，全镇生产服装服饰 4 亿件（套），年产值 199 亿元，年销售额 457 亿元，规模以上企业出口额 8.07 亿元人民币，年纳税总额 7.8 亿元（其中，企业纳税 6.41 亿元，专业市场纳税 1.39 亿元）。

四是一业兴旺，百业昌盛。虎门服装服饰产业的发展，不仅解决了 20 万人的就业问题，也聚集了人气，形成一个庞大的消费群体，带旺了虎门餐饮、旅业、运输、旅游、零售、房地产等第三产业的发展。每年来虎门参观服装交易会的有几十万人次。2011 年全镇社会消费品零售总额 121.38 亿元，同比增长 20.2%；三大产业比例调整为 0.56∶43.64∶55.80。

4.1.3　政府在集群升级过程中扮演的角色

通过对集群的形成和发展机制进行研究，人们发现：大多数集群的形成是自发的，是市场选择的结果；但是集群实现持续发展、升级却与相关机构尤其是地方政府的引导、扶持密不可分。

虎门镇政府很早便意识到服装集群升级的必要性，制定了集群升级的战略，出台各种措施帮助企业创品牌、搭建公共服务平台、打造服装和布料、辅料、配料市场，办每年一届的服交会，设立工业园区和时尚创意园。值得一提的是，没去虎门以前，笔者在央视看到富民的广告，以为富民是民营企业，后来到了虎门才知道富民公司是镇政府的集体企业。虎门的服装产业是专业市场带动型的。富民公司是虎门服装产业的温床、服装品牌的孵化器、创新中心的承办者，在虎门服装产业发展中功不可没。

广东省产业集群区域性特征明显，特别是对经济发展起带动作用的一镇一品一产业集群模式，在创造产业增加值的同时，也形成区域分割，导致资金、信息、技术、人才等要素资源无法共享，影响整体经济发展。因此，在培育和发展产业集群的同时，应加强区域间资源整合。在维持已有产业集聚优势的基础上，构建更多的产业联系，发展真正有竞争力的本地产业群①。

4.1.4 从"无牌—贴牌—名牌"的秘密：巨大的国内市场

集群升级的一个层面是从贴牌生产到自由品牌的功能升级。

虎门的专业市场，尤其是富民发挥的品牌孵化器的作用和上述介绍的虎门镇政府创品牌的一系列举措，无疑是推动虎门服装产品成功地从"无牌—贴牌—名牌"发展的重要因素。

除此以外，虎门从出口加工转向国内市场的转型也十分重要。研究发现：很多发展中国家的产业集群之所以无法摆脱贴牌生产的命运，主要是因为国内市场狭小。中国有巨大的消费市场，而且消费能力日渐增长。

品牌一般需要经历"地区—全国—国际"的发展，没有经历国内市场的洗礼，想一步登天成为国际品牌难之又难。2/3 在国内销售是虎门服装实现从贴牌到自由品牌发展的重要条件。因此，珠三角那些以贴牌生产为主、对外依存度高的传统产业应借鉴虎门的经验，重视开拓国内市场，充分利用中国庞大的消费市场打造品牌，完成功能升级。

4.1.5 发展模式特点

虎门服装服饰产业走过了一条与众不同的道路，形成的发展模式和个性特点如下。

（1）前店后厂，产销互动。虎门服装自发形成集市，再由镇政府引导，

---

① 明娟，王子成，张建武. 广东制造业产业竞争力评价与分析 [J]. 经济地理，2007，27（4）：565－570.

营造环境，建造大市场，构筑"燕巢"，成为市场集群。市场成熟了，做旺了，部分商户铺主为了减少中间环节，减少成本，赚取更多的利润，便自己开厂生产加工服装，直接进入市场，形成了前店后厂的模式。这种"前店后厂"的经营模式使工厂与市场、生产与销售之间相互依托、相互促进、良性互动，推动着整个产业集群的成熟和壮大。

（2）加盟连锁，专卖直销。做成品牌后，许多企业不甘在本地市场坐庄买卖，为了扩大品牌影响力，扩大销售，便在全国各中心城市，甚至二线、三线城市设立加盟店、专卖店、直营店，全镇现有各大品牌服装在全国设有专卖店、连锁店 36000 余间，仅"以纯"就有 4000 余间。这种新型的销售模式和密布全国的销售网络，不仅促进了虎门服装大批量的销售，扩大了虎门服装在全国市场的占有率，同时也广泛宣传和提升了虎门服装的知名度和影响力。虎门已成为全国服装主要集散地和辐射源之一。

（3）展会造势，整体推广。虎门自 1996 年开始，举办一年一届的中国（虎门）国际服装交易会，成为"立足国内，面向国际"、展示自主品牌、发布市场信息、引领时尚潮流、促进交流合作的重要平台。虎门服装交易会的成功举办，进一步确立了虎门在中国乃至国际服装市场的地位，使"虎门服装名镇"声名鹊起。虎门服交会已成为国内服装行业展会的十大品牌展会。

4.2 广东服装产业面临的挑战

4.2.1 集群内企业状况、存在问题和需求

区域特色产业集群对外部嵌入主体产生的影响从"品牌吸引"向"品牌背书"转化发挥持续影响力，研究相对来说比较薄弱。但显然集群品牌与集群内部个体品牌之间相互协作、协同发展的崭新研究方法的应用是很重要的（Anhol，Simon.，2002）。

但在理解产业集群品牌和集群内企业品牌的关系上，有些政府对区域产业集群品牌认识存在误区。地方政府在创建区域产业集群品牌时，尚未理顺

区域产业集群品牌、产品品牌和企业品牌三者之间的关系，特别重视区域产业集群品牌的建设，相对轻视创建产品品牌和企业品牌的建设。

事实上，产业集群品牌并非一朝一夕形成，而是集群内的企业通过长期规范经营、良好的质量、全面周到的服务等积累起来的良好声誉，带来广泛认同的知名度和美誉度。所以对集群内企业层面的运营状况和存在问题的关注是本项目的一个重要特征。

广东服装业中的企业类型：制造生产性企业和服务性企业构成如何？

（1）制造生产性企业。

我们需要找出典型的企业，针对服装业的核心环节：品牌建设、研发设计、设备的核心技术、面料（供应链）、顾客为导向的营销技术哪些企业拥有？具体情况如何？企业设立科技、研发部门了吗？研发经费支出占销售额/占主营业务收入的比例等情况进行调研分析。通过这样的研究找出企业运营的薄弱环节，进一步确认企业现在所处的经营水平。

纺织企业规模普遍较小，自身实力和利用外部资源的能力比较弱。由于许多企业从外贸出口起步，形成了重制造、轻营销的发展模式，缺乏分拨、物流、销售、售后服务、品牌推广等一系列增值环节的运作能力，大部分纺织企业尚未建立适应"小批量、多品种、快交货、高品质"要求的快速反应机制。

集群中企业拥有自主品牌的状况，探究企业不培育自主品牌的观念和管理上的原因。

目前，世界多数名牌服装产品在广东均有生产，但是在国际市场却难觅广东企业的自主品牌。贴牌生产所带来的直接后果就是企业获利微薄，工厂只能拿到5%～10%的利润。长期以来，一半以上市场经营户纺织工业企业没有自主品牌，很多企业也不打算培育自主品牌。由于缺乏品牌，许多企业长期囿于以量取胜的同质化、粗放型发展方式。虽有不少国内知名的服装品牌，但仍缺少有国际影响力的知名品牌。

在创新能力方面，则需要重点探究企业的创新努力以及导致创新能力不足的企业自身内部存在的制度和管理问题。许多纺织企业历来非常重视引进国外先进生产设备，目前全省纺织装备在整体上已经达到国际先进水平。但企业的自主创新能力不足，陷入了"一流设备、二流技术、三流产品"的尴尬局面。新纤维的研发、中游的染整和后处理等环节较为薄弱，科技含量和附加值较高的功能性面料及高性能纺织机械的研发能力亟待提高。

自服装行业 2012 年开始经历寒冬期，库存高企的现象说明了以渠道为主的经营模式颓势渐现，很多服装企业面临供应链、多渠道清库存、门店管理等层面重整战略的问题。产品研发创新、门店销售创新、营销方式创新、信息化创新，等等。服装企业一直在求新求变，都做了哪些工作？

（2）服务性企业的构成形态。

在类型、数量、质量上表现出什么样的生态结构？向产业集群内企业提供有偿的、专业化服务，包括一些营利性专业类中介机构，如市场研究、管理咨询服务机构、知识产权服务机构、人才培训服务机构、法律咨询服务机构等；通过向中小企业提供咨询、信息和培训等服务，推动中小企业技术创新的发展，是发达国家的成功经验。

4.2.2　集群内企业间的互动水平、特点和问题的研究

经典品牌理论认为，品牌信息沟通是强势品牌的核心建构途径，这一主张也被产业品牌领域的学者所支持（Webster, F. E., 2000）。品牌导向应该被嵌入到所有的组织活动中，帮助企业建立与主要利益相关者的联系。品牌信息的整合沟通是以品牌为导向的组织最为典型的行动表现（Urde, M., 1994）。

（1）企业间的互动水平和特点。

①企业的纵向互动：广东服装业中分工企业间的合作状况和深度？

服装业品牌建设中纵向合作的必要性，专业化协作水平不高，上下游和配套企业之间的联系不够紧密。另外，消费者对服装需求越个性化，越显示出服装生产需从批量生产转向品种多样、个性、特征鲜明的小批量、定制化生产的趋势。"上架周期缩短，生产周期加快。"服装品牌需及时追踪目标消费客群、随时应对服装产品需求的不确定性，调整生产计划。这种高强度的供应体系增加了服装企业供应链的匹配难度。

②品牌商与服务提供商之间的互动。

协作型的企业关系有助于交易双方形成正面的品牌认知服务提供商和顾客企业在服务交易过程中，为了实现服务使用价值而经历的连续互动过程，包括三个维度（张婧、邓卉，2013）方面的探究和分析。共同制订计划：是否能一同制订近期的工作计划、参与到新服务的研发过程以及共同制定服务提供的长期规划。共同解决问题：一起处理在双方关系中产生的问题、相互提供大力支持以及和客户共同承担责任。调整灵活性：能够灵活地响应、适时调整以维系与客户的关系以及能与客户共同找到新的处理办法，以应付一些突发事件。

（2）问题研究。

以虎门镇为例，尽管虎门作为服装专业镇而闻名全国，在市场导向和政府的推动合力下，已经形成了市场成熟、配套设施齐全的企业集群，但可以看到这样的集群中仍然存在着各种问题。

①专业市场问题。

规划差、配套差、环境差、管理差，是虎门服装服饰专业市场的四大弊端。具体如下。

第一，规划差，布局散。虎门40个服装服饰、面辅料及机械市场虽然各自相对集中一个区域，但由于原先缺乏统一规划引导，由民营自发投资的各类商场被分割在几平方公里区域内，且这些商场大多是厂房或楼盘改造而成，规模不大，配套不全，功能设计也不合理、不规范，而且各自为政，管理不到位，市场信息化滞后，影响了虎门服装市场总体效益和形象。

第二，设施差，配套缺。位于虎门寨的服装服饰传统交易区内缺乏大型停车场，道路狭窄，人车拥挤，车辆进出和泊车非常困难，公交车通行很不方便；区内缺乏大型的仓储中心，物流配送公司虽多却小又杂。由于交通等基础设施及各种商业配套不完善，使得许多客商转而到广州、深圳等地进货。

第三，环境差，秩序乱。集中体现在专业市场的营商环境上。中心交易区内治安环境不容乐观，偷窃案件时有发生；道路交通路窄车多，经常堵车，的士搭客不打表，单车非法营运屡禁不止；市场内部管理不善，乱停放、乱摆卖随处可见；卫生状况较差，经营秩序混乱。这些都使商户们抱怨不绝。

第四，管理差，租金高。由于富民服务公司早期缺乏有效的监管手段，只是对富民商业大厦的商铺收取低廉的租金，而任意由承租户长期控制经营权。经营权经多手炒卖，层层加码，商铺的租金不断提升，变得十分昂贵，如富民商业大厦一楼铺位的月租金平均为3万~4万元。在富民商业大厦的影响下，其他一些商场也如法效仿。这种泡沫现象大大增加了经营户的成本，导致利润萎缩，尤其是在国内外服装市场低迷的环境下，许多商户更是难以为继。一些经营户为了争取利润，只能针对产品压质提价，于是又导致客户转向广州、深圳等市场进货。如此恶性循环，既影响了广大商铺经营者的利益，也影响了虎门服装市场形象和整个产业的健康发展。

②生产企业问题。

虎门服装生产加工企业众多，这是虎门服装产业集群的重要支撑和基础。但是，由于发展过程中规划、引导不够，目前存在着"四大短板"：工厂多，规模小；品牌多，名牌少；制造强，创新弱；成本高，效益低。具体分析如下。

第一，企业数量多，生产规模小。全镇2346家服装服饰生产加工企业中，年收入2000万元以上的规模企业只有126家，占总数的5.4%，纳入市统计口径的仅44家，占总数的1.9%；规模以上企业年产值149亿元，占总产值199亿元的75%。

大量的"麻雀"工厂占据了大量的资源要素，如土地资源、生产资料资源、人力资源及大量的社会资源，而产生的经济效益和对社会的回报却比较低，制约着虎门可持续发展，使虎门的社会建设成本和社会管理压力增加。

第二，品牌数量多，知名品牌少。多年来，在镇政府品牌战略的带动和政策的鼓励下，虎门大多数服装企业注重商标，培育品牌，打造名牌。至2011年底，虎门拥有服装服饰类注册商标50000多个，但中国驰名商标、中国名牌只有以纯1家，广东省著名商标、广东省名牌产品共有4家，另有一定影响力的区域品牌也只有30多个。目前全镇仍有55%的服装企业以贴牌加工为主，只赚取10%左右的加工费，在国际产业链中位于低端环节，且抗风险的能力较弱。

可见，虎门的服装服饰品牌集群，数量众多，但叫得响的只有那么几个。与福建的石狮、晋江，浙江的温州、宁波，江苏的常熟、盛泽等纺织服装产业集群地相比，无论是名牌数量，还是名牌级别，都有较大差距。

第三，制造能力强，创新能力弱。2011 年，虎门 2346 家服装服饰生产企业，年产服装服饰产品 4 亿件（套），年产值 199 亿元。总体上看生产量大，加工能力强，但企业的劳动生产率和效益都较低。全镇服装服饰生产加工企业上一年只纳税 6.41 亿元，平均每家企业纳税 27.32 万元。如果减去以纯的 3.28 亿元，剩余的企业平均每家只纳税 13.35 万元。关键原因是创新能力弱，技术水平低，导致生产效率低，企业效益差。原因分析如下。

一是创新人才不足。这次我们抽样调查的 44 家规模以上企业中，有专业设计师 167 人，平均每个企业 3.8 人；有大专以上学历的 2288 人，平均每家 52 人；有专业技术职称的 290 人，其中高级 12 人，中级 129 人，初级 149 人，三者的比例为 4∶45∶51。人才结构与发达国家相比差距很大。如，意大利普拉托地区，纺织服装业高级人才、中级人才及初级人才的比例达到了 35∶50∶15。企业人才结构的不合理，严重阻碍了服装服饰企业的创新发展。

二是技术装备落后。产业升级，装备先行。目前，虎门还有相当数量的生产企业技术装备落后，有五成以上的企业需要进行技术装备的更新换代，如运用计算机辅助设计（CAD）、计算机辅助制造（CAM）提升产品质量，运用自动裁床、吊挂系统大幅提高生产效率等。

三是信息化水平低。在信息技术高速发展的今天，互联网、电子数据交换（EDI）、计算机集成制造系统（CIMS）、企业资源计划和管理系统（ERP）、射频识别（RFID）等信息技术在产业转型升级中发挥着越来越重要的作用。虎门的服装服饰企业信息化水平普遍偏低，企业不能有效获取先进的服装设计、制造等相关知识和技术，也不能及时了解国际上服装出口、各国相关技术法规等。信息闭塞或获取慢，增加了企业经营的不稳定性，不利于企业发展。

第四，经营成本高，企业效益低。近两年，整个服装行业负重前行，普遍出现"价升利降"的现象，中小企业更是举步维艰，虎门的服装服饰企业深受影响，具体体现在三个方面。

一是材料价格上涨。据统计，2010 年以来，棉花价格一路疯涨，使得以纯棉为主要原料的中小型企业受到剧烈冲击，损失严重。同时，皮革等其他原材料价格也有不同程度的上升，造成企业生产成本压力骤增。

二是人工成本上涨。据调查，虎门服装服饰企业的劳动力成本近两年同比涨幅 20%～30% 不等，工资价格高、行业利润微薄等因素都制约着企业进一步扩大生产。

三是营销成本上涨。场地租金、进店费和物流费的上涨使得企业营销成本加大，利润空间缩小，制约着企业发展。

③协调服务问题。

全镇现有各类服装配套服务机构 324 家，虽已形成了门类齐全的配套服务产业链，但相比江浙一带的产业集群，中介服务机构及公共服务平台的建设及其作用的发挥仍有相当差距，具体表现如下。

第一，政府引导服务不够。政府缺乏对产业的规划、引导、协调、服务，对服装市场资源的整合和主导力度不足。虎门服装服饰配套服务机构大多是民间根据市场需要自发成立的，有关部门对此类市场需求信息掌握不全不灵，缺乏统筹规划、引导和协调，因此，有的服务机构缺失，或小而少，如电子商务、网络营销商虽多，但缺乏大型的电商平台和大型专业电商公司共建共享；有的则一哄而上，如民间培训机构，曾一度过热，你争我抢，后来不少相继都关闭了。

第二，行业协会未尽作用。目前虎门服装服饰行业协会、服装设计师协会和面辅料行业协会的作用远没有发挥出来。作为政府与企业之间桥梁和纽带的虎门服装服饰行业协会，在对虎门服装产业调查研究、行业发展规划策划、行业信息交流、行业标准实施与落实、品牌战略的实施、行业自律、为企业提供服务、为镇委镇政府作决策参考等方面均没发挥应有的作用，只是简单地应对各类展览会或参观考察，而且成员的代表性和覆盖面不够广泛，协会的功能、作用有待进一步提升和加强。

第三，创新中心形同虚设。虎门服装技术创新中心由于自身缺乏创新，宣传不够，服务不到位，形同虚设，功能效益日渐弱化。

第四，质检机构仍然空白。目前，全镇仅有"以纯"集团设立了服装品质检测部门，购置了品质检测仪器设备；也有一部分企业虽然已经意识到品质检测的重要性，但苦于设备昂贵，只能送样到广州、东莞、香港等地检测。随着全镇服装企业出口遇到的困难和壁垒的增多，以及国家、民众对服装质量要求的越来越高，品质检测已经成为产业发展迫切需要解决的问题。虎门亟须建立一个公共服装质量检测机构，把脉服装品质。

第五，科研机构极度缺乏。虎门的研究型大学和与服装相关的科研机构几乎没有。由于缺乏科研机构、高等院校或大企业的依托，虎门的研发、技术辐射能力薄弱，科技创新资源十分贫乏。

4.3 服装企业多种升级形态

在全球价值链管治和地方集群动态作用下，服装品牌企业有多种升级途径。国内市场和地方生产网络的结合以及设计、生产、营销环节的空间组织获取知识学习通道能促进企业升级。

有研究通过对 2001~2011 年历届中国（深圳）国际品牌服装服饰交易会获奖的 90 家深圳知名女装品牌企业来源、演化和空间组织的分析，发现：深圳知名女装品牌企业的主要来源不是全球产业链中从事生产外包的企业沿着产业链顺序升级，而是地方生产环境促进的企业家创业和香港企业直接投资的结果[1]。这些企业在全球—地方联结下获得知识学习通道，并将经验用于本地—国内联结的产业组织中，结合设计、生产、营销环节的空间组织实现升级。

中国是全球第一大服装出口国，服装生产作为典型的劳动密集型产业具有促进就业的重要意义，但这种加工环节的优势随着原料、劳动力成本上升和人民币升值逐渐削弱，产业升级成为热门议题。嵌入全球价值链的生产环节和地方集群现象是我国服装产业的总体特征[2][3][4][5]。西方学者用全球价值链

① 刘青，李贵才，仝德. 深圳女装品牌企业升级途径与空间组织 [J]. 城市发展研究，2011，18（10）：10-13.

② 王缉慈. 我国服装业的地方集群战略思考 [J]. 世界地理研究，2003（2）：32-38.

③ 宋韬. 全球生产网络中发展中国家（地区）服装产业升级的路径选择 [J]. 世界地理研究，2010，19（1）：79-85.

④ 王永仪，魏衡，魏清泉. 广东虎门镇服装加工产业集群发展研究 [J]. 经济地理，2011，31（1）：97-101.

⑤ 卞芸芸，陈烈，沈静等. 产业集群特征探析及形成机理——以中山市沙溪镇为例 [J]. 经济地理，2008，28（2）：322-326.

理论解释了服装产业在发达国家和发展中国家之间的空间组织和后者顺链条攀升的升级途径①，但也有学者质疑这种线性升级路径的可信度②③。我国学者指出地方产业集群对服装产业升级有重要作用。服装企业通过集聚构建商业和社会网络，降低交易成本，从而获得生产环节的竞争优势。地方集群中也出现了一些知名的国内服装品牌企业④⑤，尽管它们有不同的来源，是生产商的就地升级或利用地方产业环境的创业，但都是嵌入全球产业链的地方集群中的企业主动学习的结果。

4.3.1 发展中国家服装企业升级的可能途径

企业创新获得高附加值是产业升级的根本。服装产业包括生产、设计、营销三个主要环节，后两个环节占据高附加值。因此，企业升级可以：（1）加工制造本身升级，包括提升生产加工效益，提高存货周转率和原料利用率等；（2）向研发和设计方向努力，包括创建自有品牌，引进新产品或改进已有产品；（3）向营销方向努力，拓宽营销渠道。

嵌入全球生产网络中的发展中国家的服装企业根据生产、设计和营销环节的组合和侧重，分为四种类型，即：（1）只有缝纫、整烫等简单生产能力的组装加工商（OEA）；（2）原始设备制造商（OEM），即一个具有原料组织、物流环节等较高生产组织能力的"全包生产者"（full-package provider）；（3）具有生产、设计能力的自主设计制造商（ODM）；（4）具有生产、设计、营销能

① Gereffi G. International trade and industrial upgrading in the apparel commodity chain [J]. Journal of International Economics, 1999, 48 (1): 37 - 70.

② Humphrey J., Schmitz H. How does insertion in global value chains affect upgrading in industrial clusters? [J]. Regional Studies, 2002, 36 (9): 1017 - 1027.

③ Pickles J, Smith A, Bucek M, et al. Upgrading, changing competitive pressures, and diverse practices in the East and Central European apparel industry [J]. Environment and Planning A. 2006, 38 (12): 2305 - 2324.

④ Wang J. New Phenomena and Challenges of Clusters in China in the New Era of Globalisation, In Ganne B and Lecler Y, (ed.) Industrial clusters, global competitiveness and new policy initiatives [M]. World Scientific, 2009: 195 - 212.

⑤ 任宝、李鹏飞、王缉慈. 产品品牌数量对产业集群影响的实证研究——以中国服装产业集群为例 [J]. 地域研究与开发, 2007, 26 (3): 6 - 10.

力的自有品牌商（OBM）。这四个类型反映了企业获取价值能力的递进关系。

Gereffi 以中国香港、韩国、新加坡为代表的东亚地区服装产业总结了从 OAM 到 OBM 的线性升级过程。但是，中东欧服装产业升级的研究发现企业升级在地理空间上分布不平衡。服装企业升级并非线性过程，在一些环境适合的地方可能直接产生 OBM 企业。全球—地方联结是发展中国家服装产业创新和升级的基本分析视角，其结合企业的全球联系和地方联系两个层面考虑升级的来源。全球生产网络①、全球价值链、"地方传言—全球通道（local buzz and global pipeline）"模型等理论指出发展中国家产业的升级是全球和地方生产网络动态作用的结果。一方面，服装企业"被动嵌入"以商业资本为原动力的购买者驱动型的全球价值链，受领导型企业的权力管治而升级困难；另一方面，全球联系为企业提供了外部技术学习通道，集群内通过构建区域创新体系和技术学习也有可能打破全球价值链下领导型企业的权力管治。

发展中国家服装企业的空间组织全球—地方联结对企业升级的影响实质上可以理解为知识在空间上的扩散、企业的吸收和创新过程。服装生产、设计、营销环节的知识特征和对吸收能力的需求不同，造成空间扩散的差异。OBM 企业通过对这三个环节的空间组织也成为其升级的关键因素。

（1）服装生产。服装产业空间组织的核心内容是分离和转移生产环节。欠发达地区通过承接发达地区的直接投资能够获得生产和管理技术知识。Thompson 用香港地区成衣企业在内地的生产投资证实企业技术转移在产业集群中比分散的企业更有效。升级到"全包生产者"的 OEM/ODM 企业会促进上下游的纺织机械、面辅料、印染、设计、制作、包装企业和物流、贸易环节的企业集聚，由于形成地方生产网络而不易迁移。服装生产空间一般指向低成本的交通节点地区，但也有为了追求高品质、快速交付、临近市场区而选择高成本区位的现象。在城市内部，无污染的中小型服装生产企业属于都市型工业，有全市遍布特征。

（2）服装设计。服装设计，特别是女装设计环节是对时尚知识的表达。时尚也是一种在空间上"有黏性"（viscous）的知识。巴黎、纽约、米兰、伦

---

① Henderson J., Dicken P., Hess M. Global production networks and the analysis of economic development [J]. Review of International Political Economy, 2001, 9 (3): 436 – 464.

敦等世界时装之都通过输出时尚知识，巩固了在跨国成衣产业中的地位。服装设计创新容易被模仿和复制。发展中国家的企业在这些时尚创意产业集群中成立设计中心承接时尚知识的扩散。这些被称为"守门人"（gatekeeper）的关键企业建立了本地集群的外部知识通道，并进一步通过"模仿创新"，使时尚知识在本地集群中水平传播，而这些集群也成为其他欠发达地区的外部知识来源。服装设计环节作为创意产业部门，在城市内部的空间分布指向大都市的内城和 CBD 边缘地区。

（3）服装营销。服装营销的创新包括开辟新市场、使用新的营销模式。营销知识的扩散与本地知识吸收能力和配套环境相关。电子信息技术的广泛采用，使电子商务成为一种新的营销手段，凡客诚品的在线销售、美特斯邦威的虚拟经营，代表着中国服装产业的商业模式变革。这类创新对技术条件、人才和市场接受力有较高要求，只向具有吸收能力的地区扩散。传统的服装营销空间在城市中有服装批发市场和百货、超市、专卖店等类型，空间指向主要的商圈。国内和国际两个市场中，OBM 企业对生产、设计、营销环节的掌控有空间差异。当发展中国家的地区承接服装生产技术的空间转移的比较充分时，本地服装企业有创建 OBM 企业的产业基础。企业通过设计、营销环节的"模仿创新"将国际经验转化为国内市场优势。特别是当中国还是不完全开放的市场时，这种模仿创新十分有效。当 OBM 企业壮大后，进一步"复制迁移"生产部门，向全球时尚中心"嵌入"设计部门、开辟新市场。服装企业将在全球—地方联结中学习到的技术和知识运用于地方—国内联结中，从而实现自身的升级①。

4.3.2　深圳知名女装品牌企业的来源

本地 OBM 企业的产生有原有企业就地升级和新企业组建两种方式。前者即企业经历代工向自有品牌演化升级，后者有企业家创业、外商直接投资建立新的品牌分公司。分析发现，深圳 90 家知名女装品牌企业中，新创企业为

① 刘青，李贵才，仝德. 深圳女装品牌企业升级途径与空间组织 [J]. 城市发展研究，2011，18（10）：10 ~ 13.

绝对多数，占 91%，真正通过代工然后成功培育品牌的女装企业只有 8 家。新创企业中本地创业企业 49 家，其中 25 家是设计师创业。33 家外来企业投资中，25 家是香港企业。因此，深圳知名女装品牌企业的主要来源是本地设计师为主的企业家创业和香港企业的直接投资，通过代工升级转型的企业只占很小比例。

90 家企业的主打品牌中 46% 有外部来源，中国香港、意大利、法国是主要的品牌来源地。除了外来企业直接投资深圳引入外来品牌，代理国外品牌，购买国外品牌的研发、经营权、国外注册是深圳女装外来品牌的主要模式。90% 的外来品牌在深圳有设计部门，所有企业设有销售运营部门，开拓中国市场是外来企业在深圳设计品牌分公司的主要原因。

4.3.3 深圳知名女装品牌企业的演化

（1）本地企业从 OEM、ODM 到 OBM 的顺序升级。

深圳女装出现创立品牌风潮始于 20 世纪 90 年代中期，集中出现在 1995—2004 年，占企业总数的 72%。但只有不到 10% 的女装企业顺利实现代工贴牌到自创品牌转变。这些企业一般规模较大，部分企业仍在进行代工生产。但是成功转型的企业都有良好的经济效益和内外部市场渠道。2005 年纺织品贸易配额制度取消后深圳纺织服装出口激增，代工企业开始将订单进一步分包给周围城市的小型加工企业，而不是新创品牌。这说明全球价值链下领导企业的管治确实容易抑制生产商向高端功能的升级，企业对固定的买家和市场容易造成依赖，失去升级动力。

（2）香港服装企业或贸易公司直接投资建设品牌分公司。

从 20 世纪 80 年代末开始，香港企业通过在深圳建立新的品牌公司或收购本地品牌，进入广阔的内地市场。如，香港荣晖国际有限公司于 1986 年创立 "Theme" 品牌。为将品牌引入内地市场，2005 年集团将总部迁至深圳，成立荣晖服饰（深圳）有限公司，2006 年收购深圳本地品牌 "城市俪人" 扩大产品范围。其总经理认为 "深圳有独特的地缘优势和开放环境，产业集聚优势明显" 是吸引企业总部迁移的主要原因。

（3）本地新创品牌企业。

90 家企业中，服装设计师创业者占到 28% 以上。设计师新创企业集中出现在 1995—1999 年，占 70%。其中有 6 个设计师品牌创立者获得全国"十佳设计师"称号。这些有创业精神的设计师自 20 世纪 90 年代开始南下深圳，从经营服装加工作坊的"夫妻店"开始创立自有品牌。深圳作为经济前沿吸引了大量来自内地纺织服装厂的技术工人和设计师，加上内地服装设计资讯与沿海的落差造成卖方市场，形成企业快速成长的环境。2000 年以后，熟悉服装营销的职业经理人成为女装品牌的主要缔造者。这些具有创业精神的企业家利用深圳及周边东莞、中山服装生产集群的资源，通过注册品牌，购买样衣，贴牌经营，其销售渠道从批发市场到大型百货专柜和专营店，逐渐发展成为自主设计、生产、经营一体化的品牌企业。

4.3.4　深圳知名女装企业的空间组织特征

深圳知名女装品牌企业都是集设计、生产、营销于一体的企业。中小型企业是深圳知名女装企业的主体，雇佣 100 人以下的小型企业占 27%，100～500 人的中型企业占 61%，500 人以上的大型企业占 12%。但与世界著名服装时尚产业中心相比，深圳知名女装企业规模显然庞大。作为时尚产业中心的洛杉矶服装企业平均规模只有 18 人，服装生产企业以试制和订制为主，与设计部门保持紧密联系。企业有显著的空间集聚特征。2008 年，深圳市有服装企业 2700 多家，广泛分布于全市，但在福田、罗湖、南山等三个中心城区更为密集。知名女装品牌在这三个城区的集中分布更显著，占总数的 90%。企业集中在中心城区的八卦岭工业园和天安—泰然工业区，分别占企业总数的 20% 和 23%。另外，还有部分企业分布在莲塘、华侨城、南油工业园等中心城区的旧工业区。

从生产、设计、营销环节的全球—地方联结来看，深圳企业的空间组织有以下特征。

（1）企业扩大生产规模时会选择外包或建立分厂。

10% 的企业在东莞、武汉、山东等地设有生产分厂或承接生产环节外包的代工厂，更多的企业选择将生产环节从城市中心扩展至本市外围地区（占35%）。政府的干预对服装企业在城市中的区位选择起到重要作用。结合城市创意产业发展战略，宝安区龙华大浪规划了146.12万平方米的服装产业集聚基地，通过土地优惠政策，引进了23家知名女装企业。这使企业扩大规模时本身可能迁移或外包到更远地区的生产环节留在城市外围。

（2）40%的企业明确有外部的设计知识来源。

这些企业在国内外时尚中心成立设计总部、研究中心和工作室，通过聘请国外设计师的方式获得设计知识和最新的国际时尚信息和面料资讯。目的地包括：中国香港、意大利米兰、佛罗伦萨、法国巴黎、日本东京和中国上海。由于良好的外部知识通道和吸收转化能力，深圳女装企业在设计环节具有优势，这使深圳也成为国内企业设立研发部门的目的地。如，菲妮迪国际服装有限公司总部在杭州，但将新产品开发设计中心设在深圳，与设立在美国、法国、中国香港等地的公司互动。服装设计创新容易被模仿和复制，这是深圳女装从成长早期到目前都在经历的"仿牌""抄牌"占领服装批发市场的现象。尽管其中一些成功的知名女装品牌成长早期也采取了这种发展路径，但成功创牌后采取设计的本地化、占据高端市场，采用进口面料、坚持研发和快速推出新品等措施防止受这种不正当竞争的影响。

（3）27%的企业有国外市场销售渠道。

这些企业主要为代工升级的企业和香港投资创立的企业。企业外销主要通过香港的代理商，或者通过本地自营展示厅给国外采购者看货、付款，再出口。除了"玛丝菲尔""珂罗娜"等少数几个高端女装品牌，很少企业在国外开设零售店。为了开拓国际市场渠道，深圳市政府从2008年开始将20个知名女装品牌作为重点培育的"区域品牌"，组团参加伦敦时装展，并在意大利罗马举办深圳时装产业推介会。企业对内销售已经抛弃传统的批发市场，采取百货商场专柜、连锁专卖品牌经营店、品牌折扣店、网络销售等模式，遍布国内100多个大中城市的主要商业渠道，在一线商场占有率达60%。

4.3.5 小结

在考虑服装企业的国内联结时，要认识到服装产业升级路径的框架。通过深圳知名女装品牌企业的实证研究发现，深圳多数成功的女装品牌企业并未经历从 OEM 到 OBM 的顺序升级，而是凭借地方生产环境吸引企业家创业和香港企业成立品牌分公司后的技术学习和演化。深圳女装产业向高端升级是本地企业主动将全球—地方联结的技术学习转变为地方—国内联结的结果。设计、生产、营销环节的空间组织，帮助企业在本地集群和外部环境中实现知识的扩散、吸收和创新。

在信息技术不断加强、国内服装市场向国外品牌进一步开放的情况下，深圳女装企业作为时尚知识"守门人"的优势受到挑战。只有单个企业优势成为区域集群优势，形成有利于知识产生和扩散的创新体系才能保证服装企业的持续竞争力。女装企业从国内竞争优势向国际市场优势的开拓还需在品牌影响力、资本运作、贸易联系方面加强。女装产业向时尚和创意产业发展需要企业积淀品牌文化，区域集聚人才、培育创新环境。

不少学者在产业集群品牌形象的形成（Curtis，2001）、产业集群品牌资产及其建构（Rainisto，2004）方面进行了研究。认为集群品牌的塑造是关联企业的联盟或者集群内的优势企业，将特定行业与某一地理或行政区域联系在一起，比单个企业品牌效应更持久，集群品牌是进一步吸引集群资源要素集聚的驱动因素。从全球价值链视角，集群品牌的提升是集群由 OEM 向ODM、OBM 进行升级的过程（邬爱其，2009）。

然而在集群的层面上看，广东服装产业集群品牌普遍存在品牌附加值低、品牌建设机制落后、缺乏强势产品品牌等一系列问题。在国际上没有知名度，大大影响了其销售市场和发展前景。如何从本质上解决问题，在于如何加强产业链环节对接力度，促进服装与面料协同发展，"从线状型企业"转向"网络型企业"。

对于广东省传统制造业——服装行业，探讨如何更好地建设集群品牌，破解集群品牌成长"瓶颈"，实现服装业集群转型升级，主要从两方面着手：做强 OEM 和准备 OBM。而无论是做强 OEM 还是准备 OBM 都离不开集群品牌的培育和发展。

第5章 发展路径一：做强 OEM

5.1 个体企业

一般说来，单个企业的能力越大，意味着与其他企业之间的差异越突出。因此，增加企业价值创造能力与增强企业之间的异质性（多样性）是一致的。对消费市场上的最终顾客而言，多样性指数越高，选择余地越大。从动态角度看，企业能力的提高推动产业价值创造增加，这个过程是制造业升级。

服装产业升级需要思考的基本问题：服装产业在哪个环节可以提高话语权？

制造环节是全球价值链中附加值最低的环节，目前我国本土企业切入这个全球价值链最低环节的能力还存在明显的不足。遵循我国服装企业的比较优势，制造环节是切入全球价值链的最佳突破点，更是链接上下游最好的桥梁。如何提高生产环节的能力是我国目前服装企业生存和升级的当务之急。

企业能力的提高是学习与创新的结果。企业是个学习系统，企业一旦通过学习创新建立起新的知识体系，就很难为其他企业所复制。从逻辑上讲，学习创新是企业异质性的来源，是提升企业能力增加价值创造的主要途径，并成为整个产业成长的推动力量。

但是显而易见，企业创造的价值最终要通过顾客的支付来实现，因此，企业的学习和调整行为并不必然导致企业能力的提升，从而增加价值创造，除非企业的创新行为被顾客所认同和接受，才能从创新中获益。所以，产业及企业价值创造是通过顾客价值实现的。

在创造和传递顾客价值的过程中，随着经济全球化和科学技术的迅猛发展，顾客拥有更多的知识，获取信息的渠道增多，消费者主权原则得以加强。企业仅仅通过扩大生产规模、提高效率、降低成本，运用差异化优势或成本优势取得竞争地位是不够的。企业提供顾客价值与上下游企业甚至整个产业链分不开。上下游企业之间是一个价值追加过程，无论是供应链还是价值链，在提供、传递和实现顾客价值并努力实现顾客价值增值的链条中，不同的顾客价值驱动因素分布在产业链的不同环节，构成了一种顾客价值驱动结构。优化顾客价值驱动结构，识别和改善顾客价值实现的薄弱环节，有利于提高顾客价值的实现效率和质量。这本身意味着只有上下游通过有效的协调与合作才能实现，纵向的协调对产业价值的实现至关重要。

如果服装供应商与领导买方实现理想的合作状态，就是对等互利的战略联盟，要求服装供应商具有生产能力支撑的"快速反应系统"，使得合适的产品在需要的时间出现在需要的地方，减少库存风险、加速存货销售，促进服装供应商与零售商的合作。随着制造供应商的整体水平提高和竞争日益激烈，制造供应商需要能够提供消费者需求信息、参与设计到参与配销的一点式全方位服务。做强 OEM 需要人才、管理、现代化的信息手段和技术设备更新等方面与国际接轨。根据现状，仅凭企业的力量是不够的。政府要推动产业整合，提高产业集中度，压缩落后的生产能力和企业，重点培养和扶持中高档、大规模的服装生产企业。

对于我国服装产业集群以及服装企业，要生存和发展，转型和升级都必须建立在充分了解自身优势和劣势的基础上，如前所述，借鉴成功的国家和地区的经验，以下几点创新的重要性、政府的作用、中介机构的作用：商业性中介机构以及公共机构的完善和支持反而是不同地区所达成共识和重要的要素。如何通过这些方面的完善、努力配合，产业集群整体能够上一个台阶，增强竞争力，进而促进服装企业的发展，是我们应当关注的。

5.2　集群和配套体系的支撑

波特（2000）认为，集群是一组在地缘上接近的相关企业和相关机构，有共同性的、互补性联系在一起。所以，集群通常是"在生产过程中相互关联的企业聚集，通常在一个产业内或以一个主导产业为核心，并根植于地方社区"（Pyke & Becattini，1990）。广义的集群中通常包括制造商、供应商和客户以及提供支持和服务的中介机构、大学、研究机构等。

新经济增长理论用技术进步的内生机制解释集群的形成和优势：由于地理毗邻，通过区域内部的交易能获取信息、交流观念和分担成本，从而发挥单独的组织所不具备的集体优势，支持创新发展。同时，各个企业又能保持原有的灵活性和自主性。

根据威廉姆森的中间组织理论（Williamson，1975，1985），产业集群是一种介于企业和市场的中间组织形态，它克服了大企业组织基层过多、信息传递缓慢、管理成本过高等毛病，提高了群内企业的生产效率和市场应变能力。由于产业集群效应，产业集群能够很好发挥生产成本优势、产品差异化优势、区域营销优势和市场竞争优势。

服装行业的发展趋势对于市场反应要求越来越高，单个的中小企业，其营销特点经常有企业主或管理者的内在性格和行为的非正式的影响，受到企业固有规模的限制，Gilmore 等学者（2001）对企业的营销限制总结为：有限的资源，缺乏专有的营销技术、市场影响的有限性。中小企业可能呈现出偶然、非正式、松散、无组织、自发、反应型的特点（Audrey Gilmore et al.，2001）。这对企业的持续经营非常不利。中小企业通过形成产业集群，以集群整体参与市场竞争，是实现企业目标的一条理想途径。

5.3 高校教学科研与企业实践

目前大多数国内时尚品牌的流行趋势研发薄弱，往往需要购买趋势手册、网站资讯或寻求流行预测机构的帮助。

"2013 上海国际服装文化节国际时尚论坛"会上对我国时尚设计产业的特点和现状进行了解读，并聚焦"时尚创意教育如何衔接时尚产业"等热点话题。

在"主论坛、特色论坛和平行论坛"的三大板块中，不少来自国内外专家学者和设计师都指出，作为时尚产业最重要的组成部分，目前我国时装行业的特点为：高成本、高库存、高风险。其特殊性和问题在于，虽然相对其他国家，我国服装产业链是较为完整的，但不如其他产业拥有完备的流程管理部门进行规范。加之服装产业本身比较粗放，设计师的设计比较随性，因此不宜被规范。

东华大学服装学院副院长刘晓刚认为，目前大多数国内时尚品牌的流行趋势研发薄弱，往往需要购买趋势手册、网站资讯或寻求流行预测机构的帮助。但是，最具影响力的潮流信息大多来自欧美，难与中国市场"水土相融"，在本土新产品的开发中应用有限。同时，服装更迭周期的压缩、流行兴起的多样化和复杂性等因素都给服装企业制订产品研发计划增加了难度。

"针对我国时装行业特点和现状，加强时尚创意教育与产业本身的衔接就至关重要。"东华大学服装学院李峻副教授告诉商报记者，时尚创意教育是这一产业得以生存和延续的基础。为此，东华大学已与法国巴黎、美国纽约、英国伦敦、意大利米兰及日本东京世界五大时尚之都著名服装院校在内的 12 个国家和地区的 32 所院校，开展包括本科学历教育、研究生学历教育、课程合作等多种形式合作。

值得一提的是，在"国际时尚论坛"期间，东华大学还与 PTC（美国参数技术公司）联合创办了"东华—PTC 国际时尚 PLM（产品生命周期管理）研究中心"，力求让专业学生体验从概念设计到零售出货的产品开发管理过程。

"PLM 系统能使服装设计师有效管理与其产品相关的所有信息，并在一个协作性平台中将涉及产品开发的所有领域加以集成，精确地管理业务流程，对概念设计、规划、产品设计、试生产、正式生产和质量保证等进行实时跟踪。"PLM 系统的实际效果在于，对国际客户的需求可作出快速反应，大约可以从 1 个月缩短到 1 周。并且可以提高设计准备效率，减少因为设计反复修改，而给整个工序所造成的影响。

将这样的 PLM 系统运用到教学体验中，正是致力于把科研教学与企业实践融于一体,培养学生成为服装行业的领军人才,不仅具备设计师的基础技能,更需在管理高度对服装企业的运营和管理有一定了解,指引服装行业健康发展①。

---

① 摘编自,中国时装业流行研发弱求"外援",上海商报,2013 - 04 - 19.

第6章 发展路径二：准备OBM

全球价值链的 OBM 所有者也不是天生形成、固定不变的。像 Converse 的破产与被收购，品牌商之间的市场竞争此起彼伏说明价值链的最高端所有者也是动态更迭的。目前具有一定影响力的品牌企业的发展之路有可借鉴之处：台湾大型服装企业——台南企业用七年打造一个英文品牌 Tony Wear 在中国大陆称雄，雅戈尔是在成功占据国内市场份额、发展为国内知名品牌后于 2005 年通过认证加入 Nike 全球价值链。广东红珏高级时装公司在先后成功代理了华伦天奴、皮尔卡丹之后，控股了意大利品牌 GIADA，并逐步在国内开拓国际奢侈品牌市场。

我国服装业中大部分原有贴牌企业属于中小企业，而中小企业品牌的创建与发展是一个动态与复杂的长期过程。近年来，品牌经营环境的日益复杂化与动荡给中小企业的品牌经营带来了前所未有的挑战。产业结构不断发生转变，全球化导致的竞争格局日益动荡，宏观经济政策的波动性在加大，环境的不确定性在提高。服装业属于劳动密集型产业，其升级是该国的社会经济基础、政府的政策、国家的技术能力以及国有企业、外资企业与民营企业的战略等因素复杂作用的结果，仅观察和强调某个方面都无法把握整体情况。

企业在品牌管理过程中，除了考虑消费者的需求之外，还要适应客观环境的发展趋势，包括竞争者和技术的发展动态以及利益相关者的需求变化；同时，还要考虑企业资源等因素。品牌所面临的环境是动态变化的，品牌自身必须不断改进以适应环境变化的要求，而这种整合、重构品牌内外部资源以适应环境变化要求的能力就是品牌的动态核心能力，品牌经营的关键同样应是培养自身这种动态核心能力。这种改变自身适应环境的能力我们可以称之为隐性品牌资产。包括创新能力、学习能力、管理与控制、品牌文化四个方面。

隐性品牌资产决定了品牌资产的动态演进方向。当品牌经营所处的环境发生变化时，产业内的品牌会对此做出不同的反应。动态核心能力优于产业平均水平的品牌利用创新能力预见了部分环境的变化，并提早规划出创新的品牌政策引导市场的潮流；利用学习能力检测出环境已经发生的改变，不断总结出更加适应市场的品牌政策，发现已经不适应环境变化的品牌政策；利用管理与控制能力，一方面提高淘汰落后品牌政策以及实施新的品牌政策的执行力；另一方面协调环境变化与品牌自身资源基础，选择更加适应品牌自身的品牌政策；利用品牌文化整合前三种因素协同发挥作用，提高品牌对环境变化反应的灵敏度。拥有高隐性品牌资产的品牌对环境变化比竞争对手有更加强的适应能力，从而在竞争中获取了优势，积累了显性品牌资产与资源，使品牌资产进入正向循环。

品牌不是孤立的，品牌的经营与发展根植于品牌背后的企业的经营与发展，品牌资产是企业综合经营管理能力的外在表现，而企业核心能力恰恰是品牌资产的真正来源与坚实基础。显性品牌资产体现了品牌的现有价值，而隐性品牌资产更多表现出品牌的持久力和生命力。

品牌资产的内涵不仅要从消费者的角度以品牌的市场价值进行反映，而且还要从更深层次品牌经营的动态核心能力进行反映。我们更强调品牌资产价值的"持续"性。这是因为具有较高资产价值的品牌不仅要在当前市场上建立地位，还要在品牌竞争的"马拉松"中不断地适应外部环境的变化，持续地保持独特的品牌竞争优势。品牌资产不仅是消费者对现有品牌属性的直接反应，而且是品牌资产经营能力的切实反应。只有品牌经营者不断积累与发展自身的品牌经营能力，才能保证品牌资产增长的持久性。

在这样的思想原则下，我们讨论服装企业如何发挥中国的大国优势，发展基于本土市场的自主品牌，然后进军国际市场的可行性。

Prahalad 和 Ramaswamy（2004）提出了"互动是企业与消费者共同创造价值的重要方式，共创价值形成于消费者与价值网络各结点企业之间的异质性互动"的观点。在他们看来，企业与消费者的互动不仅能够帮助企业获取关于消费者及其偏好的深层次信息，而且还能帮助消费者在服务提供者的支持下完成价值创造过程。互动以多种形式存在于价值创造或体验形成的各个环节，既包括企业与消费者之间的互动、消费者之间的互动，也包括企业与价值网络其他成员企业为消费者营造体验情境而进行的互动。价值共创贯穿于企业与消费者互动和消费体验形成的整个过程。是立足于企业经营和战略设计的微观基础提出了他们的价值共创理论，从企业战略管理和竞争的视角去探讨价值共创问题，揭示了新环境下由企业与消费者角色转变导致的企业经营理念与经营模式的转变，并且认为企业与消费者共同创造价值是企业构建新的战略资本和塑造新的核心能力的全新战略取向。Prahalad 和 Ramaswamy 两位学者有关价值共创的基本观点可概括为两点，一是共同创造消费体验是消费者与企业共创价值的核心，二是价值网络成员间的互动是价值共创的基本实现方式。对于企业根据新的价值创造方式调整自己的经营战略具有重要的现实指导意义。

价值共创理论对企业经营管理的指导意义成为了上述隐性品牌资产的视角的一个有力的理论支持。基于对隐性品牌资产的深刻理解和强调，曹洪军等（2008）根据品牌资产价值增长要素分析方格这一理论工具，用于对我国中小企业自主品牌发展路径的理论分析，具体如图 6-1 所示。

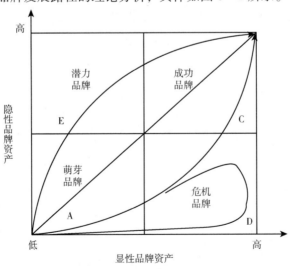

图 6-1　品牌资产价值增长要素分析方格

品牌资产价值增长要素分析方格的纵轴是隐性品牌资产，随着纵轴的延伸，隐性品牌资产逐渐变高；品牌资产价值增长要素分析方格的横轴是显性品牌资产，随着横轴的延伸，显性品牌资产逐渐变高。根据显性品牌资产与隐性品牌资产高低的不同可将品牌资产价值增长要素分析方格分为四个区域，分别是：萌芽品牌区域、潜力品牌区域、危机品牌区域与成功品牌区域。

萌芽品牌区域是指隐性品牌资产与显性品牌资产都比较低的区域。在此区域的品牌往往是初创企业的初创品牌，由于企业刚刚成立，尚处于萌芽状态，因而企业的创新能力、学习能力、管理与控制能力以及文化能力均显得稚嫩，企业经营品牌的能力明显不足，品牌的知名度、忠诚度都不高，我国中小企业自主品牌绝大多数处于这一区域。萌芽区域品牌在原有的行业内可能的发展路径有：

（1）走长期积累发展之路。

企业刚刚成立，随着品牌经营的逐渐深入，企业的品牌经营能力不断得到提升，虽然品牌资源十分匮乏，在与产业内强势品牌的竞争中处于下风，但是在这种残酷的生存竞争中，逐步锻炼出品牌的创新能力、学习能力、管理与控制能力、文化能力，迫使品牌为自身生存与发展寻找出一条适合自身的发展道路，从而带动品牌从萌芽品牌区域上升到潜力品牌区域，并在此过程中积累一定的品牌资源，如资金、销售渠道、技术诀窍等。当环境的变化为产业内的品牌提供了变革的机遇时，该时品牌就会紧紧抓住机遇，通过创新与学习规划出最适应自身发展的品牌政策，并通过强大的执行能力动员一切可以动用的资源贯彻这一品牌政策，从而在这场变局中成为最大的赢家，使显性品牌资产获得最大提升，品牌进一步进入成功品牌区域，获得显性品牌资产与隐性品牌资产协调发展。无疑，这一道路是极其艰难的，极少萌芽品牌能够走成这一道路，最终修成正果，但所有现存的成功品牌无一不是经历了这一道路的。达到隐性品牌资产与显性品牌资产的协调发展，最终走上了成功品牌之路。

（2）走迅速发展之路。

萌芽品牌资源匮乏，品牌经营能力虽然不足，但萌芽品牌处于一个新兴的发展性行业，行业内的游戏规则尚未建立，潜在竞争对手都未注意到这一领域，于是在得天独厚的发展条件下，萌芽品牌迅速积累起了品牌资源及显性品牌资产，从而迅速占据产业内有利的发展时机。目前国内电商的迅猛发展为新兴的服装企业创造了巨大的机会。这一部分将在服装的电子商务章节中另作讨论。

在社会网络环境下，我们基于共创理论对大部分萌芽期的服装企业进行 OBM 的准备所进行的讨论将分为两大方面进行：（1）个体企业的品牌建设；（2）品牌治理与配套网络。

6.1　单个企业的品牌建设

从 20 世纪 90 年代后期，受到国际时装的影响与国内市场环境的推动，中国服装的品牌建设终于开始，服装企业与消费者也同时开始逐渐接受真正意义上品牌意识的基础熏陶和品牌市场运作的启蒙教育。

2010 年至 2012 年，服装业内 322 家成长型服装品牌共实现 151.9 亿元的销售额，受到业界关注。在国内服装市场，一批新兴品牌正经历从数量到质量、从代工到品牌的跃升，保持着较快增长势头。

相关资料显示，2010 年至 2013 年，共有 300 多家服装品牌从数十万服装企业中脱颖而出，成为国内服装成长型品牌的代表。而在国内二、三线城市以及淘宝等电商平台，中小原创品牌正拥有数量可观的拥趸。这些新的服装品牌能否为行业发展增加一抹亮色？

中国纺织工业联合会流通分会的资料表明，近年来，一批成长潜力大、拥有较强品牌营销网络及品牌运营能力的企业，正在男装、女装、童装等领域渐成气候，尤其在纺织服装行业面临众多困难时，仍然保持着较快增长，业界将其称为未来国内服装行业发展的生力军，"成长型服装品牌"的概念由此而生。

业内人士直言，专注于品牌建设和产品创新的新品牌将是未来国内服装业发展的重要后备力量。而这些后备军大都来自行业内的小微企业。从简单的 OEM 代工到转型进军内销市场，敢于转向自主品牌运营的小微企业尚属少数，但从市场接受度和消费者反馈来看，原创设计的市场潜力巨大，自主品牌的优势正日益显现。

本土原创服装品牌这一概念高频率出现，在很多人仍然对其商业价值质疑的时候，淘宝网数据成为最好的反驳：淘宝网三年来的女装数据表明，从2009年至2011年，淘宝女装自主品牌迅速占领市场份额，2009年和2011年同期比较，成交已经由淘宝女装总市场份额的13%跃至40%。而随之而来的是，海外品牌市场份额的明显下跌，从原来的42%下降到11%。

一派欣欣向荣的背后，有很多风光一时的品牌出现在人们的视野，但也有很多遗憾地在转瞬之间淡出人们的记忆。能够坚持走到今天的，仰赖的是什么？

虽然面临着一样的现实环境、一样的政策，但是色彩缤纷的服装品牌，其成长都有着与众不同的气质、内涵和故事。达尔文所说"那些存活下来的物种，不是最强壮的种群，也不是智力最高的种群，而是对变化做出最积极反应的种群"，这一生物进化的论断，是否同样适用于风云变幻的服装市场呢？

在研究、思考和评价服装企业或品牌时，我们需要关注那些方面？除了直观到的企业和品牌显示出的规模、质量、知名度、美誉度这些外在和结果的东西及其深受影响甚至赖以生存的时代环境、社会心理、潮流变化、文化氛围的重要外部因素以外，是否应该更加关注其内在的品牌文化、核心竞争力等可供其持续发展的能力？

从表面上，品牌的一个挑战似乎是如何持续地优化进步、跟上市场和顾客的脚步，但一个如此多角度、复杂的价值链的问题仅仅从品牌的面向来思考如何应对变化，似乎是力不从心的。我们暂且将品牌并购、价值链、企业网络、学习、管理、创新等各司其职的概念剥离开之后，比较纯粹地站在消费者感知的角度再谈品牌。

6.1.1　在更细分的市场创建品牌

全球价值链在全球范围内形成统一市场的过程，从根本上是市场推动的，谁拥有了市场的力量，谁就会在整合过程中掌握主动权，即市场的拥有是关键（刘林青等，2008）。

价值链中的各环节的价值包括基本价值和附加值，前者由生产和销售某产品所付出的物化劳动和活的劳动的消耗所决定。后者则由技术附加、营销或服务附加、企业文化与品牌附加三部分所构成。现在的发展趋势是，基本价值的比重逐步在下降，而附加价值的比重显著而且将进一步上升。全球领导买主凭借资本力量和管理能力掌握设计和营销环节的主动权，在国际和中国服装市场上肆意地蚕食和横行。而中国的大量服装代工企业不仅没有实质性切入产业，一旦遭遇市场和经济的困难，代工企业和工人更是首当其冲的牺牲品。这一点从前文的分析已经很清楚地看到。

在消费者眼中，特定的品牌对于消费者来说有不可替代的魅力，就是因为这个品牌拥有自己的梦想。在市场需求拉动生产的时代背景下，企业的资源配置向以客户为中心转型时，调查消费者的需要变得非常重要。在这一方面，我们需要学习西方的品牌战略思维和营销管理工具的娴熟运用。

从产业链的角度，我们的服装企业在原材料的供应商是与国际接轨的，原材料使用并不比国外企业差，但我国服装企业的高端路线很难走出来，究其根本在于品牌建设的不到位。

如果国内服装行业要升级，就要走品牌高端化路线，这是一种认识上的误区，尤其是盲目性的高端化，是要克服的弊端。中国的国内市场很大，但也很多元。事实上，高端化无可厚非，当定位于高端市场同时也意味着市场容量的缩小和消费群体的流失。服装品牌定位于哪个市场，以什么样的形象特点屹立市场，须根据市场的需求、竞争环境和自身的条件而定。

任何一个产品或品牌都不可能讨好所有的消费者，要具备自己独到的时尚个性，寻求更细分的市场，保持差异化。另外，中国企业投入在市场研究方面的力量、设计师远远不具备创造高时尚、高溢价的奢侈品品牌的能力与格局，所以对中国的原创品牌而言，寻找个性化的细分市场才是较为现实与可行的。

介于高低端服装之间，曾被贴上"不上不下"的尴尬标签，但因把准了细分市场的脉搏，很多品牌正变成服装消费者的新宠。区别于国内一线品牌高知名度、高售价等特点，成长型服装品牌多以设计"亲民"、售价适中、质量"不打折"而被消费者青睐，再加上它们大多以品牌产生地附近作为发展

"根据地"，经常会看到某个品牌在相近区域销售火爆的情形。资料显示，成长型服装品牌目前的销量、利润及渠道铺设情况均呈上升趋势，整体发展态势良好，其中，来自广东、江浙及北京等地的新兴品牌表现尤佳。比如，原创品牌广东异形目前已在全国开设 150 家品牌专卖店，且近些年的销售额保持 15% 左右的增幅；柏仙太子品牌服装 2012 年销售额已达 4 亿元，业绩直逼某些一线品牌①。

6.1.2　品牌定位

ZARA 迎合大众热衷追逐流行趋势的心态：穿得体面，又不会倾家荡产。简单地说，就是让平民拥抱 High Fashion。Bershka：ZARA 的姐妹品牌。以年轻人市场为目标，走年轻性感路线，以前卫、充满街头感的设计风格取胜。Pull & bear：同样是 ZARA 的姐妹品牌，定位年轻时尚消费者市场，擅长将国际流行元素与街头风尚融为一体，价格极具竞争力。

H&M 流行、品质及价格的三合一哲学，标榜"以最好的价格，提供流行与品质"，深受年轻人喜欢。Monki：H&M 集团旗下副品牌，走年轻潮流族特立独行且混搭的街头风，适合年轻一族发挥各种想象玩混搭。

优衣库 UNIQLO，是"价廉物美的休闲装"（Unique Closing Houseware）的缩写，表达了品牌所传达的理念：平价、好穿，不乏时尚。

无印良品意为无品牌标志的好产品，产品注重纯朴、简洁、环保、以人为本等理念，在包装与产品设计上皆无品牌标志。

GAP 美式休闲风格的最佳代表：时尚、简洁、大方，不仅年轻人喜欢，也深受美国明星热爱。其童装系列，同样非常受欢迎。

6.1.3　品牌的一贯性

没有比"一贯性"这个词更加适用于优秀品牌了。品牌想要在核心目标

---

① 【文献出处】经济日报，2013 - 04 - 04.

98

消费者心中占据什么样的位置，具有什么独特的价值，一旦确定，接下来的品牌所有与消费者的接触点都需统一、稳定、持续强化品牌形象，形式可以万变，但不能远离"品牌内涵"之宗，以品牌独特价值的不变应万变。如果说及"品牌杠杆"的概念，杠杆的支点就是一贯性：时间的一贯性（持续性）、商品间的一贯性（匹配性）、市场综合的一贯性（统一性），杠杆的作用在于用很小的力量就能获得成倍的效果。简单的比方就是，如果在五年间展开了对主张一贯性的广告宣传，那么杠杆的作用在于，超过一年效果的五倍甚至好几倍的效果。

时间的一贯性：坚持是一种力量，而且长时间的坚持追求一个信念本身就让人感动。"开创新品牌就会马上抢占到市场份额""在新的宣传活动中增加销售额"等，这种想法在中国的企业界很普遍，很少注意到持续的重要性。维持品牌的持续性，必须在企业中彻底摒弃"仅以短期的市场份额和销售评价管理业绩"的做法。

商品间的一贯性：如果品牌有一个固定的价值内涵，那么，打着该品牌旗号的所有项目都要拥有共同的价值，共同的梦想。这是一个严格的"规章"。也就是说，品牌旗下的所有项目只有共同拥有一个梦想，这个品牌才会有强烈的冲击力。

市场综合的一贯性：为了吸引顾客，将产品、价格、广告等要素三位一体进行包装。因此，该一贯性与这三个要素要相提并论，因为它们都源于同一个梦想。这个一贯性常被称为"统一度""整体性"。从这里产生的品牌杠杆效应，与"市场乘法"原则密不可分。比如，产品和广告宣扬"安全"，而经销店的销售人员只强调打折，那么好不容易为"安全"所做的努力也会化为泡影。只有三者统一，宣传效果才会增加好几倍。公司的营业和零售店的推销员，甚至公司的顾客咨询窗口的任何一个人都能回答出"统一的梦想和价值"，这是很不容易的。一旦离开企业，变为销售点的问题，就想的更加棘手。对于在店内与顾客的接触尤其是重要的时尚产品来说，这个问题更加严重。1991年，古奇（GUCCI）为了恢复统一性，停止了本公司门市以外的销售。乔治·阿玛尼本人百分之百投放自己的资本。这些做法都是充分考虑了完整性带来的杠杆效果。

广告是市场综合重要的一个要素。从与统一性的关联来说，广告具有"本领"将品牌之梦横贯公司、物流、顾客，将三者串联起来。广告如果运用得好，能够有很强的冲击力，能够正确且妥当宣传品牌之梦的广告，是一种对整个社会的公约，不仅能够振奋人心，而且还能够为员工指明方向和法则。古奇认为"自己的本意能通过自身的信息来传递"，因此，定期在意大利时尚杂志上用十几页的篇幅登载广告。同样地，乔治·阿玛尼竟然自己出售"Emporio Armani"杂志。

找准自己清晰的市场定位，在消费者心中逐步占据起自己不可替代的优势地位，获得消费者的优先选择。充分发挥出自己的独特优势和巨大潜能。

6.1.4 品牌的创新性

在一贯坚持追逐同一个梦想的同时，我们从超级服装品牌的行动中还可以看出一点，它们非常具有创新性。一贯性和创新性并非不相容，恰好相反，梦想中包含的一贯性以及朝着梦想坚持前进二者相得益彰。

超级品牌的创新性包括三条：（1）技术的领先性：产品不断前进；（2）企业的能动性：用于挑战极限的企业的氛围；（3）管理者的预见性：能够描绘自己以及自己所处的世界的未来。

6.1.5 渠道：前向一体化

服装企业的外部不确定性包括两个方面：消费者信息的不确定和终端店铺掌控的不确定。在销售外包的情况下，经销商代替了品牌商直接面对消费者，而掌握了大量一手消费者信息，这些来自终端消费者的信息对服装品牌优势的建立至关重要，如果不能及时有效被品牌商获取，将对品牌商的营销策略制定造成极大障碍。

2012 年以前，中国服装行业市场前景看好，尤其是内需市场火热，各服装加盟商基本都保有大量订货和存货。而进入 2012 年以来，虽然销量放缓，但厂家不能及时得到这种市场信号，仍然按照常规思维继续保持全力生产甚至增产扩产，造成供大于求。高库存的压力在于服装的销售体系。在国内服装行业发展初期阶段，中国幅员辽阔，由于存在大量空白市场，加之服装企业本身资源有限，无法以大范围实施分销领域的一体化，这种情况下借助加盟商的资源快速，依靠终端的加盟商，与之建立起长远的合作关系，建立全国性市场网络就成为了合理选择，而此时的品牌商只需要专注于产品研发和品牌推广，这就是曾经被津津乐道的"轻资产模式"。这种加盟商体系曾经对行业的推动很大。但是，随着行业的发展和竞争的加剧，这种模式的弊端表现在厂商的决策滞后，产销失衡，越发凸显。

理论上，由于渠道成员是作为具有各自相对独立利益诉求的主体而存在于渠道体系中，势必会出现目标不相容、角色归属差异以及现实认知差异（Stern，1992）。渠道成员之间出现的沟通障碍、机会主义和竞争稀缺资源等问题，一旦被利益相关的渠道成员所认知就会产生冲突。从根本上分析，渠道冲突的产生来源于利益及利益认知的不一致。

目前，品牌服装企业基本采取的是特许经营方式。特许经营是一种本质上充满矛盾的营销渠道（Louis W. Stern，2008）。在特许经营体系中，为了使最终顾客相信这一渠道和品牌同属于一个所有者，受许人牺牲了自己的独立性，放弃了很多作为投资者所拥有的权利，甚至承担了建立大量专用性资产的义务。由于大量专用性资产的投资，服装企业的品牌受许人对授权人（服装品牌商）形成了严重的依赖，他们之间是一种不平等的关系。有学者进一步研究表明，在不平等关系中，为了实施专用性资产的防御，对供应商依赖程度高的经销商在渠道冲突治理中更容易采取破坏性的行为以示自己的独立性。这样将会对公司造成一定的负面影响。在这种情况下，合理增加直营门店实施前向一体化模式，可以有效加强对市场的控制力以避免渠道冲突。

前向一体化与提升品牌资产价值服装消费行为已经从单纯获取产品功能向综合情感体验转变，这一过程的实现需要强大的品牌内涵与价值作为支撑。品牌资产是消费者的一种认知状态，能对品牌产生价值增值的消费者认知包括品牌信任、品牌知名度、品质认知和其他独有资产（Aaker，1993）。由此可见，支撑品牌价值的关键性指标是消费者对于品牌的信任，而纵向一体化是建立品牌信任的一种可行方法。品牌商通过前向一体化方式设立自有自营终端店铺，就给消费者和销售商传递一个可信的、有形的承诺信号，当市场认为存在购买风险时，并且担心生产商出现经营问题可能放弃该业务时，自营投资所显示的承诺和信誉便极为重要（Osegowitsch，Thomas and Anoop Madhok，2003）。此外，品牌资产是对制造商品牌的关键专用性投资。如果制造商品牌资产的形成与下游渠道成员的活动无关，向下整合非但没有必要，反而是一种浪费。如果下游渠道成员对品牌资产的形成具有重要的影响，品牌资产的形成十分依赖于分销活动，这种情况下的向下整合就成为必要。

另外，通过对品牌服装企业经营数据的分析，由于供货价格和管理成本的差异，直营店和加盟店对服装品牌的盈利贡献有显著差异。一般情况下，直营店的毛利率平均高于加盟店约 20 个百分点。因此，在管理能力及资本实力许可情况下，品牌服装企业通过前向一体化建设，不断提高直营店数量占比和销售占比，以利于总体毛利率水平的提升。由于上市服装企业不仅面临来自组织内在的盈利压力，更为关键的是还要面临来自资本市场的盈利压力，为了给资本市场展示更加亮丽的财报，获取资本市场的信心和支持，各上市服装企业大力实施前向一体化以提升盈利水平就不难理解①。

目前，国外大型服装商，包括优衣库在内，采用了直营的模式，这样能更有效地控制终端，也使市场的信息反馈更及时。

如今，国外品牌进入中国市场时，首先关注渠道终端，而不是资金、设备、设计等。国际著名休闲服品牌 UNIQLO（优衣库）举行新闻发布会，宣布 UNIQLO 全球最大、最新旗舰店 UNIQLO SHANGHAI（优衣库上海）于 2013 年 9 月 30 日正式开幕，规模超过此前开张的东京专卖店，纽约和巴黎旗舰店，旗舰店面积高达 6600 平方米，无疑表明了公司想进一步开拓巨大的中国市场。因此，占有地利的中国服装品牌必须通过销售创新抢占目标市场先机。

早在多年前，国内纺织服装行业就已经开始重视快速反应。2004 年，时任中国纺织工业协会会长的杜钰洲正式提出了质量、创新、快速反应能力和社会责任的"四位一体"品牌价值观，将快速反应纳入品牌发展的范围。而

---

① 易森清. 品牌服装企业渠道直营化的动因分析——基于一体化的视角 [J]. 经济导刊, 2013 (2)：56～57.

国内服装品牌对快速反应亦日益重视起来。

ONEMORE 女装是宁波中哲集团旗下公司中哲文墨品牌管理有限公司创立的时尚女装品牌，其特色就体现在快速反应能力，主打"快时尚"概念。ONEMORE 于 2012 年春正式在国内市场推出，并亮相 CHIC2013。据了解，中哲集团曾经成功地推出 GXG 男装品牌，该品牌经过 6 年发展，在国内服装业取得了不俗的成绩，并且屡获好评。后来，中哲集团顺势推出了 gxg1978 男装品牌。目前，男装品牌 GXG 与 gxg1978 的发展都已经趋于稳定。中哲文墨品牌管理有限公司（以下简称"文墨公司"）相关负责人表示，公司经过多年发展，积累了一定的品牌运作及管理经验，沉淀了大量的资源，集团公司又一直想拥有个女装品牌，所以才有 ONEMORE 女装的面市。

体现快速反应能力，主打"快时尚"概念。与供应商采取独特的联营合作方式，让供应链系统变得十分灵敏，大大提高了品牌的前导时间（指从设计到把成衣摆在柜台上出售的时间）。在前导时间方面，ONEMOER 最短只要 15 天，一般为 30 天。另外，ONEMORE 每周一定会有新品上市，货品替换率很快，同时，ONEMORE 各店陈列的每件商品通常只有五件库存量，属于多款少量经营模式①。在竞争激烈的服装销售市场，这种以超速更新、多款少量、制售一体的效率化经营，更能适应购物中心的发展现实。可以说，这种做法与国际快时尚品牌不谋而合，国际品牌进驻中国也给国内品牌上了生动的一课。

由此看来，随着服装从功能性产品向情感性产品的转变，前向一体化经营模式将是国内服装企业渠道变革的一个重要方向。服装企业想要优化升级，根本途径在于减少销售的中间环节，这一点可以通过建设自营体系和互联网渠道实现，同时，信息管理技术的应用也是企业成长需要发展和完善的关键模块。

6.1.6　电子商务渠道的线上平台

对于服装品牌企业而言，增强对渠道的掌控力一直是企业梦寐以求的目

---

① 摘编自慧聪网.

标之一，渠道受制于人已成为业内的心病，而异军突起的电子商务，则提供了另外一种方式的选择，有助于服装企业与传统渠道抗衡。

电子商务企业对品牌商的扣点要比传统企业少得多。一位服装业老总介绍，与大连锁合作时，服装制造商需要承担的费用分为合同内和合同外两部分，合同内一般在 13%，更高的甚至达到 16%；合同外费用主要由各个门店来收取，主要有选位费、店庆费等，一般也在 15% 左右，两项合计费用率在 30% 左右。"如果产品毛利率低于 30%，等于是亏本，在一线城市连锁卖场销售，基本上是在给连锁渠道打工。"而独立的第三方电子商务平台的费用率是 14%，渠道费用一下子就降低了一半。

服装品牌商在上一轮连锁整合的浪潮中已吃了大亏，让整得很惨，它们迫切希望重建遭到破坏的服装厂商利益分配规则。这几年来，为了降低对大连锁的依赖，品牌企业投入巨资自建渠道，并已有相当规模。目前，服装企业的自建渠道已经在 2 万家左右。服装相关人士称，随着服装品牌企业近年来销售规模的扩大，各大服装企业都在自建渠道方面下了很大功夫，准备进军电子商务和已经进军电子商务的家纺企业怎样保证家纺商品的品牌化和品质化是需要思考的问题。主要目的就是增强渠道的掌控力。如果电子商务不断壮大，当然是乐见其成，其可与目前的自建渠道、连锁渠道并列为第三股渠道①。

6.1.7　促销：裂帛促销额破 1260 万元

京东的"618"、天猫的"625"分别以周年庆和年中大促为卖点，组织品牌商让利，培养消费者在这一天集中采购的习惯，试图再创一个现象级的网购节日。有成功的网购节创始经验的天猫，在 2015 年的 6 月 25 日带领着各品类又打了一场漂亮的销量战。而女装品类中，裂帛以个性的服装风格、新颖的营销模式、大力度的实惠让利在零点刚过就迎来猛烈的消费回应。

①　摘编自中国投资咨询网。

据数据统计，"625"刚过，裂帛服饰单品牌天猫店迅速达成 60 秒破 147 万元、15 分钟破 300 万元的傲人销售战绩，位居女装品类第一。

打开裂帛天猫服饰旗舰店，到处可见买二赠一、满减券、4000 件免单、低价套件福袋等促销手段，同步配以微博微信的店内寻宝、猜款猜销售额赢大奖等高互动活动。从活动方式来看，裂帛势必要以最大幅度让利借助这次的年中促新节日实现跳出。这也是裂帛女装在与京东《爱上超模》合作之后保持品牌持续露出的明智之举。除此之外，与电影《横冲直撞好莱坞》的结合也可以看出裂帛在跨界合作上的新鲜一步。

只会做营销的品牌无法持久，裂帛很明显早已深谙这一点。自创立以来，裂帛就以做中国最棒的原创设计师品牌严格要求团队，坚信民族元素是离自然最近的元素。除了设计理念上的特立独行，裂帛在"625"反季节推出的一款超轻羽绒服也引起了笔者的注意。据不完全统计，这是截至目前羽绒服史上第一款使用 95 大绒子填充的超轻羽绒服，重量只 150 克却可以达到更好的保温效果，这也是我国服装品牌在羽绒服品类做出的又一实质性进步。正是有裂帛这样有态度坚持民族风的中国设计师品牌在坚持，国民才能在轻易被异国洗脑的着衣风格方面，还保留着对原始民族精神的热爱和追求。

当天下午 4 点，裂帛的天猫旗舰店单品牌销售额已突破 1260 万元大关。庞大的数据再次证明了一直以来"重产品、轻营销"的裂帛服饰，在营销手段上的大胆尝试正在带领品牌成长进入更成熟的阶段。除此之外，从正在推进的上市步骤和计划中，可以看出裂帛在喧嚣的电商圈中独树一帜的按自己的步调保持着特立独行的自信姿态。

6.1.8　品牌发布会的策划

名人效应——第一夫人的时装经济

国家主席习近平的夫人彭丽媛的穿着，成了不少女性观众关注的焦点。习近平与夫人彭丽媛首次出访俄罗斯，走下飞机时，彭丽媛穿的深蓝色双排扣风衣和天蓝色丝巾，挽的黑色手袋确实是由广州品牌"例外"（EXCEPTION）特别定制，其生产工厂在广州市海珠区。随后，习近平主席与夫人彭丽媛访问坦桑尼亚等国，据说彭丽媛所穿的裙子同样也是由"例外"定制。

2009 年在奥巴马当选美国总统就职典礼上，美国第一夫人米歇尔·奥巴马身着的礼服捧红了时装设计师 Jason Wu。2011 年，英国凯特王妃嫁入王室时，公众对凯特王妃着装的痴迷从而带动了时装经济。

对时尚产业而言，诸如第一夫人、王妃的服饰不仅代表时尚潮流，更充满了金融色彩。通过她们的品牌影响力可以达到有力推动销售的目的，甚至很有可能改变一个品牌的盈利水平，从而刺激该品牌所属公司的股价表现。

纽约大学斯特恩商学院的金融经济学教授大卫·耶马克（David Yermack）研究了奥巴马夫人所穿过的 29 个服装品牌的公司股价。在奥巴马夫人穿过相关品牌服装后的几天，其股价都在持续上涨。

据统计，奥巴马夫人钟爱的 18 家公司平均市值上升 2.3%，远远超过明星代言带来的 0.5% 升幅。而在她访问欧洲期间所选的服装品牌的股价更是上升了 23%，远远地跑赢同期标准普尔指数的 6.1%。因此，可以肯定的是，"第一夫人"的品牌影响力绝对可以超过任何普通的名人代言。

6.1.9 品牌的运作和提升：消费者价值共创

依照传统的看法，产品在与消费者见面之时已经被完全解释过了，消费者只是被动地接受预制的意义。但是，跟仔细深入观察和研究消费者采纳产品意义时的态度，则看到结论不完全正确。产品获得的意义要超过生产者所寄予其上的意义。

"使用价值总是由受益人独特地用现象学方法来决定"，它是一种主观感知价值，并且具有体验性和情境依赖性。因此，Vargo 和 Lusch（2008）认为，用情境价值（value in context）来取代使用价值或许更加贴切。

受益人的价值决定作用根本改变了企业在价值共创过程中的作用。在商品主导逻辑下，企业把价值嵌入商品，通过市场交易来实现商品的交换价值，在服务主导逻辑下，企业无法单独创造价值，而只能根据顾客需求提出价值主张，并对顾客参与价值共创的行为加以引导。因此，Vargo 和 Lusch（2008）

提出了基本命题：企业并不能传递价值，而只能提出价值主张。在此基础上，Vargo 和 Lusch（2011）对企业在价值共创方面所扮演的角色进行了进一步的解析，并且认为企业应当充分整合自身和合作伙伴的资源，设法挣脱企业内、外部各种约束因素的束缚，与合作伙伴沟通、对话，共同提出价值主张、提供服务和构建价值网络，为最终实现服务的使用价值创造条件。

品牌创始人方建华高调推出"茵曼＋"的概念，计划在全国的城市大量铺开实体店，把店铺打造成全品类的棉麻生活空间，并以此为依托打造"粉丝社群"。方建华认为，这是彻底的供应链体系、货品体系、价格体系、会员体系、盈利和服务体系的融会贯通，这是对传统商业零售模式的重塑。这个思路基本上与服务主导逻辑的价值共创理论吻合。

2015 年 7 月 22 日，互联网女装品牌茵曼在广州宣布启动"千城万店"项目。品牌创始人方建华高调推出"茵曼＋"的概念，计划在全国的城市大量铺开实体店，把店铺打造成全品类的棉麻生活空间，并以此为依托打造"粉丝社群"。

不同于传统的服装品牌实体店的是，茵曼线下实体店更看重粉丝的经营和服务。"茵曼＋"模式和商业设想。首先是从单一的女装品牌，向鞋子、箱包、配饰、童装、家具等品类扩充；其次，是生产运营销售线上线下同步；最后是品牌的粉丝与粉丝之间的社群融通。茵曼加盟商的店铺面积只需几十平方米，"0 加盟费、0 库存、0 软装"。店铺内每款衣服都是唯一的，服装吊牌上只有二维码，扫描二维码才能获得价格。衣服的款式、价格线上线下同步更新，消费者可以选择现金支付或手机支付。支付完成后，也可以选择现场带走商品或回家等快递。如果店内商品被顾客取走，店主可以通过茵曼物流系统快速完成补货。

整个店面是茵曼全品类的产品，营造出慢生活"茵曼家"的感觉。空间陈列的每一件商品，甚至包括衣架、摆设都可以售卖。也就是说，粉丝完全可以把"茵曼家"带回家。只要消费者在实体店有过一次购买行为，就自动成为"粉丝"，未来该"粉丝"不管是继续回到实体店购买，还是在线购买，作为第一次"引流"的实体店都能从中获得相应的提成。粉丝也可依照店主的服务满意度来选择是否解除绑定。

（1）粉丝从虚拟带到实体社群。

Vargo 和 Lusch（2008）进一步描述了不同参与者之间的关系，并且提出命题："服务中心观"必然是顾客导向和关系性的。其中，"关系性"表明了不同资源整合者之间相互制约、相互影响的关系，这种"关系性"使得服务经济成为一个庞大的系统；而"顾客导向"则强调受益人在服务经济中的核心地位，并且规定了资源整合者之间"关系性"的利益取向，即通过合作来实现合作伙伴利益的取向。从一个更加宽泛的层面来看，可以把服务经济中的不同参与者看作一个旨在汇集各种资源的"服务系统"（service system），以组织网络、信息网络为支撑，在服务经济这个大环境中进行资源整合、资源共享和价值共创，从而构成一个名副其实的价值共创网络，Vargo 和 Lusch（2010）称之为"服务生态系统"。在这个系统中，参与者的最终目的不再是实现自身和合作伙伴的利益，而是提高整个服务生态系统的适应性和可持续性，这就是服务主导逻辑的最终归宿。

无疑，从这个意义上讲，茵曼的"千城万店计划"正是这种思路的实践先行者。电商的核心竞争力就是粉丝。如茵曼的母公司——汇美集团的副总裁蔡颖所说，"将来更多的是一个粉丝社群的打造，怎样让更多人认可你的品牌文化，与品牌一起走下去是这个模式的核心。店主让更多的人进店，并认可店铺的服务，绑定的粉丝越多，收益必然越多。我们的核心就是把产品交易过程变成了粉丝的交易过程，这把传统店铺的理念整个都颠覆了。"

茵曼先是在汕头、安庆、丹江口、嘉兴和合肥开了 5 家店试水，跑了几个月的数据，并计划在 2016 年投入 1 亿元去发展"千城万店"这个项目，和茵曼粉丝一起在全国各地开 1000 家店。

对茵曼而言，"茵曼 + 千城万店"这个项目的门店扩张数量并不是核心。"茵曼 + 千城万店"计划，本质是打造一个茵曼"慢生活社群"。在"慢生活"的理念之下，打造一个涵盖 7 米可视范围内的产品，这些产品装起来就是一个慢生活空间。其次，线上线下真正做到有效联结，全渠道完全打通。他们所创造的"慢生活"的生活方式，希望通过茵曼家的主人，传达茵曼的设计风格和设计理念。

方建华认为选择一批与自己的坚持和理念相符的粉丝，一起做大"茵曼＋"这件事更有价值。"选择合作的店主和选择集团品牌合伙人本质是一样的。"他说，目标人选上他有三个必选指标，首先热爱茵曼倡导的慢生活理念；其次是有潜力成为社交朋友圈的意见领袖；最后是有持久不衰的创业激情。让粉丝经营"茵曼＋千城万店"，创新粉丝文化，让粉丝成为集团的品牌合伙人。一起来建造新的线上线下的商业零售模式。

（2）玩转线下空间案例。

其实从 2016 年 5 月开始，茵曼已经在全国的五个地方经营了五家店铺，下面简单介绍一下一家汕头茵曼家的主人是如何玩转线下空间的。

这家茵曼店的主人和传统店铺的店主单纯卖货不一样，她是利用茵曼＋（家）的理念来经营店铺。例如，她和汕头大学学生会合作，赞助了戏剧大赛，在现场进行宣传，学生扫描二维码成为茵曼会员，现场来了 1500 多名学生。她还在汕头大学租用了人流量最密集的位置，做了一个搭配秀，通过看秀，让学生下载了茵曼的 APP，最后成为茵曼的会员。她还租了大巴车，学生免费坐车，可以直接来到茵曼线下店，体验试穿，让更多的非茵曼的会员成为了茵曼的粉丝。意想不到的是，她甚至与汕头电视台知名的节目《双响炮》合作，主持人穿上了茵曼的衣服，这档节目在当地很有名气，当地很多人都知道了茵曼。更有意思的是，在当年的端午节，她邀请了茵曼的会员到店里吃粽子，让会员们过上了茵曼特色的端午节。

汕头的这家店主做了这么多动作，都取得了什么样的成效？在短短不到三个月时间内，她已经做到了日销为月租金的 17 倍，她做起来非常轻松，再不像传统的那么重。而六七月份只是一个淡季。

6.1.10　品牌的运作和提升：互联网＋实体店

在持续几年来的关店潮中，关店的直接原因就是业绩欠佳，服装公司在关店前无不想方设法挽救店铺，最后的关店也是对服装店业绩无能为力的确定，如今的服装业界几乎认同了服装店这种以实体店为主的业态大势已去。虽然业界主流观点与笔者的主张不同，但和笔者持相同观点的还有大量不断涌进中国服装市场的洋品牌，如优衣库、H&M、MUJI、GAP、C&A、ZARA、

U&R 等国际快时尚服装品牌，都以咄咄逼人之势加快中国市场的实体店布局。

以优衣库为代表的洋品牌服装实体店，经过短暂的试水后发现实体店的销售业绩都很好，在中国开店的步伐也就随之加快。

中国服装企业关店而外国服装企业同时在中国开店，有力地证明了中国市场服装店的业态不过时！虽然改革开放以来中国消费者在不知不觉中形成的崇洋媚外消费心理，给洋品牌进入中国市场带来极大的先机。早期有漫画家作画讽刺中国消费者盲目消费洋品牌的现象，在漫画作品中体现出原本无人问津的土得掉渣的衣服，只要印上大大的英文字母就可以确保成为畅销品，到如今中国消费者还喜欢穿着 Logo 标志特别突出的洋品牌服装，哪怕是假冒伪劣的洋品牌也都有消费者为之叫好，这是眼下洋品牌服装实体店可以很好生存的天生优势。国人服装消费心态的盲从与媚洋，给任何洋品牌来中国市场开疆辟土都提供了极大的便利，但消费者这种心态也不会是一成不变的，只是需要中国服装企业努力去改变它。

笔者主张中国品牌服装店仍然可以在当下做到业绩倍增，是因为笔者看到在关店潮中倒闭的服装店，都是被动应市型的传统服装店，在消费者的行为习惯和市场环境不断变化时，服装店总是一成不变地放任事态的发展，最终使服装店在互联网的世界中成为与世隔绝的古董。传统服装店在过去就是坐等客人上门，因而只要找个地理位置不错的门店卖服装，基本上就可以确保财源滚滚了。在没有互联网的时代，消费者只有走进服装店才能看到衣服，也只有在服装店才能买到衣服，服装店揽客只在门店橱窗做文章就可以了。在互联网进入中国后，消费者在办公室就能看到服装公司的网站，里面就有服装店和服装样品可供欣赏和了解，先看好了衣服再去服装店里购买，这是互联网影响消费者的最初现象。后来有了淘宝网，互联网也在家庭出现了，消费者只要在有电脑的地方就可以上网购买衣服，快递公司帮助送货上门，消费者对服装店的依赖开始动摇。再到如今移动互联网的实现，消费者可以随时随地用手机、平板电脑等移动端设备上网了解天下信息，有移动通信设备实现购买服装也更是不在话下，因而消费者对传统服装店的依赖已荡然无存，剩下还在逛服装店的往往是不会使用计算机上网的中老年群体。

最为令人惋惜的就是传统服装店从生到死的一成不变，绝大多数传统服装店在中国出现互联网后，不仅没有与时俱进去互联网上展示自己，甚至还对互联网报以不屑一顾的神态。当消费者已经受互联网的影响开始改变消费习惯时，传统服装店没有迎合这一变化，许多服装企业早期根本不重视互联网的运用。当 Wi－Fi 的出现就变为人的身影一般时，Wi－Fi 信号的商业价值也没有引起传统服装店的重视，店里安装一个高功率的路由器就可以发布服装店的广告，这也是许多服装店倒闭时都没有去做的遗憾事。在移动互联网全面影响着消费者的生活习惯时，传统服装店还是没有把自己展示在消费者经常关注的 APP 中，这些都让传统服装店失去迎客的机会，没有了消费者的知晓也就没有了销售业绩的到来，如果服装店在互联网造就的新市场环境中步步紧跟，死于没有客户的惨状就有机会去避免。

让服装店业绩倍增肯定不是容易的事，但只要洞察了市场变化和顺应了消费者的习惯，服装店有了很好的商业模式就完全可以实现。笔者早于 2010 年就尝试过服装店业绩倍增的实战，把一家持续数年月销售额仅维持在 3 万元左右的服装店，通过促销手段提升客户进店率、设置科学的绩效薪酬制度把店员潜力开发到极致，达到了提高店内交易率和交易量的目的，使该门店业绩提升到近 20 万元。据笔者观察获悉，市面上的服装店不仅上述的线上展示和迎客手段缺乏，门店的管理也极其缺乏得力的方法，特别是没有科学的绩效机制，服装店的员工收入不高，工作积极性不强，这些都表明传统服装店的经营都处于粗放状态，想要获得很好业绩自然是不可能的。

除了门店经营的实战技巧之外，中国服装企业的品牌经营也还有待重新认识。为什么中国消费者喜欢洋品牌服装？甚至有些消费者对假冒伪劣洋品牌服装也趋之若鹜，消费者穿上洋品牌服装就有着一种崇洋媚外的自得和自信，而国产品牌服装哪怕面料、工艺、款式都优于洋品牌，许多消费者还是觉得不能与其身份相匹配，这就是中国企业在生产服装时，没有去塑造品牌形象，在广告扎堆投放时没有进行品牌高度的宣传，没有为消费者在产品上注入民族情感、生活情调等元素，这些问题没有去认真对待和解决，关店潮后中国服装退守线上又凭什么战胜"优衣库"代表的外来竞争者？反之，中国服装如果顺应了时代的发展，让品牌宣传有足够的高度，迎合消费者日益突出的个性化需求，在服装店里用上现代科技手段，用上移动互联时代的相关人才，线下实体店无疑像洋品牌一样不会陷入关店魔咒①。

6.2　品牌与配套网络

传统上，管理是在企业内部完成的，企业的边界限定了企业管理者的职责范围。随着企业间网络的迅速发展，企业管理者特别是核心企业管理者必须跨越企业边界，对企业间业务活动进行协调与控制。就这一点而言，管理超越了企业边界，被赋予更多的跨企业组织和协调职能。跨企业管理所改变的不仅是管理本身，而且还有企业作为特定实体所能利用或控制的资源。因此，企业不但要负责自身的价值创造，还必须通过与其他伙伴的互动来实现价值共创（Han et al.，2012）。

在异质性视角下，异质企业之间具有不完全替代性，使得与某个具体企业的合作可能产生特殊的利益。因此，单个企业能力与上下游企业有着不可割舍的联系。

从静态角度看，对其他企业资源的依赖是普遍存在的，与上下游企业的合作可以增强异质性。选择适当的上游企业或下游并维持与它的合作关系，能增强企业自身的能力。而在相当长的时期内，企业并不会自己积累上下游企业的这种特殊资源和能力，因为受到现有资源和能力的约束，在竞争激烈的环境中要将有限的资源用于专业能力的积累，因此与上下游企业合作是更有效的途径。

从动态角度看，组织间的合作是企业学习和创新的重要手段。同一产业链中的上下游企业之间知识基础有足够的差异却又不会过分不同，同时也不会有过大的认知距离，满足组织间合作的相似相异的平衡条件。更重要的是，各个企业间有进行协同知识创造的利益驱动，以实现企业间的资源共享和优化配置（Lane，Lubatkin，1998）。

所以，无论是从静态角度还是动态角度看，企业与上下游的合作都将扩

---

① 资料来源：中国服装网，责任编辑：刘勇辉。

大企业间异质性。广泛存在的企业间纵向合作，实质上整合了上下游产业的资源，可以创造更大的价值。那么，这种合作通过什么方式实现呢？

市场的发展与企业组织形式的多元化致使品牌所有权与经营权发生了一定程度的分离。随着治理思想的引入，越来越多的学者将关注点从企业与市场的二元关系中解放出来，转而研究如何通过保障由多元利益相关者参与的品牌共建来实现品牌价值的提升，从而形成了一种全新的理论——品牌治理（brand governance）。品牌逻辑的进化不但提升了利益相关者在品牌发展过程中的作用与地位，还为实现以品牌共建（brand co - creation）为核心的全新品牌化提供了新思路（Merz et al., 2009）。因此，品牌研究的重点逐渐从企业与顾客关系管理转向品牌利益相关者治理。

自 2007 年以来，大量涉及品牌治理思想的论文与专著发表或出版，促使品牌治理成为西方品牌研究的前沿。研究品牌治理不仅具有重大的理论意义，在实务层面，它还能够为整合与利用品牌利益相关者所拥有的资源、克服传统品牌管理的弊端提供指导，同时为有效分配品牌经营决策权提供重要依据。

从集群的层面上看，我国服装产业集群品牌普遍存在品牌附加值低、品牌建设机制落后、缺乏强势产品品牌等一系列问题。很多集群产品在国际上没有知名度，大大影响了其销售市场和发展前景。需要研究如何更好地建设集群品牌，破解集群品牌成长"瓶颈"，扩大集群品牌国际影响力，实现服装业集群转型升级发展。

在市场上，国内服装品牌难以虏获消费者"芳心"的主要原因，在于服装行业与面辅料企业并未形成一种有效的联动机制，导致服装企业产品同质化现象比较严重，而面辅料企业又对服装企业的需求不了解，在较长的时期，"终端渠道的扩张"，追求规模扩张成为相当多服装企业的发展模式，缺乏完善的产业链，必然出现价格、库存、利润、税收和资金周转的问题。

竞争升级为"产业链对产业链"的竞争，由单纯的"产品竞争"转变为贯穿全产业链系统的"集成创新竞争"。竞争焦点已从品牌、产品、渠道模式发展到产业平台的全方位竞争。如何从本质上解决问题，在于如何加强产业链环节对接力度，促进产业链中各类服装企业协同发展，"从线状型企业"转向"网络型企业"。

品牌聚集不是简单的品牌堆砌，品牌之间存在联系。通过这种联系，品牌可以利用所在集群其他品牌的资源和能力，突破自身资源和能力的限制，迅速获取提升。众多品牌联系类型中，企业品牌纵向合作关系表现得更为普遍，对品牌提升也最为重要。

另一方面，企业要走向微笑曲线的两端，品牌、研发设计必须获得各方支持。企业首先必须有这种能力，但是政府也必须支持。比如说它的研发人员、技术人员的需求是不一样的，肯定要设立一些职业培训学校，都是中专或者大专支持的，让这些企业进入微笑曲线两端。

6.2.1 品牌治理的内涵

由于品牌治理概念形成时间较短，至今还没有一个得到学术界公认的定义，不少学者从其研究侧重的角度定义品牌治理。目前关于品牌治理的内涵，较为流行的两种观点分别以 Merz 与 Hatch 为代表。Merz 等（2009）通过利益相关者合作创造品牌价值定义为一种全新的品牌逻辑，并指出品牌治理就是在这种全新品牌逻辑下对品牌及品牌利益相关者关系的管理。该定义首先对品牌逻辑的发展与进化做出肯定，提出品牌价值并非仅由企业和顾客创造，而是通过各种利益相关者协同合作而创造。因此，在品牌发展过程中，明晰利益相关者所扮演的角色，理顺利益相关者关系，有助于企业构建和掌握品牌价值提升网络。由于这一活动涉及对多元利益相关者关系网络的管理，Merz 等人将其称为"品牌治理"，这也便于与传统品牌逻辑下的"品牌管理"做出区分。另一种观点以 Hatch 和 Schultz 为代表，他们（2010）认为品牌治理是以品牌控制权共享为基础对品牌共建过程中各品牌利益相关者参与模式与制度的设计。该观点更侧重于设计一种制衡手段或制度，通过各种规则的约束，保证利益相关者品牌共建行为的顺利实施。Hatch 和 Schultz 采用"品牌治理"一词，主要为了强调在品牌共建过程中，应该通过对利益相关者参与方式的设计，明确企业与利益相关者有关品牌的权、责、利关系。

虽然这两种观点的研究角度不同，但它们都遵循同一个基本假设，即品牌价值的来源不再简单是企业与顾客，而是更广泛的利益相关者，品牌共建才是创造品牌价值、提升品牌竞争力的关键。根据 Merz 等人的观点，品牌治理研究应侧重于对品牌价值产生机理的分析，以合作过程为导向，探索能够创造品牌价值的利益相关者与品牌及企业的关系，通过引导、满足利益相关者诉求，建立和谐的关系网络，激励利益相关者参与品牌共建。Hatch 和 Schultz 的研究则侧重于模式与机制探讨，强调通过在品牌共建中设计合作规范以及监督和约束机制，保证合作过程合规与公正。以上两种观点究其根本是一脉相承的，针对品牌价值产生机理的研究为设计品牌共建模式与制度提供依据，而模式与制度则是品牌价值创造得以实现的保障。综合两种观点，品牌治理可以定义为在利益相关者参与品牌共建的条件下，以激励和约束机制保证合作过程有效、公正与合理的制度安排。

Merz 等（2009）通过梳理大量文献指出，品牌逻辑的进化经历了四个时代，分别是以产品为基础的品牌产品时代、以象征价值为驱动的品牌价值时代、以关系为主导的品牌关系时代以及以利益相关者共同建设品牌为特点的品牌治理时代。所以，品牌治理可以视为品牌管理发展到新阶段所产生的全新理念。不同于前三个阶段的品牌管理，品牌治理的目的既不是通过满足顾客需求来提升品牌的无形资产，也非简单地改善顾客或某种利益相关者与品牌的关系，而是以影响品牌价值的多元利益相关者所形成的网络为基础，通过对该网络中利益相关者的引导与制衡达到品牌共建的效果。因此，品牌治理的核心理念是确保多元利益相关者间合作的公平、公正、合规与合法。

在品牌管理过程中，顾客被视为创造品牌价值的内生资源，利益相关者则被作为外生资源，而在品牌治理活动中，利益相关者与顾客一样，成为创造品牌价值的内生资源；并且品牌治理强调品牌价值的创造过程，而品牌管理则强调品牌市场价值，因此，品牌治理不同于品牌管理，更注重维护品牌与利益相关者之间的长期合作关系，而非追求通过某些利益相关者实现短期杠杆效应。利益相关者作用的转变，引起品牌化过程中企业地位与角色的转变：在品牌管理中，企业处于统治地位，通过绝对控制实现以顾客为中心的规划、传播、提升和评估等职能；而在品牌治理中，企业作为品牌共建活动的引导者，肩负着激励、监督、指导和制衡等职能。

6.2.2　品牌治理形成的理论基础

品牌治理思想的出现和完善是多种品牌理论发展与互动的结果，本书以市场主导逻辑理论、品牌社群理论和品牌共建理论为基础剖析从品牌管理到品牌治理的转变机理。

（1）市场主导逻辑理论。

Vargo 和 Lusch（2004，2008）通过梳理相关文献发现，随着市场主导逻辑从产品主导逻辑逐步转变为服务主导逻辑，与市场密不可分的品牌运营模式也发生了重大变革。因此，市场主导逻辑的转变对基于品牌共建的全新品牌化模式的产生与品牌治理理论的形成具有重要引导作用。

在服务主导逻辑下的市场中，代表服务的专业知识与技能才是市场交换的基础，产品只是服务的载体，企业并不提供价值，只是提出价值主张，作为操作性资源的顾客与其他利益相关者，才是市场资源的融合者、品牌价值的创造者以及核心竞争力的打造者。服务主导逻辑的提出被认为打破了工业时代以来的市场主导逻辑，具有划时代意义。因此，在 2004 年，美国市场营销协会（AMA）重新定义了市场营销概念，突出了市场营销的组织功能与价值创造过程，将企业与利益相关者关系纳入营销的考量范围。

随着市场主导逻辑的发展，服务的概念被深化为利用知识与技能处理资源并创造价值的过程。于是，通过作用于其他资源而创造价值的资源，如知识、技术与竞争力等，被定义为操作性资源（operant resource），而被操作的资源，如生产原料等，被称为对象性资源（operand resource）。传统品牌理论强调顾客对品牌价值的感知或体验等，认为顾客与其他利益相关者作为对象性资源是品牌价值的接受者。而在服务主导逻辑下，企业是品牌价值的提议者，顾客与其他利益相关者才是品牌价值的决定者。利益相关者在品牌价值创造过程中的内生性与品牌管理活动中的主动性得到充分承认，品牌价值由利益相关者共同创造。由于利益相关者成为操作性资源，企业有将其引入品牌合作的动机，从而引起了品牌含义的演变，品牌从单纯的企业标识演化为代表企业与利益相关者的集合体。品牌价值产生机制与品牌含义的改变使品牌研究方向从有形的对象性资源与市场交易转变为操作性资源与价值共创过程，从而为品牌治理理论的出现奠定了基础。然而，利益相关者各自为政，其行为的多样性与易变性会模糊品牌的核心识别（Berthon et al.，2009），因此，建立一种约束、制衡机制对由多元利益相关者共同参与的品牌共建活动进行引导成为品牌研究的前沿。由此可见，市场主导逻辑理论不仅对揭示品牌治理的形成机理具有重要意义，还为构建以企业为主导、多元利益相关者共同参与的品牌治理模式奠定了基础。

（2）品牌共建理论。

Merz 等（2009）通过梳理相关文献指出，品牌共建就是由利益相关者参与，通过基于社会关系的互动，提升品牌价值的合作过程。Iansiti 和 Levien（2004）指出，依赖企业与顾客二元关系的传统品牌发展模式已经过时，基于利益相关者生态系统所形成的关系网络与社会互动才是现今提升品牌价值的主要途径。

然而，实现品牌共建却面临各种困难。从经济视角看，企业与利益相关者在品牌共建过程中，对各自应支出的成本及应获收益不一定能达成共识，加之品牌发展受到项目预算的刚性限制，难免使企业与利益相关者产生利益矛盾和冲突，这无疑会影响品牌的发展。同时，利益相关者会从自身利益出发，就品牌共建过程中的权、责、利划分问题提出各种要求，这往往会进一步加深企业与利益相关者之间的矛盾和冲突。因此，通过分析利益相关者的诉求制定公平的规则，通过激励、监督机制促进利益相关者间的合作，通过约束机制对违规现象进行问责，成为保障品牌共建的必要手段。而确保合作的公平性、合理性、合法性与维护健康的合作环境不仅成为品牌共建模式下的品牌建设活动的新特点，也向品牌治理研究提出新的挑战。因此，品牌治理对于完善品牌价值创造过程具有重要意义。

Nyadzayo 等（2011）发现，在连锁经营模式下，对主导企业与加盟商之间的关系进行治理，会影响品牌公民行为，进而提升品牌价值。然而，在品牌共建过程中，不同利益相关者的角色与作用不同。Gregory（2007）主张以权力与品牌情感为标准对参与品牌共建的利益相关者进行分类，并针对不同类型的利益相关者设计不同的战略。Gregory 的研究拓宽了基于利益相关者的品牌治理研究思路，将利益相关者的本身职能与品牌贡献相结合，为区分多元利益相关者在品牌共建中的地位与作用提供了重要依据。而 Jurgens 等（2010）进一步指出，根据利益相关者在品牌共建过程中的地位与作用寻找核心利益相关者并满足其需求，才是获得更好的品牌表现的关键①。

由于纵向企业之间的资源和能力表现出显著的差异，替代性低。具体而言，上下游企业之间为生产目的而发生的结构性联系包括了投入产出关系、技术联系和知识联系。企业间的知识、技术和能力的依赖以及各种合作行为，以投入产出为前提。知识包含技术，涉及企业生产经营的各个方面，是企业能力的基础，从知识的角度探讨企业之间的联系，对集群环境下的企业品牌纵向合作关系进行研究，揭示其作用于品牌提升的内在机理，对指导产业集群内企业品牌提升实践具有重要意义。

因为上下游企业从事的具体生产经营活动存在巨大差别，所以知识在产业链的分布相应地是不均的。按照知识在产业链的分布及其对上下游企业的影响，知识可以根据其服务范围划分为专业知识和系统知识/共性知识。同时，知识也可以分为显性知识和隐性知识。隐性知识与知识的主体很难分割。群体和企业拥有的知识因为嵌入于工作流程、决策程序、私人关系、经营惯例之中，很难被复制和移植，所以大部分很难进行交易。就是由于共性知识分布的不均等性，导致纵向企业在知识上的相互依赖。显性的共性知识由于收集传播的成本低，跨越企业边界的知识获取比较容易，所以纵向依赖程度低。而隐性知识较高的情况下，获取对方所有的共性知识就需要较多地介入其生产经营活动，会加深纵向企业的知识依赖。

仅仅就具体的知识片段而言来获取，很难验证知识和企业能力以及绩效存在的因果关系。而长期看，知识的变化不是简单线性的叠加效应，企业很难对知识体系中对自己有用的部分清楚区分，学习和模仿的难度非常高。这意味着企业仅仅靠自身的资源和能力进行研发、学习的效率很低，通过纵向合作，实现资源共享能力互补，可以创造更高的价值。

有一些定性研究集中在品牌对集群整体层面的竞争力或竞争优势的影响

---

① 王彦勇，徐向艺. 国外品牌治理研究述评与展望 [J]. 外国经济与管理，2013，35（1）：29 - 56.

方面。比如，姚作为（2004）分析了品牌对集群价值链、集群能力和集群竞争优势的聚合效应。孟韬（2006）则分析了产业集群环境下企业品牌对企业间长期交易关系形成、分工合作的重要作用。

那么，集群企业品牌纵向合作关系的形式表现为哪些？受哪些集群环境要素影响？这些环境要素通过怎样的机理影响品牌纵向合作关系？

6.2.3 集群品牌与网络

2006 年 10 月，谢峰带着他的品牌"吉芬"首次以中国设计师品牌的名义登上了巴黎成衣时装周的舞台。自那以后，中国设计师的身影也越来越多地出现在国际四大时装周上。虽然中国设计师走出国门迈向了世界，但人们对于来自中国设计的影响力评价是有所保留的。在杨大筠看来，任何品牌的输出都无法脱离国家形象而有所作为。"我认为品牌的第一属性是国家，所以如果大家对'中国制造'的印象停留在廉价的、质量不好的时候，一个品牌是无法摆脱这种印象的，对企业、品牌而言这是困难而痛苦的。"

所以单个企业的成败荣辱离不开它所属的地区或产业集群，对集群品牌或区域品牌的重视显得相当的重要。

集群品牌就是把集群整体作为一个品牌来管理经营，其品牌名称由地名和当地特色产业结合组成，用以彰显出企业和区域经济与文化特色，又称"产业集群品牌""区域品牌"。它具有区域性和品牌效应这两个特性。区域性指集群品牌一般限定在一个区域或者一个城市的范围内，带有很强的地域特色。品牌效应指集群品牌往往代表一个地方产业或产品的形象。比如，法国香水、米兰时装、瑞士手表、景德镇瓷器等。

集群品牌有别于企业品牌。一是塑造的主体不同。集群品牌的塑造主体可能是所在的区域政府，集群企业协会以及集群内多个关联企业的联盟或者集群内的优势企业。它将特定行业与某一地理或行政区域联系在一起，比单个企业品牌更形象、直接，品牌效应更持久。二是性质不同。集群品牌对于集群内企业来说具有公共物品的性质，它是集群内企业共同的无形资产，集群品牌一旦产生，集群内任何企业都会享受到集群品牌给它带来的利益。它是集群内企业通过长期规范经营、良好质量、全面周到的服务等积累起来的良好声誉，能够形成该地域较高的知名度和美誉度。

与企业品牌相比，集群品牌有其独特性，表现在：（1）广泛性和持久性；（2）公共性；（3）外部性；（4）抽象性与具体性。此外，区域品牌在所有者数量、品牌效应等方面同企业品牌存在差异。

因此，产业集群品牌本质上是集群内的企业通过长期规范经营、良好的质量、全面周到的服务等积累起来的良好声誉，带来广泛认同的知名度和美誉度。它在一定程度上代表了集群内企业的一种潜在的竞争与获利能力。集群品牌的塑造是关联企业的联盟或者集群内的优势企业，此外，行业协会、当地政府也可能参与集群品牌的建设主体，它将特定行业与某一地理或行政区域联系在一起。

（1）集群创新网络。

所谓集群创新网络，是指各个行为主体（企业、大学、科研机构、中介服务机构和地方政府等）之间在长期正式或非正式的合作与交流关系的基础上所形成的相对稳定的关系系统。异质的参与者包括企业、客户、供应商、大学、研究机构和中介组织等通过形成垂直或水平的关联节点所构成（解学梅，2010）。

在产业集群品牌提升的过程中，需要创新网络中各方面的互动和合力。国际知识经济和企业发展组织（IKED，2004）在其白皮书中认为，产业集群一般包括五类成员，即政府、企业、研究机构、金融组织和中介组织。地方政府指导和扶持、行业协会自我约束和凝聚，以及集群效应优势是集群品牌形成的初始动力（夏曾玉等，2003）。集群都会历经萌芽阶段、快速发展阶段、走向顶峰阶段和成熟阶段（Ticky G，1998），随着集群演变不同阶段内外部环境的变化，集群内企业、政府、研究机构等成员发展各不相同，政府的角色与职能定位有所不同，政府的政策模式应随之调整并实现动态优化（Porter，1998），集群内部是一种网络形式，中介组织则在创新网络中发挥"黏合"作用。波特和艾蒙斯（Porter and Emmons，2003）认为，集群内的中介组织是集群中正式或非正式的中介实体，它们通过组织或承担集体行动加强集群成员的有效合作，促进产业集群内各方利益的实现。对中介机构也提出了不同的服务需求（Rainisto，2004）。中介机构组织的发展是一个国家市场化程度高低的重要标志。在相关的行业协会逐渐变强后，政府就应该逐步淡出，条件成熟时，便应由行业协会扮演主导角色（祝洵，2006）。

根据实际情况，依据相关理论，构建和实施交互式管理模式，加快集群品牌生态系统内部构成要素的互动交流显得非常重要。

（2）创新网络的互动。

①服装业集群中的企业。

第一，制造生产性企业。需要找出典型的企业，针对服装业的核心环节：品牌建设、研发设计、设备的核心技术、面料（供应链）、顾客为导向的营销技术的维度考虑，研究服装企业发展自主品牌的状况以及企业不培育自主品牌的观念和管理上的原因；研究企业目前的经营水平，找出企业运营的薄弱环节创新能力；研究企业的创新努力以及导致创新能力不足的企业自身内部存在的制度和管理问题。

第二，服务性企业的构成。向产业集群内企业提供有偿的、专业化服务，包括一些营利性专业类中介机构，如市场研究、管理咨询服务机构、知识产权服务机构、人才培训服务机构、法律咨询服务机构等。

②集群内企业间的互动。

经典品牌理论认为，品牌信息沟通是强势品牌的核心建构途径，这一主张也被产业品牌领域的学者所支持（Webster, F. E., 2000）。品牌导向应该被嵌入到所有的组织活动中，帮助企业建立与主要利益相关者的联系。品牌信息的整合沟通是以品牌为导向的组织最为典型的行动表现（Urde, M., 1994）。服装品牌需及时追踪目标消费客户群、随时应对服装产品需求的不确定性，调整生产计划。这种高强度的供应体系增加了服装企业供应链的匹配难度。

不同于以往有关产业集群的创新网络对各节点的研究，我们需要将重点放在网络节点之间的互动上。意图通过构建和实施交互式管理模式，加快集群品牌生态系统内部构成要素的互动交流，增强集群品牌生态系统内部构成要素的优势互补，减少集群品牌生态系统内部构成要素之间的功能妨害和沟通障碍，提高集群品牌生态系统的适应能力。

第一，企业的纵向互动。集群企业品牌纵向合作关系是指，在产业集群环境下，上游品牌为下游品牌提供核心元件或原材料，通过信息共享、共同研发、共同营销等方式，共同满足顾客需求，从而协同提升品牌的一种战略性制度安排。

研究集群内分工企业间的纵向合作状况和深度，包括专业化协作水平、上下游和配套企业之间的联系的紧密程度。

创新主体链通过创新产出和集聚效应最大化来构建集群品牌，在创新主体链内的供应商、制造商、经销商和顾客以研发合作为纽带，通过内部成员之间的技术和知识的共享机制和相互作用模式进行创新产出。创新主体链是创新的主要源泉，集群区域品牌打造关键是发挥创新主体链的创新效应和集聚效应，为集群区域品牌的打造构建内在动力。

基于产品供应的合作关系，是指集群内两个或两个以上的企业在原材料、核心元件供应等方面达成合作，以促进各自品牌提升的战略性制度安排。有效的产品供应是提升产品质量和反应速度的基础，也是提升品牌最为重要、最为常见的合作关系。

这一点可以供应链的响应速度加以说明：

太平鸟女装部的总经理陈红朝先生曾经表达富有哲理这么一句话，女装品种这么多，都是源自女士们每天早晨遇到的第一个问题：不管衣橱有多大、衣服有多少，每个人都觉得不知穿什么才好。言下之意这是行业特点，企业可以有选择地服务一些需求，放弃另一些，比如，有些公司侧重中性服装，有些覆盖某个特定的年龄段；但不管进入哪个领域，款式、颜色、尺寸、面料、季节的各种组合，注定了需求的多样化。潮流的不确定性，注定了计划不如变化，需要供应链的快速响应来弥补。

所以，服装行业，特别是时装业，表面的问题是需求的多样化，深层次的问题是生产与供应链缺少灵活性，没法快速响应变化了的需求，其解决方案是在适当控制产品多样化的前提下，系统提高供应链的快速响应。

优衣库的 CEO 柳井正说得好："总体而言，服装行业（的本质）不是持续改进或者生产完美无瑕的面料，而是追逐趋势"，需要快速响应的供应链给予支持。对于 Zara、H&M 等广为称道的行业标杆来说，其优势与其说是产品设计，不如说是高度响应的供应链，使得企业能够快速跟进最新潮流。控制服装的品种、放缓扩张的速度，可以缓解供应链的压力，但要真正解决问题，则需要从提高供应链的响应速度上着手。

对服装行业来说，尤其是时装业，企业都意识到多样化选择的重要性，不少服装公司都向 Zara 看齐，甚至豪言每年推出 10000 种服装。但是，虽说它们的口号是"快时尚"，它们的生产与供应链系统却并不快，仍旧停留在规模经济时代，响应速度慢、响应周期长，结果是短缺与积压并存。貌似两个不同的问题，根源却是一样：产品采用的是差异化战略，而供应链并非响应型的供应链，两者并不匹配。

服装品牌的快速反应能力的重要性已经毋庸置疑。在涉及从纺纱、织布、生产、管理、物流到终端等诸多环节的纺织服装供应链条上，品牌的快速反应能力就是对整个供应链管理能力的综合考量。

快速响应取决于下述两个方面，相应地，企业也应该双管齐下。

其一，标准化的基本设计。Zara 虽说有上万种服装，但其基本设计却远没那么多，差异化主要表现在颜色等方面。以毛衣为例：Zara 会生产相当数量的白毛衣（基本设计），一旦发现某种颜色的畅销，就让供应商很快染成这种颜色，通过快速的补货系统，两三个星期就发放到全球的门店。比如说在重型卡车、大型巴士行业，每个客户的需求都可能不同，但在经营良好的公司，基本车型，特别是车盘底座，都有标准化设计，把差异化控制到最低，才能把交货周期降下来，供应链的响应速度提上去，这些企业就比竞争对手更有优势。很多服装企业在挣扎，一个根本原因就是款式多，缺少共同的"车盘底座"，产品在生产过程中很早就差异化，导致差异化了的过程库存太高，丧失灵活性，是供应链丧失快速反应能力的罪魁祸首。

其二，提高供应链的透明度。这取决于供应链上信息流的通畅。公司内部的不同部门、供应链上的合作伙伴之间环环相扣，信息流是把这些环节串起来的黏合剂。信息不通畅，供应链的透明度就下降，各环节之间就产生缝隙，只能由库存来填平。以销售与运营为例，信息共享不充分，透明度欠佳，就增加供应链运营的不确定性，而供应链的自然反应 就是增加库存（库存的一大功能就是应对不确定性）。不确定性会沿着供应链传递，并且逐级放大，离信息源越远，变动就越大，相应地，就在供应链的各个节点产生出一堆堆的库存来。常言道，以信息换库存，就通过共享信息来提高透明度，从而降低供应链上的库存，这样一旦需求变化了，企业就可以更快地消耗掉不合适的库存、建立合适的库存。在很多服装企业，供应链运营就如黑洞，产品、需求、供应信息孤岛化严重，信息流不通畅，起不到供应链的神经系统的作用，注定供应链的反应速度就慢。究其原因，除了不愿共享信息（关系问题）外，就是缺少合适的 IT 方案（技术问题）。在 Zara、H&M 等顶尖的服装企业里，供应链信息系统无不成为竞争利器，就在于它提高了供应链的透明度、降低了供应链的库存、增加了供应链的响应度。

事实上，关于企业纵向合作亦有很多理论支持。Dei Ottati（1996）对意大利托斯卡纳区的产业集群进行了案例研究，研究表明，与本地供应商和经销商的紧密合作关系是企业实施产品差异化战略和产品升级战略的重要支撑。Tewari（1999）对印度路迪亚纳毛纺织产业集群的案例研究也表明，集群企业与本地供应商和经销商的良好合作关系对集群应对 20 世纪 90 年代出现的经济危机起到了重要作用。Knorringa（1999）对印度阿格拉鞋业集群以及 Rabellotti（1999，1999）对墨西哥瓜达拉哈拉鞋业集群和巴西西诺斯谷鞋业集群的研究也发现，市场对产品质量要求越苛刻，集群企业的纵向合作关系越紧密。Schmitz（2000）对来自于巴基斯坦、印度、墨西哥和巴西的四个产业集群的企业合作状况进行了比较研究，研究发现，在产业集群内，纵向合作关系比横向合作关系表现得更为普遍，并且市场竞争程度越高，纵向合作关系越紧密。研究还发现，企业的产品质量和应对客户需求的反应速度与企业对供应商的关系投资正相关。从以上研究可以看出，虽然集群环境下企业纵向合作关系的相关研究并不直接以品牌作为研究对象，但从纵向合作关系对产品质量、产品升级、应对顾客需求变化速度等品牌提升要素的影响这个视角来看，这些研究为开展集群环境下企业品牌研究无疑提供了良好的理论依据。

另外，有一种基于技术创新的合作关系，指产业集群内处于价值链的不同环节的企业共同投入人力、物力、财力，在技术攻关、产品研发等方面开展合作，以促进各自品牌提升的战略性制度安排。在纵向合作关系中，顾客是企业创新信息的来源，直接参与创新团队能够使新产品的开发更为成功。供应商能够为企业提供最新设备、最新工艺、最新原料等方面的技术和信息，能够帮助企业开发、试制新产品，是生产商获取技术能力的重要途径。纵向品牌合作关系对新产品和新服务开发和生产、工艺改进等品牌提升关键环节作用巨大，是促进品牌提升的一个相当有效的工具。

还有基于营销协同的品牌合作关系。是指集群内企业在市场调查、渠道建设、广告、公共关系等营销环节进行合作，以促进品牌知名度、美誉度、影响力提升的战略性制度安排。基于营销协同的品牌合作关系具有两种关系形式。第一种是品牌推广协同关系。品牌推广需要巨额的投入、强大的营销能力作为支撑，对于中小企业而言，其品牌推广行为面临着资金、营销能力等诸多方面的限制。产业集群为品牌推广协同提供了良好环境，能够使单个企业突破品牌推广实力不足的限制，降低品牌推广风险。第二种是品牌共建关系。是指两个或两个以上企业基于其产品与市场的某种相关性，共享同一品牌的使用权，以培育、提升品牌，推动企业发展的合作安排。在产业集群中，品牌共建是实力较为弱小的中小企业迅速提升品牌的重要途径。

从当前的形势看，中国自制自造的设计时代已经到来，但距离要形成既有规模又有系统的大设计时代，还需要努力。面对现在激烈的竞争环境，设计师要与正确的平台合作，这样的一类公司会提供给设计师一个固定的供应链，从运营到推广一起包办，这样就能减少设计师投资的风险。

第二，品牌企业与服务提供商之间的互动。对服务提供商和顾客企业在服务交易过程中，为了实现服务使用价值而经历的连续互动过程的探究和分析，包括是否同制订计划：是否能一同制订近期的工作计划、参与到新服务的研发过程以及共同制定服务提供的长期规划；是否共同解决问题：一起处理在双方关系中产生的问题、相互提供大力支持以及和客户共同承担责任；以及调整灵活性：能够灵活地响应、适时调整以维系与客户的关系以及能与客户共同找到新的处理办法，以应付一些突发事件。

创新辅助链通过四个流动机制塑造集群品牌。第一，科技中介机构为创新主体链搭建技术和信息扩散的桥梁。第二，公共服务机构向创新主体链提供知识和技术支持。第三，基础设施为集群内每一个价值链环节的创新产出提供硬件支持。第四，政府的产业和金融政策为集群企业提供政策支持。集群文化则有利于打造集群独特的竞争优势，为集群品牌构建发挥灵魂作用。

也有学者从微观角度选取集群企业样本对企业合作关系进行了实证研究，发现企业与顾客、供应商、中介机构的关系对集群企业创新绩效、企业绩效具有很强的驱动作用。创新主体链和辅助链的相互交融作用。强化集群品牌，使品牌观点深入到集群价值链的每一个环节中。创新主体链和辅助链之间通过知识、技术和信息的创造、传播、扩散和共享，促进了区域品牌的形成和扩大。

总的说来，由图 6 - 2 可知，集群品牌构建不仅包括单个企业的品牌策略，而且包括整个集群的品牌定位、品牌营销、品牌的保护机制和品牌的创新过程①。

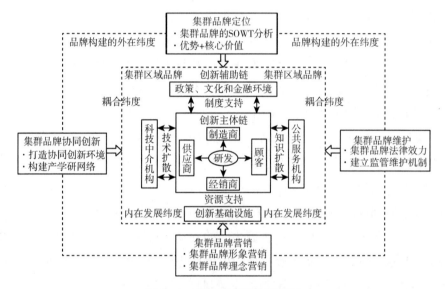

图 6 - 2　集群品牌的构建要素

而我国在近 30 年的发展中所建立的产业集群中，由于发展过程中规划、引导不够，目前存在着"四大短板"：工厂多，规模小；品牌多，名牌少；制造强，创新弱；成本高，效益低。很大程度上造成了中国制造的价格低、质量低的形象。

一些学者认为，构建竞争联盟是降低联盟、倡导良性竞争消除恶性竞争的重要方式，但是在实践中，竞争者价格联盟在实践中由于联盟伙伴的自利

① 解学梅、曾赛星. 基于创新价值链的集群区域品牌模式构建 [J]. 现代管理科学, 2008 (12): 47 - 48.

性，常常以失败告终。集群恶性竞争是由于集群内整体技术能力低下、品牌影响力过小的集群结构造成的，构建以价格协议为基础的竞争者联盟无法从根本上消除恶性竞争。从恶性竞争向品牌竞争的发展关键是需要改变集群内缺乏品牌的不良集群结构。

6.2.4　构建创新网络

创新内涵在服装产业集群中的侧重：考虑在服装价值链上，公认的利润分配结构是：设计占 40%，营销占 50%，生产占 10%。也即设计和营销处于价值链的高端，生产加工处于价值链的低端，居于价值链的高端者控制着价值链。服装业的创新内涵包括：市场创新、管理创新、组织创新、制度创新、技术创新、文化创新，尤其是品牌共创视角的基于互动的组织和管理创新（包括营销技术创新）显得尤为重要，这一点与高新技术行业不同。

（1）集群区域品牌形象。

明确集群品牌定位。通过精心设计和营销策划，确定在全国乃至全球产业价值链中的位置。集群品牌定位应该体现所处产业特性和区域特性。集群区域品牌形象的打造需要政府及相关机构发挥引导作用。

在建设集群品牌过程中，对外合作营销模式的实现，更有赖于营销组织、营销技术和手段的创新。由于合作营销主体包括地方政府、地方行业协会和专业市场等，因此，合作营销的组织创新的核心问题是营销职能如何在多营销主体之间配置。集群内众多中小企业及机构通过合作方式，共同研究市场、开拓市场、进入市场、占有市场，共同开发产品、修建渠道、传播信息、促进销售，需要依靠大量营销技术和工具支撑（朱建荣，2008）。实现合作营销模式需要执行一系列相互关联的协作过程，即共创顾客让渡价值、资源共享、业务流程整合和互相信任。

在建设集群品牌过程中，内部如何有效地互动实现价值共创，如何通过政府和公共机构的引导和机制安排，提高成功，降低风险，是一项重要研究内容。其关键是形成以大学企业研究机构为核心要素，以政府金融机构、中介组织创新平台、非营利性组织等为辅助要素的多元主体协同互动的网络创新模式,通过知识创造主体和技术创新主体间的深入合作和资源整合,产生系统叠加的非线性效用。

(2)地方政府在集群品牌建设中的职能。

地方政府应该做区域品牌的策划者,但在不同阶段应该发挥不同的作用。

"价值共创理论"来自于服务经济和"服务主导逻辑"的发展,服务生态系统的产生背景是"服务经济",存在前提是"资源整合",落脚点是"顾客导向",运行保障是"关系性"。服务生态系统不但反映了服务主导逻辑理论所涵盖的一系列观点,可以采用服务生态系统观来批判或重构相关领域业已存在的理论,或用它来解释相关领域中出现的新问题,据此验证和提高服务主导逻辑的解释力,从而促进服务主导逻辑的深化与发展。

与商品主导逻辑不同,服务主导逻辑根植于资源优势理论(resouces advantage theory)(Srivastava et al.,2001)与核心能力理论(core competency theory)(Prahalad and Hamel,1990;Day,1994),这两种理论把核心能力当作组织赖以生存和发展的高阶资源(high-order resources)。

服务生态系统观能在服务创新领域有所作为。基于开放式网络平台的服务创新是一种全新的服务创新模式,基于服务生态系统观可把基于开放式网络平台的服务创新表述为:在服务生态系统某个或某些参与者的主导下,不同合作伙伴在为了汇集资源而创建的开放式网络平台上开展的服务创新。(李雷等,2012)。在以服务生态系统为主导的蓝图中,政府管理的核心是创建能使各方共赢的平台,企业和其他参与者都能在这个平台上获得应得的利益。

早期由于产业界的联合力量和行业协会都比较弱,政府理所当然应有强制推动的意识;如构建集群技术创新体系,建立集群共性技术开发中心,推动企业从 OEM(Original Equipment Manufacturer 贴牌生产阶段)向 ODM(Original Design Manufacturer 原始设计制造商)过渡,再向 OBM(Original Brand Manufacturer 供应商自有品牌)发展,直至建成国际强势品牌企业;加大产业化招商引资的力度,吸纳全球优秀的品牌企业和专业优秀人才进入本地产业集群,同时加快培育有领袖气质的、优秀的企业家,尽快形成龙头企业和核心企业的优势地位,使社会资源向高成长性产业和企业流动,来提升集群品牌的实力(赵广华,2007)。当相关的行业协会逐渐变强后,政府就应该逐步淡出，条件成熟时，便应由行业协会扮演主导角色（祝洵，2006）。

对政府而言，应当积极推进品牌建设，提升集群内的品牌的数量和质量，促使集群从恶性竞争向品牌竞争转变。

①培育核心品牌。

在集群内，核心品牌对其他非核心品牌能够起到纽带作用。通过扶持一些核心品牌，形成核心品牌相互竞争，其他企业依附于核心品牌发展的局面，能够有效地带动集群内竞争由恶性竞争向品牌竞争发展。因此，政府要在技术、管理、人才引进等方面给予核心品牌培育对象以支持。要出台一系列促进集群内兼并重组的政策和措施，鼓励已经初具规模或具有良好发展势头的企业积极承担其集群内整合的任务，使集群内一些劣势企业能够顺利退出，优化集群内资源配置，以促进核心品牌快速成长。

②创造良好的品牌提升环境。

政府应当为品牌提升创建良好的商业环境和法制环境，加大对集群内以次充好、冒用品牌等现象的打击力度，维持优质产品的合法权益。政府要加强创建品牌的服务功能，积极搭建科研机构与大学联系的桥梁，推进产学研结合，提升品牌企业的核心能力，增强其品牌竞争力。要加强信息供给职能，成立信息收集和分析的专门机构，对行业的发展趋势、技术状况和发展趋势、市场状况、进行全面的分析，为集群内企业有效决策提供有效支持。政府要保护集群科研投资、品牌创建的积极性，对企业创建品牌提供必要的资金、渠道等方面的帮助，设计有效的品牌提升激励机制。

③提供平台、促进合作。

在集群中竞争和合作共存，集群企业间的竞争表现为合作基础上的竞争特征。集群企业间有效的合作是企业进行高层次竞争的前提。政府在为集群内企业竞争创造良好的商业环境、法制环境的同时，也应当制定有效措施和机制，为集群内各主体间合作提供良好平台，充分利用集群内的文化趋同、社会网络丰富、沟通便利等利于合作的优势，发挥集群内各主体的资源互补效应，降低研发、市场风险，实现集群内品牌迅速提升。

（3）中介机构的作用。

非营利性中介机构主要是产业集群内各产业相关的行业协会、商会，等等。

　　行业协会在协调市场主体利益、提高市场配置效率、促进政府职能转变等方面发挥了重要作用，但由于体制和机制等原因，行业协会的发展还存在着行业代表性差、功能发挥不全、自律机制不健全、行政依附性强、缺乏应有独立性等"通病"。以目前世界公认的行业协会功能区分来看，一共有17项，美国和日本的行业协会承担的功能有15项，欧洲协会有13项，我国只有7项。

　　产业集群表现出不同的阶段特征，其对中介机构也提出了不同的服务需求。

　　产业集群成长阶段对中介机构服务需求表现在以下三个方面：提高政策实施效果；整合各类资源，加强公共创新服务平台建设，降低集群企业的创新成本；加强行业管理，引导产业集群良性发展。

　　产业集群转型阶段对中介机构的服务需求核心为"产业集群再造"。随着科学技术的演进迁移和消费结构的变化，产业集群中某些产业和技术必为高附加值、高增长、高效率、低能耗、低污染的新兴产业和高新技术所取代。此阶段应充分利用其所掌握的科技资源，积极开展产业集群再造服务，避免产业集群步入衰退甚至消亡（夏来保，2011）。

第7章 服装品牌与文化

　　服装像世界上很多美好的事物一样，是一种人们的共同梦想并且因此获得幸福的方式。品牌向消费者传递一种生活方式，从物质的满足、精神的愉悦到灵魂的安妥。可以说，服装品牌的成功，不仅是市场与物质意义上产品的成功，更是心灵和精神层面上文化的成功。

　　区域文化和企业家精神是品牌的软生境，品牌建设作为一项长远的持续性战略投资，企业家的眼光直接影响品牌的命运，而企业家战略的形成与识别又是根植于地方文化之中的，犹如影响一个地区生物分布的气候特征，区域文化对品牌群落的空间结构的影响也是相当深远的，这就解释了为什么同一个产业不同国家或地区的集群，其品牌群落结构差别很大。

　　每个优秀和成功的品牌，无一不是以实现人们的梦想为荣，拥有怀着振奋员工和相关从业者与让顾客都高兴的梦想，企业家本身也借此实现了自己的人格尊严和人生梦想。孕育并实现这个梦想的热情使得超级品牌与其他品牌区分开来。只有追求梦想的经营者才能打造超级品牌。甚至可以说，所谓的品牌发展，所谓的产业转型和升级，有赖于企业家自身的心态和价值观的全面改造和提升。

　　梦想必须由品牌发起。是由经营者发出，贯穿至该品牌相关的所有企业成员，经过流通渗透到顾客哪里。经营者的作用在于，再次确认梦想，在有必要的情况下，将其强化、扩展并宣扬。

　　这一市场现象和规律有其背后的社会心理规律所支撑。由社会心理学家French and Raven 提出的社会权力基础说认为，权力的来源有六种基础：奖励权力、强迫权力、法定权力、认同权力、专家权力和信息权力。其中，认同权力指的是一个个体的认同权力源于其形象，该形象对其他的个体有较大吸引力，能够获得其他个体的尊重和认同，属于非强制性权力基础。

作为时尚和梦想的缔造者，服装品牌的经营者或设计师就拥有这样的认同权利，经由他们设计的产品传递，对社会中他们所定位的消费者成员具有强烈的号召力。

我们生活在消费社会中，但消费文化不是一种普遍现象，因为有数不清的消费文化存在。消费者也不是一个普遍的群体，但在很多新近的消费理论中有一种趋势：重点关注"后现代"消费者。虽然似乎出现越来越多的此类消费者，但仍然有很多其他类型的消费者。每一种人群都有很多不同的消费方式，与诸如地理、年龄和经济地位等条件相关。

在古典自由主义经济流年中，消费的任务就是满足既已存在的需要。但是这些理论仅能描述有限数量的消费行为。我们消费并不仅仅是为了迎合早已存在的需求：同样多的消费可能被我们用来创建认同。消费有最根本的一个方面：消费的符号维度，这种符号消费在人们认同的形成中扮演重要角色。消费成为人们发展自由的一个主要领域，反过来这又形成了巩固消费体系的效果。尤其是消费已经成为了一种表达自我个性的方式。

7.1　品牌定位与文化认同

中国的企业在文化血缘上有着与消费者同根的、先天的亲近和对人文深刻的理解，我们可以借助学习西方的资本、战略、管理、技术之外，发展和传播我们自己品牌的文化、理念、价值观、生活态度，建立起自己的品牌优势。因此，先不奢谈西方大牌服装企业发源的西方国际市场，至少在中国本土的广阔市场，中国的服装企业应该拥有自己的品牌。我们可以跟随国际最优秀的品牌，站在它们的肩膀上望见未来。但品牌的建立并非简单的技术和资本引进，更不是刻意模仿西方世界能够带来品牌成功。

人类对服装之美的理想追求，古往今来都不会停止，在充满竞争性的服装市场上，中国有些服装企业已经从最初品牌意识的觉醒，到品牌本土化运作的成功，他们学习、消化和吸收西方服装品牌精华，努力缩小中西方品牌之间的差距，更重要的是，他们同时坚持自己品牌特色风格。因为若离开中国独有的文化精髓和气质，亦步亦趋地模仿西方也只能落下食西方的残羹冷炙的奴颜。随意在淘宝网上搜索就可以看到很多贴有民族风、复古风标签的服装品牌，中国元素在其中大行其道，东方文化的精神贯穿其中。

以东方文化和莨绸材质为底色与基础的品牌天意 TANGY，就是这样的一个本土服装设计品牌，它的设计生态观和美学观源于自然、"天人合一"的品牌文化观，从传统文化中获得养分和力量，秉持着"平和、健康、美丽"的品牌理念，形成天意 TANGY 对设计包含的精神和物质世界简约、透彻的认识，并在传统文化的继承中创新，将中国文化精髓"天人合一"的和谐境界，贯穿于天意 TANGY 品牌文化构建于产品设计开发的各个环节，强调"简约"，从来不做繁复的元素应用。所吸收西方元素和手法，产品的现代感与莨绸材质和色彩的敦厚、质朴和含蓄和谐地融为一体。天意 TANGY 的梁子将传统中国的优秀文化转化为独特的创作语言，设计的作品反映了对传统文化和自我身份的认同。在当下的时代和人文背景下，这样的品牌定位和设计特色无疑具有相当数量的消费者基础。

事实上，身处科技日新月异的信息时代，新生事物的层出不穷，中国社会经历着巨大的变革，经济发展的同时，随着西方的资本、技术、管理和品牌一起涌入我们生活的还有西方的文化、价值观、西方的生活方式，东西方文化的汇集、碰撞和融合就发生在每个人生活的当下。改革三十几年的发展，释放和放大了人们对物质、金钱财富的欲望和追求，聚集、拥抱和享受西方物质和精神财富的同时，很多人也经历着于内心甚至血液中与传统价值观撕裂的痛苦、迷茫和不安。当我们的努力和奋斗换来物质丰盛的时候，却猛然发现蓝天、河水和空气因为我们的攫取变得肮脏和失去颜色，食品不再安全，健康成为奢侈品，强硬、自利与冷漠横行，我们的内心并不快乐，我们种种对幸福的追求却让我们远离了幸福，甚至愕然发现，我们在新旧交替的价值观里迷失了自我。

当我们重新审视这一切时，我们惊讶地发现，一直以来我们努力学习和吸收的所谓"先进的"西方经济学思想和管理技术并非幸福真相的全部。当我们远离了精神家园的时候，心不安，没有幸福可言。

商品、知识与技术开始统治人们，这是西美尔的所谓"文化的悲剧"的核心。正如西美尔敏锐的洞察力所看到的，人已经被自己所创造的精神环境呼来喝去、玩弄于股掌之间。想要摆脱这种情景的努力是通过消费具有特殊符号价值的客体对象来实现的。我们在包围我们的触手可及的符号价值中，去寻找我们的认同。布尔迪厄说最重要的是"个性"。鲍德里亚早在1968年就写道，如果消费有什么意义的话，那就是存在于对符号的系统性操控。他将消费定义为对符号的消费，他认为一个客体对象如果要成为一个消费对象，就必须先转变为一个符号。可以总结为，一个客体的真实性就是它的品牌。唯有追随品牌，以此展示我们到底是谁。

在一个消费社会里，我们为什么喜欢一样东西超过另一样东西，这需要理由，我们需要区别。我们购买的这些区别，尤其以符号价值的形式存在。如西美尔在《时尚的哲学》中所强调的，时尚总蕴涵两个对立的要素，一方面让个体展示出作为它们自己的一面，但同时，又总是将它们表现为一个群体的成员。

当今，对社会认同和社会性自我实现而言，事物的符号价值比以往任何时候都重要。所有商品都获得一种"文化"成分。情景画家盖伊·德波（Guy Debord）早在1967年就指出，一旦文化成为了商品，它就会成为真正的"明星商品"。他曾经预言，到20世纪末，文化将成为经济的驱动力，就像19世纪后半叶的铁路和20世纪前半叶的汽车在当时经济中扮演的角色一样。不难看出这个预言是相当准确的。商品被销售的正是其"文化"的一面，而不是"物质"的一面。

而梁子的设计唤回并重塑了国人流淌于血液中的传统、朴素的精神和自然的生命力量。唤醒了人们对中国传统文化和自我身份的认同。阐述这样深远的文化主题，也是设计师梁子自己对艺术和生命的无止境的追求。莨绸所呈现的质感与灵性，激发了她的设计和创作灵感。她从源头出发让薯莨不仅仅走上T台为人所知，更将莨绸变成一种生活美学根植在消费者的心中。"莨绸"也作为一种健康的生活方式，让我们的心境变得悠扬宁静。

2013年，高端品牌"TANGY collection"做起来已经第五个年头，致力于把它作为一个天然环保的、一个有自己特色的，讲究环保和时尚的品牌，已经积累到很多 Vip 客户，这些 Vip 客户都是十分注重自己内心感受，希望能创造美好生活的一群人。如梁子所言："客户们渐渐开始注重健康的生活注重内心的感受，希望大家一起来分享美好的生活这种理念和心态，莨绸这种中国古老的植物染色的环保面料，这是一种非常健康的产品，现在的社会里，衣服非常多，所谓的时尚品牌也非常多，但是我内心始终坚持我自己内心想做的时尚，它不只是美丽还要健康，使人们在穿着的时候感到很幸福，很受呵护的感觉，这是我想要的。很多人说我的设计很国际也很中国，但是我也是在这种环境里长大，中国传统的文化和元素会在脑子里深深留下烙印，让我的情感自然流露。中国女性有着含蓄的美，这是西方女性所不具备的，我们想表达的是一种温婉的、内敛的、含蓄的美。"

7.2　品牌价值：诠释文化和精神

文化是一种包含精神价值和生活方式的生态共同体，通过积累和引导，广袤无边、无处不在，包含在我们的历史、地理、风土人情、传统习俗、生活方式、文学艺术、行为规范、思维方式、价值观念之中。

对于品牌而言，只有文化才能体现出比物质产品、技术和规模资本更强的力量，才能形成更大的品牌影响力。消费者通过穿着喜欢的品牌服装，将自己崇尚的价值观和理念带入生活，通过表达体现出自己的文化特征和品格，并将这种文化融入在日常生活方式中，强化和改变自己的生活和内心，这样的品牌才能够视之为真正的品牌，品牌也才能进入更高的发展阶段。

中国服装品牌发展缓慢的一个原因，"是时尚话语权的缺位。根源则在于对中国文化挖掘与发挥的缺失"，是打造品牌溢价最大的障碍，"不断创新、积累并沉淀的中华文化是中国服装品牌的基因和升级的关键。"

中国女装品牌，以广东的"例外""天意"为代表的设计师原创品牌，就其品牌固有的文化基因而言，"例外"是以西方的设计融入了诸多的东方元素，而"天意"则以东方的莨绸（是一种用广东特色植物薯莨的汁水对桑蚕丝织物涂层、再用珠三角地区特有的含矿河涌塘泥覆盖、经日晒加工而成的一种昂贵的纱绸制品）[①] 材质为基础融入了一些西方的设计元素，从而获得了自己忠诚的消费者群体，代表着中国服装品牌这20年发展成长最为强大的一类市场力量。

1994年，时装设计师梁子千辛万苦在顺德找到莨绸，延续莨绸最后衣脉香火的成艺莨绸作坊几乎处于停产状态。梁子深深地被莨绸的天然之美所吸引。20年来，梁子天意TANGY对莨绸进行了深度研发，在"天意莨绸"的基础上，相继研制开发出"天意彩莨"、"天意生纺莨"、"天意柯莨"等莨绸新品种，结束了千年莨绸一直以来单一、单调的品相与面貌，与现代国际时尚流行元素交融，赋予其更加丰富的设计价值和时尚蕴涵。将东方神韵、国际时尚元素与这种珍贵的传统生态面料完美融合，使莨绸时装焕发出前所未有的迷人魅力，并不断推向欧美国际高端时装市场，16年间即进入高级定制时装范畴，一直在国际时装发布会上展现着中国文化"天人合一"的和谐之美，向世界传播东方文化。天意由此成为一个最具中国传统文化内涵与中国哲学意味的时装品牌。

一种用薯莨的汁水对桑蚕丝织物涂层，再用含矿物质的河涌塘泥覆盖，经过太阳暴晒加工而成的纱绸制品。没有两匹布会一模一样，莨绸的制作工艺决定了它拥有独特的身份。从在薯莨中榨取天然染料，到反复浸泡、日晒、煮绸、淤泥涂封、水洗……每个过程操作都十分繁复讲究。整个过程听起来充满了原始的艺术创作感。制作全部是手工工序。莨绸的一个完整染制周期需要15天，如遇天气因素还要延长，加上后期处理则需要三个月到半年时间。特别是在染料浓度的比例分配上完全靠经验而且需要随时调整。又因它每匹布甚至每段布的色彩都不是完全一致的，只能小批量剪裁缝制成衣，可以说每一件莨绸制成衣服都是独一无二的绝版。

---

① 岭南之地使用薯莨汁浸染织物和皮革由来已久，这一点在北宋沈括《梦溪笔谈》中有记载："《本草》索伦赭魁（即薯莨），皆未详审。今赭魁南中极多……有汁赤如赭，南人以染皮制靴。"据《广东志》记载，莨绸在明朝永乐年间已经上市交易，由于该布料具有凉爽宜人、遇水快干、不易起皱、富有身骨等特点，深受当时富贵人家的青睐。每匹售价高达12两白银，是贵极一时的衣料，与中国的瓷器、茶叶等一起大量出口西方，一直风靡欧洲上层社会。随着中国进入工业现代化进程，依靠传统手工技艺进行生产的莨绸，尽管保持着自身天然质朴的本质，却也低调地淡出了市场。

莨绸是皮肤最亲密的朋友，没有化学元素，体现着人与自然的某种和谐关系。令人称奇的是，香云纱还有贮存或穿着时间越长越舒适、越柔软、越亮泽的特点，并具有多种天然生态保健功能。

如今在天意梁子的努力下，莨绸不仅仅是一块面料，她成为了当今社会一个独特的文化符号，在文化、艺术领域展现出无限的魅力。可以灵活地跨界，而本质自在，莨绸带给人们关于时尚、文化、艺术更多更深的领悟。

2006 年，哥德堡号重返广州黄埔古港，天意莨绸礼物作为国礼赠送给瑞典国王、王后；同年再次作为政府礼品赠送给世界大学生运动会主席及夫人。

2009 年，在北京华贸中心的 TANGY collection 旗舰店的"夏有莨风"外交官沙龙上，世界各国在华外交官员对古老的中国、多彩的中国和现代的中国有更多更深入的了解。莨绸、梁子"天人合一"的设计追求让各国官员大开眼界。

2009 年，莨绸入选国家非物质文化遗产名录，高端莨绸产业受到国家的关注，由此，莨绸再次成为中国文化的瑰宝。

7.3　与国际大牌角逐：中西文化的交融

近年来中国元素很火，许多国际奢侈品大牌（例如 LV）都采用了"仙鹤、墨竹、中国结"等之类的中国元素，如何看待这股中国风？我们跟国际的奢侈品牌相比的确有一定的差距。和国际大牌的中国元素相比，中国的时尚东方风设计师品牌有什么优势？

"我们面对的是全球市场，仅有中国元素是不行的。要用现代的时尚语言去创新，形成被全球认可的东方美，提升国际时尚话语权。"2006 年 10 月，谢峰带着他的品牌"吉芬"首次以中国设计师品牌的名义登上了巴黎成衣时装周的舞台。自那以后，中国设计师的身影也越来越多地出现在国际四大时装周上。

深入研究发现，在一切以财富数字或经济实力表现能力的商品社会，在改革开放后中国现代意义上建立品牌面临的背景，与西方成熟市场百年打造的品牌情势大为不同。在 20 世纪 90 年代同时成长起来的中国企业或品牌，要真正具备长远的战略眼光，抵御各种规模扩张和财富增长的诱惑，终究不是一件容易的事情。对于一些原创品牌，既要追求在商业中生存，实现规模发展，同时更要恪守品牌的艺术思想与文化品位，能够平衡和兼顾两者的实在是少之又少。中国市场上的情况是，更多选择强化前者，削弱甚至放弃后者。

有些本土服装品牌的供应链中，也有一个环节是供应给国际奢侈品牌方售卖的，可以说我们的衣服无论从品质还是质量都是与国际同步接轨的。最重要的是我们的最终目标是要达到让供应链赢，设计师赢，代理商赢，运营商赢的五赢模式，从而建立起一个均衡的发展机制，最终实现并且创造出一个共赢的品牌。如何在供应国际品牌的同时实现自己品牌的创立和持续发展？

然而，中国原创品牌总体而言，"这几年，中国的设计师也在快速成长，中国现在不乏有创意、有想法的设计师，他们现在欠缺的是成熟。"所说的成熟，就是能够把西方的元素和中国的文化元素完美地融合在一起，通过自己独特的方式表达出来，并且能够站在国际角度思考问题，能够基于顾客、市场、品牌的角度思考问题，为市场、品牌和消费者都带来收益。

业界对梁子和天意 TANGY 有着重要的评价：质朴、清远，犹如空谷足音。天意 TANGY 以"平和、健康、美丽"的品牌精神与文化内涵，让"心灵的私语"和"自然的气息"相互作证，在某种程度上恢复了已经失去的久远的传统文化尊严。她的设计行进在中国传统文化的河流中并继续开辟着现代的河道，站在中国传统中去观察世界的景象与西方文明。如，在她的秀场上可以看出，有非常女人非常东方的 X 型的，也有宽松的休闲的款式。如，有长旗袍的感觉同时又非常有线条感、非常简练。使用现代的手法表达中国传统文化中的精髓，并保持者鲜活的思想力，是其超越同时代设计师最根本的区别。

第8章 服装行业的电子商务

互联网电商数量成几何的倍数增长，同时对传统行业产生了巨大的冲击。

"近年来，眼看着传统行业在不断地被电商侵蚀，便利店以及专卖店等业态均遭受了不同程度的盈利困难。尤其对于我们服装行业来说，在某种程度上可以说是致命的冲击，越来越多的实体店上演了关门'潮'，我们也不得不寻求转型，发展电商。"一位在浙江从事服装贸易的负责人对《中国企业报》记者表达了自己的无奈。

有数据显示，2014 年，仅阿里巴巴一家电商的季度销售额就超过 1 万亿元，淘宝网的总成交额 1. 172 万亿元人民币，天猫的总成交额 5050 亿元人民币。而 2013 年和 2014 年"双十一"的一天内，淘宝天猫的总交易额分别是 350 亿元和 571 亿元。"双十一"俨然成为了全民购物狂欢节，在这期间，实体店几乎没有立足之地，经营惨淡。

据公开报道，去年全国衣着终端消费规模在 2 万亿元左右，而线上交易就占到了其中的 7000 亿元。正是电商平台的优势，越来越多的设计师也希望通过这个平台能够直接接触到更大的市场。

线下实体店一直以来是服装销售的主渠道，而电商的崛起，让服装一跃成为网络购物中占比最多的一个品类，也冲击着线下实体门店销售。尚未"触电"的服装企业面临的是不断被电商掠夺的线下份额，转型时期的艰难困境究竟该如何破解？面对蓬勃发展的电子商务市场，传统服装企业正在积极转型。

服装行业不同于其他，时效性极强，现已表现为"多品种、少批量、高品质、快交货"的特点。要求服装企业的生产过程、销售过程必须具备高度自动化和快速反应的能力，而电子商务适合时宜地为整个服装行业提供了一个开放的平台。

在经济低迷的大环境下，服装业陷入门店关闭大潮中。电商的出现让大众消费市场火爆非凡，传统服装企业也在紧抓这一发展机遇，借助电商平台开展电商业务，尝试涉足跨境电商，开拓国内外线上销售渠道。统计数据显示，有43家纺织服装业上市公司公布2014年前三季度业绩预告，其中，仅有4家公司预增、5家公司续盈、14家公司略增，有6家公司预计2014年前三季度亏损，其中，步森股份和希努尔是首亏。另一方面，在2014年上半年七匹狼关店347家，艾格关店88家，九牧王关店73家。服装企业利润的减少也迫使传统门店遭遇危机，除了存货问题，更多是多年来粗放发展模式积累的病情的总爆发，预计还有许多服装门店会相继倒闭。然而，在这些上市公司三季报中也显示出另一条信息，电商渠道已成为服装销售的重要拉动力量。

据中国电子商务研究中心（100EC.CN）监测数据显示，2013年，我国服装网购市场交易规模达4349亿元，2014年，我国服装网购市场整体规模达到6153亿元，同比增长41.5%，占全国网购市场规模的22.1%。

纵观我国服装电子商务发展史，在经历了孕育期、起步期、发展期、成熟期、爆发期后，现已逐步跨入稳定期：

孕育期：1994—2003年，服装电子商务模式主要以B2B，诞生了诸如中国服装网（efu.com.cn）这样的行业领先平台。

起步期：2003—2005年，在非典爆发、淘宝网广告效应的影响下，奠定了坚实的网购用户基础，服装服饰类产品成了网络热购的产品之一，C2C电子商务得到了发展。

发展期：2005—2007年，传统服装零售与电子商务相结合，开创了B2C直销的电子商务模式，引起了资本市场的关注和认同，服装电子商务由此进入发展期。

成熟期：2007—2011年，凡客诚品、若缇诗、欧莎、裂帛、七格格、斯波帝卡、玛萨玛索、零男号、梦芭莎、螃蟹秘密和兰缪等网络服装品牌大规模增加。我国服装电子商务由此步入了成熟期，形成了"百花齐放"的市场竞争格局。

爆发期：2011—2012 年，以李宁、红豆、美特斯邦威、以纯、GXG 等为代表的一大批传统服装企业纷纷拓展"线上渠道"，服装电商进入爆发期。

稳定期：2012 年以来，服装网购市场规模保持较大比例的平稳增长，并呈现持续放缓的趋势，服装电商销售渠道拓展为 C2C、B2C、O2O、虚拟试衣间等新模式、新技术相结合，移动端销售增长迅猛，内部结构优化并保持了相对稳定的发展态势。

传统服装行业发展已发到一定饱和度，发展速度减缓。而注入了"互联网＋"元素后，服装行业将再现"一片风光"。在我国服装电子商务发展历程中，男装一直占据先行者和主力军的地位。男装市场规模迅速扩容，成为仅次于女装的第二大热销品类。

8.1 女装电商发展

女装电商已经走过了行业整体性的红利期，为了获得更多的市场份额，各大商家都在想方设法突围。女装电商无疑成为了一片红海，有土生土长的淘品牌，有传统优势跻身电商的传统品牌。如裂帛、韩都衣舍、Zara、UNIQLO、H&M 等就是"触电"发展较迅猛的女装品牌。

裂帛：是一个比较成功的女装品牌，已成为一家拥有 700 多名员工、2011 年增长 380%、2012 年销售过 5 亿元的"快时尚＋设计师品牌＋电子商务"公司。在 2012 年淘宝"双 11"中，裂帛当日单店销售突破了 8500 万元，全线子品牌过亿，勇夺女装类目冠军，被称为"最被看好的淘品牌"，在女性用户心里扎根。

韩都衣舍：创立于 2008 年，目前集团旗下拥有 7 个子品牌，经营范围也突破了女装范围，拥有男装、童装、鞋等产品。韩都衣舍的产品相对较多，销量更是超出裂帛，但是销售额却超出不多。可见，以产品单价来论，裂帛旗舰店要明显高于韩都衣舍。

歌莉娅：该女装品牌近两年实行了横跨线上线下的全网营销战略，其网络销售额从 2011 年的 7000 万元飞跃至 2013 年的接近 3 亿元，可谓成绩斐然。

8.1.1 传统服装企业电商发展

传统服装企业做电商，其优势主要体现品牌影响力、多年沉淀下来的客户群以及产品研发与供应链优势。不幸的是，最初由于电商部门在成本上的优势和整个网络销售的低价氛围，很多服装品牌的决策层仅仅把电商部门当作一个处理库存产品的途径，低价、过时、断码的产品充斥其中。

显然这是极其错误的策略，"世界工厂网"的相关负责人认为，电商之于服装行业绝非简单的产品销售渠道，而是影响服装产业变革的重要因素。对于服装企业做电商，不应用小众化方式运作大众化市场①。

传统品牌的营销运作是抢占渠道，抢占代理商下面的店铺资源，抢占代理商下面的店铺的资金，以店铺多寡来决定胜负。有渠道就有店铺，有店铺就有顾客，有顾客就有销售，而电商则消灭了渠道，店铺多寡不再是品牌实力的证明。服装企业品牌必须接受这样一个事实：那就是必须互联网化，必须拥抱电商，否则无路可走。因为只有这样才能找到自己企业的消费群体，消费者才能找到你，让更多的消费者明白你的品牌意义。如果消费者认定你的品牌，就不用纠结店铺开在哪里或是只能依赖线下渠道。电子商务对传统服装企业不仅只是一种渠道，更是一种趋势、一种生活方式的变革。

2012 年服装品牌利用电商集中清理库存，而 2013 年服装电商的决战点在于用户体验。随着价格因素作用力的减弱，大数据在服装电子商务的普遍应用也让用户体验越来越不容忽视了。除了在物流上升级消费体验，强调"到店体验式消费"的 O2O 模式也是 2013 年服装电商加强消费体验的一大利器。继美特斯邦威、森马等品牌之后，佐丹奴也开始与支付宝在手机支付、公众服务与会员系统方面达成战略合作，试水 O2O；探路者也通过强化对线上电商平台的管理和创新，将线下业务引入线上，逐步推进"商品＋服务"O2O 经营模式促使其保持了较快速的增长。试水 O2O，注重用户体验是服装电商长足发展的关键。对于未来服装电商企业发展，商家能否走线上交易、线下

---

① jqb 中国行业咨询网_行业报告_行业分析_市场调研_第三方市场数据提供商。

贸易的新业态，颠覆传统服装市场经营模式，拓展国内外营销网络，帮助企业建立自主品牌，重构服装批发商业形态?① 我们拭目以待。

8.1.2　淘宝网的原创品牌

近年来，本土原创服装品牌这一概念高频率出现，在很多人仍然对其商业价值质疑的时候，淘宝网数据成为最好的反驳：淘宝网三年来的女装数据表明，从 2009～2011 年，淘宝女装自主品牌迅速占领市场份额，2009 年和 2011 年同期比较，成交已经由淘宝女装总市场份额的 13% 跃至 40%。而随之而来的是，海外品牌市场份额的明显下跌，从原来的 42% 下降到 11%。

原创品牌的个性化和对于流行趋势的敏感吸引了越来越多的淘宝买家。据淘宝网数据显示，目前，淘宝女装 top10 几乎全部都为原创品牌，包括裂帛、天使之城、osa、阿卡、七格格、我的百分之一、粉红大布娃娃等。

而另一面，原创品牌的形态也在逐渐丰富，个性鲜明的个人设计师店铺也正在不断地增多。中国本身并不缺优秀的设计师。但是，他们大部分都在企业任职，所有的创作都围绕企业、品牌的风格来设计产品。而一些设计师则选择开自己的工作室，但是他们要么给企业做产品规划，要么做 ODM，要么就自己开店。电商是开店的一个选择，但无论是线上还是线下，这些工作室、设计师品牌大部分还是走"小众"、"私人订制"的概念，规模过小，产品单价高昂，非一般的消费者能够接触到。

电商发展迅猛，为一些小众设计师品牌切入市场提供了契机和平台。各商家也开始从价格策略转向价值策略，但整合供应链仍然是当前最大的"瓶颈"。"整合设计师资源，是各方都看好的方向，但做起来很难"。汇美集团董事长方建华认为，平台拥有流量、影响力等优势，但在品牌定位塑造、资金、日常运营、供应链、人才团队管理方面无法做到持续性和衔接落地。作为淘品牌，"汇美"旗下的茵曼、初语等品牌都非常成功，在这方面拥有天然的优势，他可以为这些品牌提供一整套商业解决方案，比平台更接地气。

---

① 来源：jqb 中国行业咨询网_行业报告_行业分析_市场调研_第三方市场数据提供商，中国行业咨询。

根据淘宝网的数据如图 8-1、图 8-2 所示，淘宝女装 2011 年淘宝 TOP50 女装店铺有 14 家位于杭州，为全国最高，比第二名的上海多一倍。杭派女装以绝对优势打败海派女装。

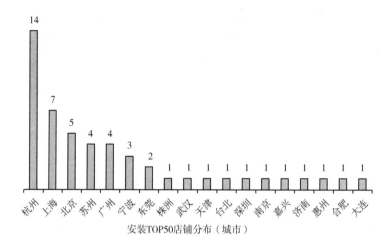

图 8-1　女装 TOP50 店铺城市分布

资料来源：淘宝网数据。

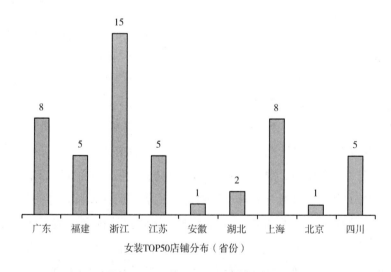

图 8-2　女装 TOP50 店铺省份分布

资料来源：淘宝网数据。

8.2　应对发展"瓶颈"的策略

"互联网 +"服装取得不断进展,无论从交易规模、网购人数,还是从电商企业运营情况来说,在所有行业中都发展较佳,但同时也遇到了一系列发展"瓶颈",电商企业如何应对呢?

8.2.1　用"互联网 + 制造"实现"中国质造"

所谓"养在深闺人未识",在这个信息化时代,好酒也怕巷子深。中国制造业的转型,要想让国产好货被更多消费者知晓,就必须和互联网结合起来,用"互联网 + 制造"来实现"中国质造"。

互联网对于中国制造业的提升有多强?一起看一下阿里巴巴旗下淘宝网推出的"中国质造"系列活动。

根据淘宝网方面的数据,2012 年,广东在淘宝网的年销售额只有 50 亿元到 60 亿元,到 2015 年 3 月底超过 6000 亿元。2014 年的 B2B 销售数据显示,服装、箱包、数码三个行业,占据广东全行业在线交易金额的 63%,广东也是 Prada、LV、Gucci、新秀丽等国际知名品牌的重要代加工基地。阿里巴巴公关谢敏在接受"经济之声"记者公秀华采访时说,希望能够从中扶持一批优质品牌,利用阿里的渠道推广起来。

为了满足消费者对这种高质量商品增长的需求,同时带动传统产业带的转型升级,再提出联动全国这种有代表性的产业带,然后把淘宝网下面的多个优质资源平台,包括聚划算、淘想购、天天特价等的营销通路向这种优质产品倾斜,能够扶持一批真正的好的自主品牌是推广的初衷。"中国质造"的每件商品来源可追溯,去向可查询,并且淘宝方面还会通过淘宝大学对店家开展培训。

第一,质量备书就意味着给他的品牌有一个信息度,政策化,我们所有的东西都有相关的质检报告,确保你的产品真的是高质量的,口说无凭。政府、行业、协会等一起来进行备书。第二，包括大数据的反向挖掘分析，这是属于长期的。第三，最主要是淘宝最擅长的，就是我们这里有一个非常大的平台，这个平台能有非常大的流量的导入，像在淘宝首页、聚划算、淘想购等这都是一系列非常强大的营销工具。后续还会有一些，包括我们淘宝大学来给他们做这些相关的课程辅导，包括淘宝小二也会在这个过程中不断地从他的货该怎么来对货、包括发货、客服等给他们做一些指导意见，等等。

2015 年 6 月，淘宝"中国质造"项目开展"广货网上行"活动，140 个鞋类、箱包品牌商参加活动，均具有 10 年以上生产管理经验，都曾为国际知名品牌做过外贸代加工，其加工工艺和品控能力达到国际一流水平。数百元一双的高质量女鞋，3 天在淘宝网上销售了 16 万双，向人们证明了广州货的强大实力。

（1）"中国质造"需要客观条件。

首先，让人信服的质量是基本。自吹自擂肯定不行，需要协会、政府还有平台等多方背书，如果有国内外的专业质检部门参与进来，就更完美了；其次，品牌从来就不是凭空而起的，要想高质量被所有人认知，必须有巨大的曝光度以及巨大的流量做支撑；最后，需要长期有效地监管监督和扶持，才能有效地解决传统企业在触网时所面临的所有问题。

仅第一条，单靠企业无力完成，单靠电商平台也无法做成，只有建立在政府、电商平台、企业以及消费者等多方互相信赖的基础以及无数次的沟通，在沟通层次上才有可能实现。

其次，淘宝自身对于高品质产品的需求。一直以来，淘宝以万能被众人认知，但产品质量问题却毁誉不一。如何将淘宝网上真正有质量的商品呈现在消费者面前，对于淘宝来说也是极其重要的议题。

最后，淘宝网为进驻"中国质造"的品牌和企业制定了严格的准入标准，对企业规模、生产管理经验、品控意识、研发团队进行实地考核，实施实人认证、二维码追溯等措施，保证每件商品"来源可追溯，去向可查询"。目前"中国质造"平台的审核通过率约为 20%，也就是说每 5 家企业报名，只有 1 家能通过严苛的审核。在严格标准之下，淘宝计划扶持 100 个产业带，1000 个明星品牌，推动 1 万家传统企业转型升级、提质增效。

这也意味着，淘宝网至少要和数万家传统企业打交道，这其中工作量以及各方沟通的复杂程度，已经远远超过了我们能想象的空间。实现这样的雄心壮志，实现"中国质造"这一中国制造业转型的宏伟蓝图实属不易。

（2）品牌"落地"。

服装电商所蕴藏的巨大机遇吸引了众多传统品牌摩拳擦掌，也催生了无数或火爆或无名的网络品牌。2012年"双十一"淘品牌异军突起。到了2013年，淘品牌已后劲不足，出售套现的消息不断，GXG、小米虫子在2013年也已经相继被森马和骆驼等品牌并购。最重要的原因在于传统品牌拥有品牌影响力、完备的供应链体系、完善的售后服务体系以及强劲的流量造血能力，这些都是淘品牌在短时间内所无法比拟的。

互联网产品理想目标都是做"小而美"，但很多品牌慢慢就变成"小而丑"。原因在于电商不同于传统企业，在它们从布料采集，到拿着设计产品寻找服装生产商，都经常遇到因订货量小而被拒绝的情况，这就迫使部分电商只能买到质量差的布料，然后在小加工厂里加工衣服，最后，生产的衣服质量不高就顺理成章了。

"做电子商务，成本低。"但成本低等于"门槛"低吗？当然不是。这也是为什么好多人做电商赔钱的一个原因。对于这个问题，很多从小网店做起的电商企业，也曾面临因批量小与供应商合作困难、仓储物流等难题。

2013年"双十一"给了淘品牌一个信号，传统品牌在电商平台成为销售主流已是大势所趋，越来越多的淘品牌会实现"落地"，未来淘品牌和传统品牌间的界定应该是越来越模糊的。

"马克华菲"品牌于2008年从电商渠道兴起并大胆试水，在淘宝上开出了第一家店铺，2009年又入驻了天猫（原淘宝商城）开设品牌官方旗舰店。2010年天猫"双十一"活动期间，马克华菲官方旗舰店单日销售额突破千万。随后，先后入驻了京东、拍拍、唯品会、苏宁易购等大型电商平台，并同时运营自建的线上销售平台。至2014年，马克华菲旗下四个品牌线上销售规模达7.5亿元，并建立起了四大业务模块：直营、加盟、特销、官网。

同传统渠道一样，商品是服装企业发展线上业务的核心，看一个服装企业的电商运营模式，要看它如何规划渠道中的货品结构，是清库存，卖线下同步款，还是卖"线上专供款"在调研中发现，经过这些年的演变，马克华菲已经磨合出了一套自己的打法，它们的货品构成包括三块：库存、同步款和专供款。

库存：公司取消线下清库存渠道，只在线上销售。每年线下直营渠道的剩余库存会被回收，加盟渠道的剩余库存则由加盟商自己决定是否退。

同步款：为线下做"直营"。马克华菲电商渠道的同步款在货品构成中占比最小，而且比例相对固定，约占5%~10%。同步款都是线下新品，价格也跟线下渠道完全相同。

专供款：线上线下同步开发。开发每季货品时，根据流行趋势分析和商品企划统一进行开发、打样和组货，保证线上线下的货品在同一时间传递出同样的风格和调性，同时也保证消费者在线上线下不同渠道购买的都是当季流行的货品。

（3）品牌定位：注重品质和影响力。

面对竞争，不少垂直服装电商打出了"低价牌"，配合以"屌丝"群体为目标的营销手段，这在短时间内聚拢人气并不成问题。不过，当品牌选择了偏执的营销定位，在消费者心中的印象除了便宜还是便宜，垂直服装电商的重复购买率就很难走出持续高位。服装平台电商"凡客"就是在营销定位道路上走偏的反面教材，一味迎合大众追逐价格低廉，而忽视了服装的品牌和质量，导致其步入僵局。尤其是2013年10月中旬，"凡客"身陷"追债门"，资金链断裂、供应商追债"大戏"、"裁员门"以及来自投资方的压力让"凡客"喘不过气来，业界和媒体对其唱衰之声不绝于耳。相对于"凡客"注重低价忽视品牌的营销定位，注重品质和影响力的雅戈尔显然看清了服装电商发展的全局。经过四年沉淀，2013年4月，雅戈尔再次启动电商，借助第三方提供搭建、运营旗舰店，注重内部培训、整合营销、ERP等方面的服务，在包括天猫、京东等各大电商平台铺货，主推雅戈尔品牌和旗下时尚男装GY品牌。

茵曼（INMAN），创立于2008年，同年进入网上女装零售市场。凭借"素雅而简洁、个性而不张扬"的服装设计风格、小而美的运营模式成为全国

成长最快、最具代表性的网络女装零售品牌。据中国电子商务研究中心
（100EC. CN）监测数据显示，2014 年"双十一"女装预售，茵曼以 2209 万
元的预售额排名第一。另外，2013 年茵曼品牌销售总额达 7.6 亿元，较 2012
年的 2.3 亿元增长 230%，市场排名第二，用户规模已达 300 多万。2014 年，
茵曼品牌销售总额约 9.6 亿元。2015 年 3 月，茵曼获投 3.24 亿元，成为中国
最大额的电商品牌融资，为密谋 IPO 预热。

　　茵曼在互联网女装零售市场的成功，中国电子商务研究中心总结了以下
几方面的经验：依靠 10 多年传统服装基因：茵曼自 1998 年创立后十几年，
一直从事外贸代加工代设计，2005 年转型电子商务，对服装供应链了如指掌，
具备专业的产品管理经验。专注管理控制服装品质：2013 年，茵曼斥资 500
多万元建造网上女装品牌首家产品检验实验室，保障产品面料和服装品质；
精准定位消费受众：精准面向 25～35 岁女性顾客；重视用户体验：关注消费
者变化：根据消费者的反馈和期待做一次又一次的改善，提高用户整体体验；
拓展品类增强品牌识别度：扩展鞋子、包包、配饰等品类，推出棉麻公仔、
石茵月刊，提升品牌形象识别度，让顾客从更多维度认识品牌；借势营销：
借助"放鸽子"、"光复单身"营销事件，实现从线上引流到品牌营销的
转变。

8.2.2　企业扩张：拓展品类

　　"韩都衣舍"作为中国名副其实的互联网快时尚品牌，销路一路飙红。在
2014 年，"韩都衣舍"先后夺得天猫"双十一"女装冠军、"双十二"女装冠
军及年度交易总冠军，成为名副其实的"三冠王"。在互联网这样一个快节奏
的平台上，韩都衣舍是怎样迅速成长起来，并取得今天的一枝独秀佳绩的呢？
下面通过对韩都衣舍创始人兼 CEO 的采访，来解读韩都衣舍的商业模式。

　　2014 年，"韩都衣舍"进入电商 3.0 阶段，提出从 2.0 时期的品牌相对多
元化向 4.0"打造时尚品牌孵化平台"转型，韩都衣舍的时尚品牌孵化平台
将对外公开。

　　电商依托互联网，消费者不局限于某一地域，某一年龄段等。"韩都衣

舍"以年轻女装打入市场站稳脚后，便开始拓展类别。现有男装、童装、妈妈装等类别，年龄跨度为 3～60 岁，品牌发展到 24 个。

互联网产品理想目标都是做"小而美"，但很多品牌慢慢就变成"小而丑"。原因在于电商不同于传统企业，在它们从布料采集，到拿着设计产品寻找服装生产商，都经常遇到因订货量小而被拒绝的情况，这就迫使部分电商只能买到质量差的布料，然后在小加工厂里加工衣服，最后，生产的衣服质量不高就顺理成章了。

"做电子商务，成本低。"但成本低等于门槛低吗？当然不是。这也是为什么好多人做电商赔钱的一个原因。"韩都衣舍"从小网店做起，也曾面临因批量小与供应商合作困难、仓储物流等难题。但经过 7 年的摸索，从幼苗长成森林，不仅可以自己茁壮成长，也可以为别人遮风挡雨了。

2016 年下半年对外公开的时尚品牌孵化平台开始运作，韩都衣舍利用自己的资源和技术为子品牌提供供应链、IT、仓储、客服四大方面的专业化服务，子品牌只需要专心做产品研发。

"小前端、大平台的运营模式，就是希望通过这个平台帮助子品牌实现调性与品质的统一。"韩都衣舍的创始人说，在该平台上子品牌不仅可以享受到四大专业化的服务，还可以参加"韩都大学"接受电商专业知识的培训以及商业模式等经验交流。

（1）实现良性库存：充分利用数据库。

20 世纪 90 年代，我国电子商务迅速崛起，而且，在国内出现了几家电商巨头，整个行业呈现出欣欣向荣的景象。国内知名品牌韩都衣舍，在国内各大综合类电子商务平台，拥有连续三年女装排名均在第一位的佳绩。2014 年"双十一"，韩都衣舍总交易额 2.79 亿元，超出第二名优衣库近一倍，全年总交易额达 15.7 亿元。

而 2008 年成立的韩都衣舍拥有今天的成绩，并非一蹴而就。韩都衣舍是如何从一个小的韩装代购网店，做到如今拥有多个自主品牌的服饰大品牌的呢？韩都衣舍创始人兼 CEO 赵迎光回答说，"依靠的是这些年来，我们不断地进行商业模式的摸索和创新。"

创立韩都衣舍之时，虽仅仅是一个网店，但已经属于正规军了。公司前期装修办公室、租赁仓库等就投入 60 多万元，还设立了客服部、物流部、营销部、IT 部等比较完善的部门体系。另外，在韩国当地注册了法人公司，设立了办事处，对采购的商品进行质量检查。

作为互联网的产物，韩都衣舍充分利用互联网带来的大数据。对于夏装而言，3 ~ 7 月是主要销售季，每年 10 月份确定第一批款式，次年 3 月份上线。不同于传统的服装销售商，韩都衣舍的首单只有 300 ~ 500 件。上线一周，负责人根据服饰的浏览量、浏览时长和收藏三个指标决定是否追加订单。对于确定为旺款或爆款的服饰，则马上返单（追加订单），而对于滞销款则立刻打折抛售。

这样小批量，多频次订货，及时灵活的返单、抛售，为韩都衣舍带来了良性库存。他们做的就是 C2B 模式，"你喜欢的我就多生产，你不喜欢的我就打折。"

（2）组织创新：产业精细化经营。

以小组为核心的单品全程运营体系作为韩都衣舍的特色，也是韩都衣舍实现经营灵活性的重要保障。那么，这个以小组为核心的单品全程运营体系到底为何物呢？它是怎么产生，又有什么功能呢？

做服装，库存是一个很大的问题，但是它们公司库存的问题解决得很利落。开始的时候公司的组织架构怎么建设都不知道。它们做了一个伟大的互联网时代的组织架构实验。公司分为南区和北区，南区模式选择几乎所有服装企业共有的串联式的组织，企业有设计部，研发部和采购部、生产部、制造部和销售部。北区是联排插座，有点像邓小平做的联产承包责任制。每一个品牌每一个款式都是一个小组，每一个小组由三个人组成，包括了产品设计师，页面详情设计和库存订单管理等等，三个人当中稍微强的人担任组长。

这个模式试了三个月以后，发生了有趣的现象，每天晚上南区的员工到点就走了，北区灯火通明，三个月以后北区的业绩超过了南区。你会说是不是道德的问题，南区的是不是道德水平低，不仅仅是道德的问题。也有组织设计的问题，你是一个设计师，你设计完了以后就去生产了，你就算加班有用吗？没有用啊，已经到了生产部。当然有了有责权利的问题。

于是他们把自己的公司组织架构做了一个特别的改变，真的是很了不起。

以产品小组制为核心的单品全程运营体系，这个架构里是以产品为驱动的。公司现有 480 个小组，每天出品近一百款新品。小组负责款式的选择，定价，生产量和促销，每个小组的资金配额是上个月销售额的 70%。

每一个小组进行排名，前三名的奖励，后三位的打散重组。有的项目组会很计较，他说我不计较没有关系，但是有兄弟和我一起吃饭。当人少的时候这个责任感就会出来。围绕着小组制，整个组织架构有三层，品牌相关的企划，还有就是 IT 供应链、物流客服等互联网支持部门。市场企划、设计、客服、行政财务都是小组的支持部门。

简单来说，就是将产品设计、导购页面制作与货物管理全权交给 3 人小组，由他们自主经营，自负盈亏。该体系的本质是将运营组织最小化，在此基础上实现"责、权、利"的相对统一：在"责"上，根据所获资源，每个小组都有明确的销售额、毛利以及库存周转率的要求；在"权"上，开发哪些款式、每款几个码、如何定价、库存深度多少、是否参加打折等都由小组说了算，几乎拥有一个网店老板的所有权力；在"利"上，用销售额减去相关费用，再乘以毛利率、提成系数与库存周转系数，就是小组奖金。如此一来，3 人小组为了提高业绩，工作积极性就会大大增强。

另一方面，对公司来讲，每款产品都有 3 个人来全程跟踪，3 人组应对市场反应是快速准确的，从而提高了库存周转效率和促进了新产品的及时上线。"该体系支持针对每一款商品实现精细化运营，最终实现单品结算，使做 1 款产品与做 1000 款产品别无二致。"赵迎光说，这像是农业合作社过后的家庭联产承包责任制，通过责任到人，员工的积极性提高，从而也提高了生产力。

小组制在创业之初就已出现，只是一直在摸索，不断在完善。"开始是小学版的小组制，12 年以后是中学版的小组制，现在是大学版的小组制。"作为新锐企业家，赵迎光也经常为一些传统企业家做讲座，分享他的商业模式，其中被提及最多的就是小组制。

（3）品牌沟通。

韩都衣舍时尚味十足。2014 年年底，赵迎光曾为韩都衣舍 2015 年代言人在新浪微博上发起投票。2015 年 3 月 20 日，韩都衣舍与有"亚洲女神"之称的韩国当红明星朴信惠签约，代言韩都衣舍品牌。"互联网时代是粉丝经济时代，对品牌的人格化要求更高，通过请明星代言，可以迅速影响全国范围内对明星有忠诚度的粉丝，从而将粉丝对明星的好感转移到对品牌的认知上"。

据了解，签约朴信惠后，韩都衣舍将多层次、多角度发挥明星效应，把朴信惠的人格魅力、时尚活力与自身品牌结合，全年通过微信、微博、官方网站以及线下活动与朴信惠一起互动，为数千万粉丝们呈现更加时尚的韩都衣舍。在韩都衣舍的计划中，朴信惠将参与其独家同款的开发、设计、搭配和体验。

除朴信惠以外，韩都衣舍早已签约众多明星。2014 年 4 月 1 日，赵迎光宣布，韩都衣舍正式签约全智贤为形象代言人。同年 7 月，黄晓明、李冰冰、任泉涉足互联网创投圈 "Star VC" 的首个投资项目落地，明星入股韩都衣舍。同年 10 月 15 日，韩都衣舍正式公布韩国男星安宰贤成为韩都衣舍旗下韩风快时尚男装品牌 AMH 的代言人，都可谓赚足了人们的眼球。[①]

韩都衣舍不仅在商业上玩转经营，在自我宣传上也自有一套。韩都衣舍副总经理胡近东介绍说，韩都衣舍现有包括微博、微信公共号在内的自媒体有近百多个。企业有三五个、甚至七八个宣传渠道还可以理解，它韩都衣舍做这么多自媒体作甚？赵迎光在接受采访时说，互联网品牌是更具人格化的，移动电商就是利用人人随时随地都可以上网的属性，而进行产品推广和销售的，"如何才能使品牌更具人格化，通过各种渠道与消费者能达到'大宝天天见'的效果就够了。"

"以前通过传统的广告做宣传，都是很贵的。"他说，企业拿出 100 万元的宣传预算，其中，10 万元用来做内容，90 万元做传播。当时的传播费用远远高于制作成本，而如今，同样拿出 100 万元的宣传预算，可以将 80 万元用做内容上，20 万元足以引爆宣传。所以，这时候，制作内容就显得格外重要了。通过制作有人情味儿的内容，才能使企业的品牌形象丰满起来。"这样才能得到一大批品牌的粉丝，继而发展成信徒。"韩都衣舍选择设立这么多宣传平台，也是因为这个东西别人也可以做，自己如果不做的话可能会在这方面落后他人。

---

① http：//www.texnet.com.cn/2015 -03. -20 14：01：00 来源：中国纺织网，"韩都衣舍签约亚洲女神朴信惠"。

（4）投资与品牌并购。

传统的设计师创业模式中，囿于资金、供应链、经营能力等短板，一个品牌很难长大。

淘品牌近期收购频繁，小型淘品牌为减少成本、完善运营体系甘愿被大型淘品牌收购。2015 年 8 月，淘品牌开始抱团取暖。茵曼本身就是原创品牌的典型代表，从 2008 年进驻天猫（淘宝商城），已发展成最成功的淘品牌之一。茵曼先后收购初语；茵曼与互联网品牌达丽坊达成合作，互联网鞋类品牌柯玛妮克全资收购男鞋品牌"策恩"；韩都衣舍方面通过收购等方式已拥有 19 个子品牌，计划在 2020 年完成 20 个子品牌布局；裂帛并购天使之城、Lady Angel 等。在业界看来，为了抢占市场份额，淘品牌通过收购扩充产品线。

有专业人士表示，淘品牌之间频现收购源于天猫流量成本提高以及传统服装品牌竞争等原因。从竞争角度来看，传统服装品牌无疑有更大力量。近年来线下传统服装品牌在线上开店，进一步挤压了淘品牌市场空间。另外，淘品牌此前获得很多优惠政策、资产扶持，流量成本很低。随着流量成本升高，需要不断投入增强消费者购买黏性，这增加了淘品牌的生存压力。

规模较大的淘品牌有完善的运营体系，能帮助小型淘品牌少走弯路，在流量上也有一定导流作用。"过去两年已经有很多淘品牌淡出市场，淘品牌进入优胜劣汰阶段，未来两年会有更多品牌离开。"

并购行为不仅仅发生于淘品牌之间，互联网培养出一批新锐的品牌，或者大众，或者小而美，或者小清新，或者时尚风，这些互联网品牌被传统品牌收购或入股，正在成为一个不可忽视的"潮流"。

①"搜于特"3.24 亿元战略投资汇美。2015 年 3 月 11 日，旗下拥有休闲服饰品牌"潮流前线"的上市服装企业搜于特在 3 月份大手笔投资广州汇美（旗下拥有茵曼、初语、生活在左等互联网服装品牌），金额达 3.24 亿元人民币，交易完成后搜于特将持有汇美 25.20% 的股权。2008 年诞生于广州的茵曼，是最知名的网络女装品牌之一，主打"棉麻风"，俘虏了一批互联网文艺青年。而在茵曼地位初步稳定之后，茵曼陆续收购了初语、达丽坊等女

装品牌，同时推出高端女装品牌"生活在左"，正式启动多品牌战略。不久之前，茵曼创始人方建华更是高调宣布"千城万店"战略，反噬线下，并透露了向家居、儿童领域拓展的计划。获得"搜于特"3.24 亿元的战略投资，并计划今年底启动 IPO，有望成为第一家上市的淘品牌。"搜于特"已经摸索出来的一条路，并且多年来积累的经验、企业形成的供应链和运营能力，都可以跟更多的原创品牌共享。

事实上，汇美集团从茵曼开始，到并入初语，至今已经形成了 11 个原创品牌的时尚集团。2013 年汇美集团就启动设立了"设计师品牌孵化平台"，其中包括生活在左、PASS、SAMYAMA 等，成立时间都在一年左右，但今年的销售额都有望突破 1 亿元人民币。

"搜于特"的合作对象是设计师本人一定要有品牌梦想，最好已经有天猫店，并且产品描述 4.8 分以上的品牌。

他计划挑选 20~30 个设计师品牌，每个品牌初期投入不作设限，除了品牌合作，也可以进行系列产品研发，甚至是单品开发、图案设计等，设计师直接享受销售分成。设计师们负责产品设计，从资金筹措开始，到面料、打版、生产、拍摄、销售、售后等等，设计师品牌能力欠缺不能做的，都可以利用汇美集团的资源得到解决。

②"拉夏贝尔"2 亿元入股七格格。2015 年 2 月 13 日，拉夏贝尔与七格格双方签订股权转让协议及增资协议，拉夏贝尔以总代价 1.35 亿人民币收购七格格注册资本约 45% 的股份，同时，向七格格注资 6500 万元人民币，交易完成后，拉夏贝尔将持有七格格 54.05% 的股份。与茵曼一样，七格格也是一家"老牌"的淘品牌，创立于 2006 年。不过，七格格的风格与茵曼大不相同，前者更偏潮流时装。公开资料显示，七格格 2010 年实现销售额 1.5 亿元，并于 2010 年底完成第一轮融资。而被称为"中国版 ZARA"的拉夏贝尔则是更为成熟的传统女装品牌。财务报表显示，拉夏贝尔 2014 年实现营收 78.14 亿元，全国拥有店铺 6887 家店。相比之下，它的电商业务相对平淡，去年"双十一"和"双十二"期间，拉夏贝尔实现单日销售额 2500 万元和 2000 万元。投资七格格，其中一个重要目标是通过后者提升其在线运营能力。

③ "九牧王"1200万美元投资韩都衣舍。2015年7月20日，九牧王全资子公司九盛投资与韩都衣舍投资设立了合资公司济南九韩国际电子商务有限公司，开发推出商务休闲男装系列产品，合资公司注册资本为1000万元，九盛与韩都分别持股50.1%和49.9%。2015年7月31日上海景林九盛欣联股权投资中心（九牧王全资子公司九盛投资与上海景辉投资管理中心发起设立）以1200万美元或等值人民币认购韩都衣舍增资后注册资本的5.9094%。

除了九牧王，韩都衣舍还与另一传统服装品牌探路者有密切合作。2015年5月底，韩都衣舍就宣布与探路者成立合资公司，欲打造"互联网户外运动品牌孵化平台"。

（5）传统企业布局O2O的优势。

再来看传统企业布局O2O。2014年8月9日，中国多品牌时尚集团拉夏贝尔的天猫官方旗舰店正式开业，8天营业额即突破100万元。

这让这家传统的服装品牌企业看到了来自互联网的机会，拉夏贝尔高级常务副总裁胡刚告诉记者："依托现有的五千家直营门店，通过与天猫等电商渠道的合作，拉夏贝尔将立足B2C，布局O2O，实现全渠道无缝销售闭环的战略转型。"

拉夏贝尔将实现以新品为主的线上、线下商品同款同价活动操作模式，近期将设计有5种O2O的场景模式在上千家门店进行试点。比如系统分派订单，即顾客网上下单后，不再是公司总部统一发货，而是由系统将其订单分配到离顾客最近的门店，由门店直接发货，保证了发货的速度和效率。再比如，顾客在网上看好衣服，在下单前系统会提示其是否到就近门店进行体验试穿，顾客可以在下拉菜单中看到最近的门店地址。因为服装是体验性很强的商品，这个场景设计保障了线上线下功能的很好协同。

再以配饰推送为例，以前的配饰推送的场景设计主要体现在网上，即顾客在网上下单后，系统会推荐相关的配饰。很多做服装O2O的企业后来反馈，这个看上去很美的设计根本就少有人使用，尤其是店面下单的顾客。"已经在店里直接体验了，谁还会再去网上看"是这个时代典型的消费模式。而拉夏贝尔的设计则在于，不管顾客是在线上还是线下下单，当货物快递到家的时候，配送人员同时会带上相关配饰，由顾客现场试穿，合适可以留下，不合适可以带走。

不过，拉夏贝尔的线上布局只是刚刚开始，在今年正式进驻天猫开设旗舰店之前，这家有着七八十亿元销售额的企业，在淘宝上非经拉夏贝尔官方授权的商家销售额已超过 3 亿元。

淘宝、天猫的一系列销售数据显示，线下传统服饰品牌在线上有强大的号召力，线上品牌风光不再，颓势逐渐显现。而未来的 10 年，将会是传统企业电商化的黄金 10 年，凭借着品牌运营能力、对工业的深刻理解和对工业及供应链的强效控制力，依托自身庞大资源，从线上、线下双线全渠道进军，以蓄势已久的品牌竞争力和企业硬实力取得网络电商的主动权。

然而，值得注意的是，在 O2O 的战略布局上，拉夏贝尔并不能代表所有的传统服装品牌，因为国内大部分服装品牌的渠道模式走的是加盟店，而不是直营店，这让 O2O 本有之义的同款同价很难推进，如果顾客都到线上购买了，加盟店的利益谁来保护，这不可避免地导致线上和线下的利益冲突。由 O2O 倒逼的供应链和企业的组织变革，对于加盟店体系则具有更大的挑战。这也将是传统服装品牌在 O2O 战略实施上的难点。

对于拉夏贝尔来说，线上线下协同的供应链模式也正在考验着它的运营能力，如何在设计时实现一次制版，如何更好地同步线上线下的销售信息，是其有待着力改善的方面。

与拉夏贝尔的直营店模式不同，中国大部分传统服装品牌都是进入商场进行销售，这些品牌的 O2O 模式却面临商场管理模式上的挑战。

美特斯邦威提出"云货架"的概念，即到实体店的消费者只是进行体验试穿，实体店本身不再保留大量库存，如果合适，消费者就可以在线上下单。这将大大降低企业的运营成本，也能解决很多因号码不全导致的库存积压。但是，"云货架"的真正实施却面临很多现实中的问题。美特斯邦威于 2014 年 7 月初正式启动"云货架"计划，为所有直营店以及加盟店提供"网上网下一盘货，货品全流通"服务。但由于此前美特斯邦威 2012、2013 两大财年的业绩下滑（从 2013 年度财报可以看出，美特斯邦威服饰全年实现营业收入78.9 亿元，较上年同期下滑 17%；净利润 4.3 亿元，同比大跌 52%），让外界对传统企业在 O2O 上布局持保留意见。

对于大多数要进入商场销售的服装企业来说，O2O 布局的最大障碍就来自商场。由于商场目前主要的收入模式是"进场费＋收入分成"，收入分成就占了商场收入的很大部分，如果商场里的服装品牌都改成线上销售模式，商场的收入从何而来就成了问题。正因如此，很多商场会非常委婉地禁止商场内的服装品牌推销企业旨在进行线上销售的二维码。同时，服装企业的销售管理模式也会构成相应影响，比如促成线上销售业绩是否会向商场里的线下推销员提供奖励、奖励的幅度如何，都将影响线下向线上的顾客引流。

目前，只有像杰克琼斯等绫致集团旗下不多的服装品牌，消费者可以在店里扫描到二维码，这是商场出于吸引客流的原因给予的特别政策，大部分服装品牌仍然受制于商场的销售政策。

破冰者当然也有，比如日本的关西百货目前就意识到，创造良好的购物体验是商场与场内品牌的共同价值，一味地强调线下，会造成消费者的购物不便，影响消费体验，最终会让消费者逃离商场。因此，关西百货推出了自己的线上系统，人们可以通过线上更方便地找到自己需要的东西在哪个货架。

但是，对于国内的大多数商场来说，认识到这一"共同价值"仍然需要假以时日。尤其是互联网引流成本和商场的引流成本正在逐渐接近。天猫等互联网平台早期的引流成本是比较低的，但随着大量企业的进入，引流成本已经变得越来越高，这让线下的引流价值开始进一步体现。线下的成本不一定就会高于线上。假设一个店铺一个月的租金是 1 万元，而线上快递一件衣服的成本是 10 元，那么线上只需要卖过 1000 件衣服，它的成本就会低于线下，这还不考虑在线上引流可能需要投入的费用。

由此，当线下价值逐渐得到突显的时候，商场如何认识到互联网化的价值所在，并由此构建出一个新的业务管理模式，将直接影响大多数服装品牌在 O2O 战略上的推进程度。

（6）小批量定制化生产。

传统的定制：国际上通称的高级服装定制（也叫高级定制）是一种为少数人服务的高品质生活方式，设计师根据客户的身材、气质等因素，为个人设计制作高级服装。"高级服装定制的消费主体，以前以演艺名人、政要、富豪等少数群体为主，现在已经向白领等普通人群慢慢扩张开来。"

除了"恒龙""玫瑰坊""老和兴师"这样的私人定制品牌，目前国内一些传统服装企业也将私人定制业务视为企业转型升级的办法之一。比如男装品牌七匹狼的私人定制服装，开始探索运用服装的云数据和云定制模式。3D人体扫描仪全身扫一下，扫描仪就打印出一个 1∶1 的人体模型，设计师再根据这个人体模型的尺寸进行量体裁衣。通过 3D 技术为客户定制更得体的服装，一件衣服测量指标在 50 个以上。

"目前，懂设计、会制版和制作，这样的复合型人才在市场上很紧缺。"杭州服装协会的一位负责人说，服装定制的兴起和流行，对服装设计、技能提出了更高的要求。比如，定制前，根据客户的体形、气质，甚至职业、穿着场合等，为客人推荐合适的款式和面料。不仅要懂设计，还需要一定的美学、时尚感以及动手打版制作能力。杭州每年推出的服装高技能大赛，就是培养这样的综合性人才。

刚刚启动的第 10 届"服协杯"服装高技能大赛，比赛评选项目由"服装制作、服装制版、服装 CAD、样衣缝制"四个部分组成。"选拔、培养服装设计、制版和制作能手，就是为了适应服装业态的变化和需求。"服装协会的这位负责人说。

一位业内人士透露，目前浙江省内顶尖的制版师年收入上百万元。"企业规模不同，收入差距也比较大。一般来说，懂服装设计、会制版和制作的复合型人才，收入是普通设计师或制版师的一倍以上[①]"。

在产品定位与价格之间的不断磨合中，传统制造型企业逐渐摸索出了一些规律。传统制造行业资深人士刘先生告诉记者："工厂做一批产品的时间很短，往往一周就能做出来，关键是前期的研发节奏和生产排班是否合理，工厂的生产计划一个月定一次，我们只要提前一个月把需求提供给工厂就行。"

一些生产企业转型通过电商在网络上尝试定制，以"预售"的方式进行运营。进军电商渠道的传统企业从下生产订单到上线销售的周期可以控制在一个月内，这也为传统制造型企业进行"产品预售"提供了可能：在产品投产之前，传统企业可将一些款式的图片放在网上，由顾客投票进行预售。对

---

① 都市快报，2014 – 08 – 24。

于那些受欢迎程度高的款式，企业经过预测后会提前做好翻单与加单的安排。

当前，电商预售的定制模式已经非常普遍，但许多转型做电商的服装加工厂，大多数还是"先生产、后销售"，因此库存的压力比较大。目前，只有少数一些企业尝试"预售"，希望通过这种方式更贴近市场，并减少库存风险。"定制的服装，对于合作的生产商而言，配合起来难度比较大。"浙江乔顿服饰股份有限公司总经理代新祥说，因为订制不同于流水线，对服务的要求特别高，一些外发的订制产品，许多合作生产企业较难适应。一些服装企业坦言，定制的加工厂，目前还很缺。

①预售震动传统产销模式。在2012年"双十一"购物节中，天猫和淘宝实现了高达191亿元的支付宝交易额，是2011年的3倍多，成为全球最大的网购消费者节，也极大震动了线下零售业。而在耀眼成交记录的背后，以预售模式为代表的天猫"双十一"活动营销创新，更是震动了传统产业产销模式，令人耳目一新。

所谓预售模式，就是利用互联网，在短时间内快速聚集单个分散的消费需求信息，给厂商一个大订单，厂商预先拿到订单后，可从供应链的后端、中端或前端进行优化，更加精准地锁定消费者、提前备货、消除库存，更有效地管理上下游供应链，使得生产成本、流通成本、库存成本能够大幅降低，在给消费者优质价低的同时，也最大程度保障了卖家的利润。简而言之，预售就是先有销售订单、订金，然后组织开发生产，再有运输，再有流通，最后实现终端销售。这对于线下的买手制度是极大的冲击，将逐渐颠覆电商的传统销售方式。

再以服装业为例。从整个服装零售来看，整个渠道库存是非常巨大的，如果在这个过程当中，将部分重要产品转向网上的渠道，转向定制，如一件新品服装先打样，出样衣，然后展示，收到订单，再组织批量生产。总之，由消费者自己来决定到底是生产什么样、生产多少件，那么这将可以大大改变厂家在市场上的竞争地位，实现最大限度的低库存。

②预售模式为什么火爆。一是可以拿到比单纯的团购更低的价格。据悉，天猫的预售商品价格由定金和尾款两部分组成，分为阶梯价和非阶梯价两种形式。阶梯价的预售商品，价格可以根据定购人数的不同而不同。定购人数

越多价格越低，最终预售价格根据最终定购人数决定，以预售结束后商品页面显示的预售商品价格为准。非阶梯价的预售商品，价格是固定的，即商品一口价。

二是让产品供、产、销链条更短更快。工厂在这个过程可在仓储、备货、发货等方面的准备上更从容，降低了资金占用率、仓储、营销等成本，而且实现了库存零风险。

三是满足消费者小众化的需求，实现个性化定制、柔性化生产。预售制能让大量消费者有深度参与到设计过程当中来，而不是仅仅提供几个样品去选择，这个从体验经济的角度来说，消费者更愿意参与这样的体验，同时也能指导实体企业生产适销对路的产品。

如今有越来越多的商家也想将预售模式应用到线下渠道，在推出线下主款前，先通过线上预售测试消费者反应。从天猫、淘宝和京东等主要网商的预售情况来看，集采预售货品主要由新品、畅销品、半成品为主。新品预售通常是厂家在新品出来之后，先拿一批进行预售，采集市场反应，以便更合理地进行大规模生产与渠道铺货；畅销品预售一般是市场反馈非常不错的商品，采用预售的方式，有利于厂家掌握消费者的喜好和采购定量，从而降低供应链端的库存成本，既能保证商品的品质、合理库存，又能满足消费者对价格的期望；半成品预售一般是厂家提供产品大致开发思路、方向和框架、参数以及产品基本模型等，最后产品的定型、定款、定料、定价都由消费者多数人的意见拍板定案，最后产品的出炉往往能较受消费者的喜欢，不过产销过程可能比较费时费力，比较适合高端又大众化、易用常用的产品。

可以说，未来在互联网大技术背景下，以 C2B 为代表的新商业生态系统将对传统商业生态系统进行一次革命性颠覆，将驱动制造商从定型、定款、定料、定价，到仓储端、销售体系整个产业链条进行全面和深刻的改造，将大为增加实现厂、商、消费者三方共赢的可能性。

③C2B 预售模式的问题与挑战。第一，规模化量产难度大：没有一定的规模实力和品牌知名度，很难实现量产，想要凝聚大量、有同样消费需求的大聚合，本身就是一个很大的挑战。C2B 预售模式要求商家要有高效强大的供应链，资金、实力比较强。目前从事电子商务的企业，要么是纯粹的互联

网公司，缺乏足够高效的生产供应体系，规模不够，根本没实力玩预售，只有像阿里巴巴这样有雄厚的资本做支撑，才可以大胆尝试；要么是实体企业，实体企业虽然在供应链、存货、仓储、运输等方面有一定的基础，但它们的弊端也十分明显：电商专业性不强，对用户网购需求缺乏足够深入了解，难以凝聚大量网民的注意力。因此，想要一步到位实现 C2B 目前不太可能，这需要社会各个角色的共同、长期努力。

第二，管理难度加大，成本提升：小批量多品种的生产线的标准化和流程化，其实对于时下我国信息化薄弱、管理水平低下的传统生产经营者来说是不小的挑战，常常伴随着管理难度加大、成本聚升、资金增加的风险。C2B 的特质是"个性"，而消费者的需求千差万别，这样多样化、个性化的定制生产固然迎合消费者需求、增加销量，但同时也会提高厂商经营成本，比如没办法实现像以前那么大规模化的生产了，这样产品单位成本就会增加，单位产品利润会减少。当前 C2B 个性化定制比较适合较为重要、利润较高的产品或易订制、高端、奢侈的产品，绝非全部，企业大部分产品仍然要以标准化、规模化形态生产运转。

如果要真正形成通用化、常态化、规模化的 C2B 预售模式，真正要形成个性化、柔性化网上定制生产，原有的整个供应链体系是很难支撑的，必须对整个制造业从它的原材料开始到定型、定款、定量、定价，到仓储端，整个销售体系，在互联网的一个大技术背景下做一个深刻改变、彻底完善，C2B 预售模式才能最终水到渠成，真正普惠厂、商、消费者三方①。

（7）实体店的坚守。

有业内人士认为，在网购越来越流行的今天，实体店的市场正不断受到挤压，饱受电商冲击的传统行业都在纷纷寻求转型，企图搭上互联网的"顺风车"。然而，并不是所有商家都是盲目的，在一波又一波的转型浪潮中，很多品牌零售商始终坚守实体阵地，摸索到了属于自己的生存法则。

实际上，尽管在电商冲击剧烈，传统服装零售市场日益萧条的情况下，以优衣库为代表的快消服装行业却一直保持着强劲的增长势头。目前优衣库

---

① 吴勇毅．颠覆传统模式服装预售实现三方共赢．中国工业新闻网 2013 年 2 月 20 日，http：//www.cinn.cn/wzgk/wy/284504.shtml．

在中国的 80 多个城市已有 374 家门店，它们的发展计划是每年再增加 80 个门店。据了解，截至 2015 年 6 月，优衣库在中国的门店总数达到 363 家。而 H&M 的线下实体店在全球保持在 10% ~ 15% 的增长速度，中国是其增长最快的市场。自 2007 年以来，H&M 在中国已经拥有 200 余家门店。

优衣库母公司迅销集团近期发布的 2015 财年前三季度财报显示，集团营收增长 23.9% 至 32.7 亿美元，利润增长 36% 至 2.3 亿美元。无疑，中国市场是这份漂亮业绩的"主力军"之一。

除了优衣库、H&M、ZARA、GAP 等国外时尚品牌也几乎将重心都放在中国的实体市场上。尤其值得一提的是，2014 年天猫"双十一"活动期间，优衣库在服装类销售额总量第一，其中女装类优衣库排在第二、男装类优衣库排在第五。但是网络销售的火爆，并没有让其销售的重心发生转移。

"我不认为未来优衣库的 EC（电商）发展会超过零售，EC 的销售会占到总销售额的 4% ~ 5%，在中国会超过 5%，但我们的发展重点反而会向线下零售倾斜。"优衣库的吴品慧在接受媒体采访时如是说。

记者在体验时发现，优衣库与 H&M 等几家快时尚品牌采取了线上线下同款同价，打折优惠"区隔"发放、不以销售为目的的推广 APP 等战略部署，以期起到线上向线下导流的作用。

把线上的消费者带到现实的商店中去是典型的 O2O 模式，企业采用这一模式的目的实际上是为了拓展销售，获取更宽更广的渠道来对接消费者的需求。而且这种模式更偏向于线下，让消费者感受到商品质量后再进行消费能让顾客有更好的消费体验，因此与电商相比也具备一些竞争优势。快时尚品牌将发展重点放在线下，即使发展线上销售也是为了实体服务

其实以优衣库为代表的很多快时尚品牌的产品与普通的服装店差别并不是很大，其之所以能在愈演愈烈的门店倒闭浪潮中仍然取得不俗成绩，很大的原因是其清晰地知道自己的定位，并没有被电商扰乱自己的步伐，有着自己的坚持。

中国经济发展并不均衡，在那些电商并未成为主流商贸方式的城市里，人们还是要通过实体店去建立生活方式。互联网虽然能改变人的很多行为，但实体的东西永远有存在的价值。

刘建修建议，现在实体门店更多的是消费者体验服务及实现与商家持续沟通交流的中心，未来作为拥有线下门店优势的部分品牌将致力于通过科技化设备有效提升线下门店的科技感、体验感和场景感，拉近与消费者的距离。

第9章 案例分析

广东服装产业以深圳、广州、虎门为中心辐射整个珠江三角,尤以深圳最具代表性。随着珠三角经济的飞速发展,珠三角的服装业完成了从产品制造到品牌运营的全面升级,实现了从出口加工到自主品牌、被动模仿到设计创新、产业集群到"时尚硅谷"的加速蜕变,它们或以跨界多元化、多品牌成为中国服装制造业战略升级的华丽样本,或以崇尚自然的回归创造出了中国文化传承史诗般的神话,或例外地诠释着服装固有的魅力,更有以纯真的青春气质传递"好色"服装本质以区别于欧美的全新快时尚时装品牌。

9.1 多元化的战略升级:YZH 集团

9.1.1 YZH 集团

(1) YZH 概况。

YZH 时尚集团,是一家以服装服饰产业、现代传媒产业及创意产业三大产业为支柱的大型国际化时尚集团。集团秉承"用设计改变生活"的企业理念,以创造多层次的时尚生活方式为宗旨,集设计、生产、营销于一体,涉及服装服饰、现代艺术品、家居用品、文化生活用品、现代传媒、创意产业等多个产业,旗下拥有著名女装设计师品牌 YZH、意大利高端设计师女装品牌兼以及意大利时尚艺术生活方式类品牌 SFA。其中,女装设计师品牌 YZH 自 1997 年创牌以来,现已发展成为拥有近 300 家连锁店,结盟国内 80 余家大型商业机构的著名女装品牌，成为中国女装的代表。由 YZH 时尚集团与意大利著名时尚集团联手打造的高端女装品牌粜，不仅是一个国际化的高端设计师女装品牌，更是一个以高端时尚生活方式为主题的国际设计师品牌的集合体。源自意大利的品牌 SFA，由众多艺术家合力打造而成，开创了第一个以创意和艺术为价值追求的时尚生活方式类品牌。2012 年，集团实现总产值 5.62 亿元，出口额 4854 万美元。

（2）YZH 的发展历程。

1997 年，一名设计师怀着拥有一个属于自己的品牌的梦想，粜小姐在深圳创立了 YZH，是中国较早用"多元文化"和 Crossover（跨界）思想来塑造自己的原创设计师女装品牌。

1998 年，凭借独特的设计风格和优良的品质，创牌之初的 YZH 很快在深圳职业正装领域声名鹊起，迅速赢得众多白领女性的认可。1999 年，YZH 第一家专营店进入深圳紫禁城商场，昭示着 YZH 真正进入中高档女装之列，使 YZH 在市场和业界成为女装品牌的佼佼者。2004 年 YZH 适时做出了用规模和速度提升品牌能力的决策，提出了"用设计改变生活"的企业经营理念，由品牌文化建设上升到了企业文化构建的高度，从经营品牌转变到经营品牌文化，借助文化驱动品牌和企业的全面发展和提升。并在 2005 年，YZH 明确了企业未来发展的三大方向：现代服饰 + 现代传媒 + 创意产业，开创了一个传统服装服饰产业改造和升级的新模式。随即开始筹建面积近 50000 平方米的"YZH 创意产业园"。2006 年 7 月，YZH 创意产业园的阶段性成果——YZH 时尚博物馆在第六届中国（深圳）国际服装服饰博览会上的亮相，震撼了中国时尚行业。与此同时，YZH 新锐美术馆的建设也已经具有了初步成果，并于第七届中国（深圳）国际服装服饰博览会上展示阶段性成果。

2007 年，YZH 开启了加速国际化进程的新篇章。2007 年 4 月 18 日，YZH 联手意大利蕾拜尔时尚集团总裁、著名时装设计师全力打造 YZH 的高端设计师女装品牌粜，并由上海卉洲服饰有限公司全权代理其在亚洲的经营，同时在其时尚私人会馆中荟萃国际一流设计师品牌，形成一个国际设计师品牌集合店，成为 YZH 时尚集团的高端品牌。而与意大利蕾拜尔时尚集团的合作，让 YZH 实现了与国际时尚行业的直接对接，为集团下一步进驻国际市场、成为拥有自己的时尚话语权的品牌奠定了最坚实的基础。

至此，YZH 先后荣获"十佳时尚服装品牌""最能代表 25 年深圳形象的深圳名片""十佳设计师品牌""最具艺术魅力品牌""十佳女装品牌""十佳时尚品牌""深圳最具影响力女装品牌""深圳品牌十年成就奖""十佳经典女装奖""深圳女装区域品牌""中国十佳设计师""中国国际时装周品牌大奖 2009 年度女装设计奖"等多项荣誉。在 2009—2012 年间，集团蝉联"中国国际时装周年度女装设计奖"，并在被誉为"中国服装界的奥斯卡"的中国服装品牌年度大奖评选中，荣膺"2009 年度风格大奖"。2012 年 3 月艺之卉与例外、吉芬、东北虎、上下等品牌被评为中国服装最具竞争力新闻调查之设计师品牌。2013 年 9 月 YZH 荣膺万达商业年会 2013 年度"最佳设计奖"，2014 年荣获第十届中国服装品牌年度大奖。历经近二十年的发展，YZH 现已成为中国最具实力的时尚企业之一。

2015 年是 YZH 集团的变革之年。他们发现从前把时装、生活和艺术区分得太清楚：时装是表达优雅气质的衣物，生活是平淡的夜以继日，而艺术则是作为休闲时的陶冶情操。"这似乎割裂了艺术与生活的关系，在两个单独的圆圈里转，无法走向融合。"集团正在试图走出圆圈的阻隔，让两个圆圈交汇，让艺术与生活真正走向融合。YZH 时尚集团将在深圳举行 2016 年春夏《无界》文化创意之旅，一幅画与连衣裙、一首歌与一件衬衫带给人们的艺术感受将在艺术世界中交融，让人充满期待。

9.1.2　YZH 品牌文化的演化

品牌是一种生活方式，是内在气质的外在表象。YZH 的追求就是为了"用设计改变生活"，其的内涵就是为了体现"你的气质原来可以被阅读"。这正是鱼的特质、鱼的精神。于是鱼成为艺之卉的品牌图腾。YZH 的品牌文化也从鱼的特质、鱼的精神内涵中演化而来。鱼自古以来便和人类的生活密切相关，从古时捕鱼为生的生存方式到特定时期对鱼的崇拜和信仰，鱼因其在古代物质生活中的重要地位，与它本身的审美特质备受文人们的关注。于是人们关注鱼，借鱼抒情述志，内容丰富的鱼文化成为中国传统文化的一部分。

鱼流线型的身影，丰富的色彩，优雅的姿态，温婉的性情，被文人们发挥得淋漓尽致。人们总能在各类诗词赋文中看到往来穿梭、飘忽不定的鱼之身影——聪慧、灵动、自由……鱼的种种特质，不只是其自身的天性使然，更是人类美好情感、理想和追求的投射。

集团对于鱼有种天然的文化认同，其品牌的理念、价值追求又与鱼的特质不谋而合，因此，"鱼文化"便成为了集团品牌文化生动形象、凝练精辟的注释。

（1）优雅、大气、灵动、内敛的鱼的形象，是 YZH 的气质体现。

（2）自然、自我、自由的鱼的精神，是 YZH 的精神追求。

（3）感知压力、又见悠然的鱼的生存状态，是 YZH 的生活态度。

YZH 集团推行的鱼文化，成为 YZH 的视觉形象，将抽象的品牌文化具象于实体，更生动地传达了品牌的内涵。鱼的生活状态与品牌与其消费者有着诸多相通之处。

2009 年，是集团成立的第十二年。十二年，不论是东方，还是西方，都是一个启迪新生的维度。轮回之年的 YZH，提出了溯洄的概念，展开一场关于设计精神的溯洄之旅。溯洄，是回到原点，回归本质与纯粹。YZH 的溯洄之旅是对自己的一次深度阅读，以溯洄的方式挖掘自身的成长基因。溯洄绝不仅仅局限于 YZH 在风格本身上的探索，而是以风格与设计为载体，进一步挖掘品牌灵魂深处的动人之美。

2010 年，YZH 溯洄之旅后，再度全新起航，继续对"鱼"文化的精神图腾不断演进和推动，阐释"你的气质原来可以被阅读"的品牌理念，关注当代中国艺术的发展，通过不同门类艺术的跨界合作，诠释其所演绎的"新东方精神"。

鱼，优雅、大气、灵动、内敛，在水的重压之下仍能翩翩起舞。YZH 就是在对美的不懈追求的压力下，走出了一条独自美丽的道路，形成了自己大气、内敛、优雅、灵动，讲求服装内涵，体现服装气质，自成一派的风格。自由自在的鱼儿在水中自我自然地游动，游动的状态正是 YZH 一直追求的品牌设计精神。不管世界如何变化，不管全球一体化的浪潮多么汹涌，YZH 始终站在东方审美的潮头上，去审视和斟选国际流行趋势的变化，用国际化的服装语汇表达东方的精神气质，成为 YZH 内在风格的延续。

9.1.3 YZH 的产业链治理

早在 2003 年，为实施促进服装产业高端化、聚集化发展战略，强化服装产业的集群发展与规模效应，深圳市政府通过《关于支持发展产业集聚基地的若干意见》，在龙华新区筹建"深圳服装产业集聚基地"，为服装企业营造了良好的发展环境。同时加大技改资金扶持力度，支持企业技术创新和技术改造；推广落实自主品牌培育计划，鼓励以品牌建设提升产品附加值。在政府的全力支持下，YZH 走上打造高附加值的自主品牌、努力实践着一条传统服装产业改造与升级的新发展之路，并完成了从单一女装品牌到多元化时尚艺术集团的转变，叩开了时尚游戏上层世界的大门，开创了一个"服装服饰 + 现代传媒 + 创意产业"的时尚产业发展的新模式。

在现代服饰方向，集团已打造了 YZH、SFA 和舛三大品牌，除了不断丰富三个品牌的产品线之外，集团还将打造更多的时尚品牌。集团将围绕服装服饰设计，搭建一个与生活方式设计相关的生态产业链，打造一个吸引公众眼球，提高公众生活品质的可持续发展的完整的产业链，开创一个传统服装服饰产业改造和升级的新模式。同时，投入大量的人力、物力和财力进行现代传媒产业的探索，涉足网络和书刊领域。集团通过出版时尚刊物，深刻阐述和传播企业及旗下品牌的文化内涵，现已出版书籍《一只鱼儿游啊游》《我是一只会飞的鱼》《飞鱼·集》《怀旧的鱼》《鱼翔的天空》《鱼的成长历程》《因为梦想，所以飞翔》《鱼影随行》，以及十年历程之作《你的气质原来可以被阅读——艺之卉十年》。

2004 年底，YZH 就在深圳着手筹建面积达 30000 平方米的创意产业园区，包括服装培训中心、设计研发中心、营销推广中心、品牌展示中心、生产物流中心五大部分，同时还将囊括时尚博物馆及新锐美术馆。由 YZH 时尚集团联手国家重点学科基地——武汉大学媒体发展研究中心共同打造 YZH 时尚博物馆，是深圳首家由民营企业创办、以纺织服装为主题、以展示世界各国及中国近百年服饰文化和人们生活方式演变为主要内容的大型博物馆,同时也是中国首家以时尚为主题的博物馆。而其新锐美术馆则展示当代艺术和艺术潮流,提供最全面的艺术家信息、艺术作品收藏及展览、艺术发展趋势预测、艺术教育及世界艺术资讯;拥有完整评价体系来收藏艺术品,运用艺术品基金对艺术家进行扶持。

至此,YZH 集团可谓开创了一个"服装服饰 + 现代传媒 + 创意产业"的时尚产业发展的全新模式。

9.1.4 YZH 的启示

(1)原创品牌。

集团从成立开始,就坚持原创设计,是中国较早用"多元文化"和跨界思想来塑造自己的原创设计师女装品牌,其首席设计师(集团创始人)科班出身,对服装定位的目标消费群心理把握精准。YZH 一直用前沿而具有国际化的服装流行语汇,阐释东方的审美理念和服装内涵,2009 ~ 2012 年,蝉联"中国国际时装周年度女装设计奖"的 YZH,在被誉为"中国服装界的奥斯卡"的中国服装品牌年度大奖评选中,荣膺"2009 年度风格大奖"。

(2)平台化。

品牌创始人赵卉洲深知平台的价值。18 年前作为独立设计师创立 YZH 品牌时,她就发现需要一个企业平台来实现事业理想。于是她在第二年注册了自己的公司。公司平台让创始人提升了接触面的高度和深度,拓展了消费人群的宽度和广度。在坚持细节的同时,YZH 在平台化的道路上进行多种探索和布局。如今,服装服饰、现代传媒、创意文化三足鼎立的业务框架初步形成;具备孵化器功能的创意产业园区已经运转,为整合时尚产业链条提供实体平台;O2O 线上线下相结合的"互联网 +"模式呼之欲出。

(3)坚持做文化。

YZH 的文化从鱼的特质、鱼的精神内涵中演化而来。鱼,优雅、大气、灵动、内敛的形象,鱼自然、自我、自由的追去,孜孜不倦的态度,感知压力、又见悠然的状态,与 YZH 品牌形象及其价值、理念追求不谋而合,鱼文化成为 YZH 品牌文化生动形象、凝练精辟的注释。对于 YZH 来说，鱼文化无处不在，无时不在。YZH 在国内外举办的数十场新品发布会，以及所有的大型品牌推广及企业文化活动，几乎都是以鱼为主线，从鱼的变化撷取活动的主题。多年来，YZH 潜心在东方文化中践行时尚与艺术的创意"联姻"，展现当下勃发的"新精神"和生活方式，用国际时尚语汇的营养，滋养源源不断复制的基因，锻造走向国际的东方服饰文化和中国的百年时尚品牌。

（4）变革适应新环境。

当下的"80 后""85 后"女性与"70 后"女性相比，在柔美的基础上，更加独立与自我。由此开启了 YZH 品牌的变革，从"70 后"的美学诉求，跃升至"80 后""85 后"的生活主张。其时装产品在保持柔美和清新气质之外，更潮流、更年轻、更未来，更科技化，更有想象力。"新呼吸"EACH-WAY 品牌秀，鲜明地表达出这一品牌 DNA。"在复杂的社会情态下，在当下这种新常态的情况下，鱼依然可以翩翩起舞，悠然地生活着，自然地呼吸着。"作为蜕变创新的一个重要成果，集团探索的"新东方精神"美学体系开始获得社会认可。其原创设计师被选为"2014 北京 APEC 亚太经济合作组织峰会"官方服装的核心设计师之一，她和其他设计师一道，为各国领袖配偶设计的礼服，向世人展示了气质、优雅的新东方美学。

9.2　创新成就的战略升级：HORSET 集团

9.2.1　HORSET 发展现状

（1）HORSET 简介。

HORSET 集团公司集服装研发、生产、网络销售于一体，旗下拥有两个品牌，两条生产线，分别是 MYTENO、LADANUM 两个品牌，以及时装业务生产线、皮草生产线两条生产线。集团在深圳赛兔数码科技园，拥有大型的服装生产基地，占地面积 22000 多平方米，拥有员工 3000 多人。专业技术人员 800 多人，总部管理干部 263 人。在全国的加盟商有 218 家，托管自营店

80 余家，多次被评为"十大服装品牌"、"最受消费者喜爱的服装品牌"等荣誉称号，是倍受消费者喜欢的高品质、重服务、讲信誉的高端服装品牌。

（2）HORSET 发展历程。

HORSET 是意大利著名服装品牌，由穗先生于 1994 年引入中国并销售其系列产品。1997 年在中国深圳正式注册，成立深圳市 HORSET 服装专卖连锁股份有限公司，全权代理 HORSET 品牌在中国市场拓展业务。

2004 年 7 月，穗先生合并了深圳佳丽服装厂，组建 HORSET 时装集团。在这个集团，吴穗平占 51% 股份，黄敏杰占 49% 股份，并出任 HORSET 时装集团总裁。在佳丽厂长的打理下，HORSET 的发展势头蒸蒸日上。2005 年开始选择和意大利米兰的设计师合作，HORSET 集团告别了旧的企业运营模式，开启专业化、现代化的企业目标转型之路。2007 年，HORSET 新装上市，价格提高了 60%，这个看似冒险的举动让 HORSET 获得前所未有的成功，由此跻身中国一线品牌。2010 年，法国设计界的顶级设计师玛诺女士带着自己的团队加盟 HORSET 时装集团，推出自己的顶端品牌 AMANUM，成为中国高级定制服装的代名词。如今，集团旗下拥有三大品牌：推崇"别具经典的唯美艺术"设计理念的高级女装品牌，高级定制成衣品牌"AMANUM"，针对"80 后""90 后"这一新的消费人群需求的新锐轻奢品牌"KOUDSEE"。三大服饰品牌针对不同的群体，三线出击，满足不同人群对时装的幻想，体现着一种华美精致的生活品质。经过多年的艰苦创业，集团始终坚持以品牌营运为核心，以塑造"百年品牌"为企业奋斗目标，不断加强产品创新和渠道创新，成功地将"HORSET"品牌运营成为国内女装"经典、时尚、奢华"的代名词。

目前，HORSET 在全国已经拥有约 400 家店，在深圳赛兔数码科技园拥有大型的服装生产基地，占地面积 28000 多平方米。

（3）HORSET 发展蓝图。

深圳 HORSET 女装与深圳呗宝女装于 2015 年 4 月 14 日联合发表声明，宣布实现战略合并，正式成立深圳 HORSET 时尚集团，时尚帝国蓝图显现。

两家国际知名女装品牌在女装界各自占有一席之地，如今的合并战略更为日后长久稳固发展奠定重要基础，合并之后的 HORSET 时尚集团旗下共拥有四大线下品牌：HORSET、BEIBAO、AMANUM、KOUDSEE，以及线上品牌Cicci。此次两大女装品牌的合并，对各自具有重大意义，对集团的发展影响深远，届时集团将拥有线下门店超 600 家，直营店占比 50% 以上，年零售收入总额将达到 28 亿元人民币，集团营业收入将超过 15 亿元人民币。据相关负责人介绍，集团将继续扩大其实体店规模并开拓新的在线市场业务。到2017 年，集团计划在全国新增开设超 400 家门店，店铺总数将超过 1000 家，其中直营店占比超过 60%，实现零售额超过 50 亿元人民币，集团营业收入超过 30 亿元人民币。同时，集团将大力发展电子商务，并于 2014 年底在上海成立上海呗宝电子商务有限公司，致力于线上全渠道建设，通过组建技术团队开发针对中高端女性的 O2O 平台，将于今年第三季度正式上线运营。电商公司有望在 2017 年销售额达到集团收入的 10% 以上。

9.2.2 HORSET 的模式创新

深圳是一座充满创意、充满激情的城市，拥有巨大的创新潜力、惊人的发展速度和活力四射的年轻人口。深圳在国内率先开始发展现代设计，浓郁的创新氛围、超前的发展理念、蓬勃的设计产业，形成了实力雄厚的本土设计力量。2008 年，深圳成为联合国教科文组织认定的中国第一个、全球第六个"设计之都"。为此深圳设立了法定"创意设计日"，开创中国产业政策之先河。根植"设计之都"的服装业，有着得天独厚的设计创新环境，一群群新锐的个性化品牌设计师不断涌现，助推深圳服装品牌取得了日新月异的长足进步。在这种不断创新、不断自我颠覆中，HORSET 高级成衣 20 年来始终屹立潮头，成为深圳这个年产值超过了 1500 亿元、全国最大的中高端女装产业集群地一面闪亮的旗帜。

HORSET 集团以"塑造中国女装第一品牌"为企业目标，以进军世界女装界的顶级领域为发展远景，运用国际最先进的设计理念与生产技术，开展"服装文化创意事业"，将品牌文化、设计能力与品位三者有力融合，坚持把最时尚的创意和奢华精致的产品设计相结合。HORSET 以独到的艺术品位演绎潮流风尚，以艺术品般的卓越品质成就高尚生活，让顾客尽情领略时尚生活之魅力，为顾客带来高质量的时尚体验。

（1）设计创新。

设计、版型和面料是 HORSET 女装的三大核心竞争力，HORSET 在意大利设立了研发中心，设计团队由意大利、法国、中国台湾和香港等地的资深设计师组成，秉承意大利高级服装的传统精髓，高级女装品牌 HORSET 整体设计中始终贯穿着典雅高贵的气质，设计上注重体现女性的柔美曲线。华丽精致的面料，典雅的图案和精美的绣饰，淋漓尽致地表达了顶级品牌的卓越品质。首席设计师 Ioannis voinis 为 HORSET 在经典中注入了新的时尚释义，推崇"别具经典的唯美艺术"设计理念，每季在米兰发布的产品系列都演绎着 HORSET 品牌个性及前卫意念。其高级定制成衣品牌 AMANUM 引进国际最新的高级成衣定制模式，将"以人为本"的服务理念作为品牌的核心定位，针对消费个体化服务的理念，采取高级定制的个性化服务，让消费者真正体验到时尚、尊贵的品牌个性，并成为其"私人衣橱"的时尚顾问。HORSET 以独到的艺术品位演绎潮流风尚，以艺术品般的卓越品质成就高尚生活，让顾客尽情领略时尚生活之魅力，为顾客带来高质量时尚体验。

（2）渠道创新。

在全国 26 个省、市的渠道建设中，HORSET 特别看重商场的品牌和商圈的档次，用一流商圈、一流店面、一流品牌、一流形象等七个"一流"表示它对店面和品牌形象的重视。稳扎稳打，用"高质"代替"高速"，直营和加盟并举。

为了提升渠道效率，选择志同道合的战友，集团对加盟商有一套完整的审核体系，对相关城市和区域的高档服装消费能力、商圈布局、人流等数据进行详细评估，不断完善进销管理的信息化系统和物流支持，每年对各地销售数据进行动态跟踪，让那些年销售额和利润率不达标的店不断被淘汰出局。

2014 年年底在上海成立上海呗宝电子商务有限公司，致力于线上全渠道建设，并组建技术团队开发针对中高端女性的 O2O 平台，从而实现线上线下的完全对接。

9.2.3　HORSET 的启示

（1）战略合并。

2004 年，"HORSET"第一次与兴丽服装公司合作，以重组后的崭新形象出现在业界，获取了市场、技术以及更强的团队管理能力。并对内部设计开发团队实施整合，将服装产品线路细分为："HORSET"，主打高端产品即高级女装；"ADA-COLLECTION"，年轻时尚的职业装；"ADA-SPORT"，以及年轻人的运动休闲系列。由此，"HORSET"建立起了包括传统产品皮衣在内的涵盖皮草、礼服、高档女装、职业女装以及休闲时装的金字塔形产品结构，丰富了产品内涵，提高了品牌品位。开启了"HORSET"向专业化、社会化、现代化的品牌企业迈进之路。而 2015 年 4 月与深圳呗宝女装的战略合并则是集团航母起航的标志。

（2）重新定位。

2005 年，全球金融危机正在蔓延，很多企业倒闭、收缩战线，集团进行了大幅度调整。首先将公司重新定位为经营高档女装的公司，砍掉不符合这个定位的中低端产品线。其次是加大力度搞产品的设计研发，产品风格定位从时尚经典调整为时尚奢华，高薪聘请意大利著名设计师 Loannis Voinis 出任首席设计师，在意大利米兰建立商品设计中心，同期在深圳设立市场研发机构。再次是全面提升形象。包括终端店铺形象，营造和品牌定位相符合的办公环境、企业管理体系。从 2007 年开始，产品价格实现了 60% 的提升调整，品牌形象也更加年轻时尚。2010 年集团又推出定位更高的 AMANUM 品牌，上市之后就在北京新光天地、大连友谊商城、太原王府井百货等高端百货创造了单店单月破 200 万元的销售业绩。

（3）经营模式创新。

时装与生活交融，效益与品牌呼应。集团的经营理念是以品牌形象推广为中心，以品牌建设为龙头，全面推进零售和特许经营。集团服装专卖连锁有限公司的品牌销售网络，推行品牌自营网点与加盟连锁相结合的经营模式，"辐射周边，中心开花"，通过在北京、上海、广州、深圳等中心城市开设专卖店来树立品牌形象以辐射周边地区；而通过特许专卖和连锁加盟的经营战略迅速扩大"HORSET"品牌的市场覆盖面。投资者只需购买特许经营权，成为"HORSET"加盟专卖的经营者，便能分享一个充满活力的知名品牌的营销权。线上全渠道建设，以及针对中高端女性的O2O平台的开发，使HORSET实现了实体体验与线上互动的完美结合，创建了全方位的立体渠道网络系统。正是靠着这套独特的商业模式，HORSET在女装残酷的竞争中厮杀出一条成功之道。

（4）爱的家文化传播。

HORSET的职工文化活动中心、120多间夫妻房、员工子女暑期夏令营、20万元的职工困难基金会，无不传递出一种温暖，正是这种将员工视为家人的"家文化"，让员工随时感受到企业的尊重和关爱，凝聚了一大批优秀的服装设计、制造等技术技能型人才，提升了品牌的核心竞争力。

9.3 跨界典范：MIFEN 衣橱

9.3.1 MIFEN 衣橱的发展背景

（1）MIFEN 衣橱基本情况。

成立于2006年的深圳市MIFEN衣橱服饰有限公司先后推出女装品牌"MIFEN""MIFEN衣橱""MIMIFEN"。它们执着地寻找自己的时尚梦想之路，已在全国20多个省、市建立了300多家专卖店和商场专柜，成为深圳女装快速发展的代表品牌和知名时尚女装品牌。时尚与艺术的跨界演绎，时装艺术与音乐剧艺术的同频共振，催生了这个特立独行的品牌传奇。先后被评为深圳"最具发展潜力女装品牌"、深圳"十佳女装品牌"、深圳"十佳时尚品牌"，2011年被评为"深圳市重点文化企业"。

（2）MIFEN 衣橱发展历程。

2006年MIFEN创立之初，成功推出"MIMIFEN"女装之后，经过精心筹划，从2009年开始，启动三年提升计划：2009年为管理提升年。这一年，

MIFEN 花了大量的时间和精力组建完善各个部门、厘清理顺各项工作流程、建立健全人才培养和人才储备机制。经过一年的努力，流程理顺、管理规范以后，2010 年进入细节提升年。这个细节是较为全面的，包括产品设计细节、店面形象细节、营销策略细节、管理规范细节等等。细节决定高度，细节决定成败，所以，2010 年，MIFEN 仍然要放慢发展的脚步，从细节管理入手，实现粉蓝品牌的全面提升。管理提升、细节提升以后，2011 年，MIFEN 则在新的高度进入创意提升年：设计创意、形象创意、营销创新、管理创新，通过创意与创新的提升，实现品牌的二次提升。

公司始终致力于将艺术植入品牌，唤醒时装的艺术之美。2012 年在行业内首次创建员工艺术团，培养员工艺术修养，并向社会传递"寻找生活艺术之美"的品牌理念。2013 年，作为跨界艺术融合的全球首创，MIFEN 衣橱时装音乐剧建立起时装艺术与音乐艺术的沟通桥梁。2014 年，再次推出时装音乐剧《唤醒》，并创办"生活艺术空间"——1500 平方米的深圳世纪汇 MIM-IFEN 系列品牌时尚与艺术跨界互动体验空间，它将时装销售和艺术展览、艺术体验、艺术教育、时尚派对及艺术沙龙融为一体，以跨界艺术秀的形式参加 2015 年深圳时装周，从艺术、时尚、生活美学多方面展现了一个高级女装品牌的综合素质，巧妙地把人文精神与东方时尚美学综合演绎在 MIFEN 衣橱的品牌中。

9.3.2　MIFEN 衣橱的转型升级发展

在走出国门，寻找国际资源，引进国外优秀的品牌企划与产品设计理念，提高自身国际化视野，快速实现公司、品牌和团队的转型升级的发展思路引导下，2011 年开始，MIFEN 衣橱开始筹划转型升级，以"MIMIFEN"这一紧盯国际服装发展趋势又结合本土时装产业发展现状和时尚消费特征，最终定位于知性白领阶层的高档时装品牌的推出为标志。2012 年"MIFEN"品牌正式启动转型升级。在公司高层达成的战略共识基础上，以"成为中国时尚女装品牌的创新引领者"为企业愿景，以"创造时尚、经营梦想"为企业使命，以"诚信做人、用心做事"为企业核心价值观，以"持续创新、感恩共赢"

为企业经营理念，以"人才＝人品×心态×沟通×知识"作为公司引进人才的理念，在公司内传播公司升级转型的信号。同时以树立"时尚点亮生活，梦想改变人生；有梦想就有翅膀，起飞要从高处开始；工作中的设计师，生活中的艺术家"的时尚生活理念，以"MIFEN 衣橱，我的时尚衣橱"作为品牌传播的核心概念对外展开公司及品牌形象传播。奏响品牌转型升级的三步走：

第一步，设计转型、形象升级：认知重建、资源重建

第二步，市场转型、营销升级：放弃、撤退、市场冷却

第三步，人才转型、理念升级：借助外力，管理培训、toplead

最终实现由中低价位品牌转型升级到高档精品女装品牌（品质提升）、由少淑女装品牌转型升级到淑女装品牌（年龄提升）、由实穿实用的基本功能品牌升级到时尚与艺术兼具的高级时装品牌（品位提升）的全面升级。

2014 年 MIFEN 衣橱建立了自己的自媒体，微信和微博平台也同步建立。之后半年左右的时间，吸引了一万多名粉丝关注。这一万多名粉丝里，至少有一半是其顾客。这一举措使品牌与顾客之间的沟通加强了，真正地建立了时装和消费者之间的连接，通过生活艺术体验的形式，打开消费者对于生活的理解，唤起品牌理念与消费心理形成的共鸣，开启品牌价值共创之旅。目前，MIMIFEN 正在尝试将时装与音乐、文学、花艺、艺术收藏相互链接——其推出的 MIMIFEN 生活艺术体验概念馆通过嫁接布鲁乐堂、布鲁的花店、布鲁艺术书吧、布鲁咖啡屋、布鲁生活艺术博物馆，以及高级定制礼服系列 MIMIFENGOLD，开启了"寻找生活艺术之美的旅程"，以实现服装、时尚与艺术更完美融合。

9.3.3 MIFEN 衣橱的启示

（1）差异化的品牌定位：创建品牌独特 DNA。

每一位时尚女性都希望拥有一个属于自己的时尚衣橱，"MIFEN 衣橱"通过时尚度和包容性来立足。从区别于经典优雅女人味的"MIFEN"品牌来说，流行混搭的时尚休闲是"MIFEN 衣橱"的主要产品线，同时，"MIFEN

衣橱"大量采用包容性强的黑色、白色、灰色、卡其色等含蓄的中性色作为品牌的设计基调,很容易区分"MIFEN"和"MIFEN衣橱"。"MIFEN衣橱"作为"MIFEN"的升级品牌,除了设计升级、品质升级,更强调的是形象升级、时尚升级。"MIFEN衣橱"的时尚指的是经典时尚,不是前卫时尚,比如"JORYA卓雅"的经典时尚方向。"MIFEN衣橱"的休闲指的也是经典休闲,不是街头的休闲类型,比如"ochirly欧时力"、"BASIC HOUSE百家好"等品牌的经典休闲方向。"MIFEN衣橱"是经典时尚与经典休闲的完美融合。MIFEN衣橱时尚集团旗下推出的4个MIMIFEN系列品牌,是一种伞状品牌结构,它们统一在核心品牌MIMIFEN的知性、优雅、品质、品位的基础上,但又各有定位侧重,共享MIFEN衣橱的品牌文化沉淀。MIMIFEN系列品牌通过"艺术植入品牌,文化推动前行"的战略思路,创建独特的品牌DNA,在消费者的艺术情感体验与文化价值认同上实现了突围。

（2）艺术跨界:共创品牌艺术认同感。

MIFEN衣橱的一系列跨界活动,意在促成这种融合,让文化更进一步。MIFEN衣橱2012年成立员工艺术团,持续举办文化艺术时尚跨界整合的各类艺术活动;2013年首创时装音乐剧,通过舞台剧的形式将时装艺术与音乐剧艺术跨界融合;2014年创立的生活艺术空间,则成为MIFEN衣橱品牌艺术之集大成者,这里已举行100多场艺术展览、艺术沙龙和时尚派对;在2015年的深圳时装周上,MIFEN衣橱的时装秀"拾光·游园惊梦"从皮影艺术获得灵感,带有皮影元素的服装在现场古筝、昆曲和鼓声的伴奏中,给人一种游园惊梦般的梦幻感。这种"由设计团队和员工艺术团每年创作演出的时装音乐剧,会诞生近百套艺术概念礼服,再经过提炼简化,就能成为MIFEN衣橱旗下MIMIFEN高级礼服定制产品和成衣,这就同步实现了艺术跨界、时尚融合、品牌传播与商业转化。"成为MIFEN衣橱的独创。

在MIFEN衣橱时尚集团创始人李飞跃眼中,服装不仅仅是一件衣服,而是一个发现美、寻找美以及优雅生活的艺术体现方式。有了锦上添花的创意,还得回归到服装作为一门生意的本质上来。为此,公司致力于艺术的探索与挖掘,不断寻找商业与艺术兼容的方式,让艺术融入品牌、融入终端。MIFEN衣橱时尚集团在深圳世纪汇打造的1200平方米的"生活艺术空间", 将时装销售和艺术展览、艺术体验、艺术教育以及时尚 Party 融为一体, 创造一种生活艺术方式。不论是原创音乐剧还是全新的终端模式, 生活艺术空间实现了艺术与时尚的跨界创新, 是新消费时代连接消费者内心需求的艺术化尝试, 也重建了时装品牌与消费者的情感连接, 无疑开创了品牌价值共创的先河。艺术跨界探索是新消费时代连接消费者内心需求的艺术化尝试, 也是 MIFEN 衣橱时尚集团对中国服装市场的新认识与新尝试。

9.4 TIANZI 莨绸: 中国文化传承典范

9.4.1 TIANZI 莨绸的发展背景

(1) TIANZI 莨绸概况。

深圳市莨绸时装实业有限公司于 1995 年成立于深圳沙头角, 而 "TIANZI" 这个生命则早在公司成立前的 1994 年, 比莨绸公司足足早了一年多。孕育出 "TIANZI" 的两位设计师中一位就是 "TIANZI" 的设计总监梁子。梁子作为 "TIANZI" 的原创者和灵魂, 呕心沥血把自身完全融入到 "TIANZI" 之中, 发展的 20 年间, TIANZI 开设专卖店达 400 多家, 营销网络已覆盖全国超过 160 个大中型城市。优雅、舒适、自然, 精致灵秀、知性淳美, 健康与环保共生, 形式美和神韵美兼具, 充满古朴气韵的东方面料演绎着雅致、含蓄的中国汉服文化, 创造出了史诗般的汉服文化神话。

(2) TIANZI 莨绸的发展历程。

①发现莨绸。

"TIANZI 莨绸" 服饰一直采用天然的亚麻、纯棉、真丝和莨绸作为自己品牌的面料, 追逐自然、舒适、环保的理念。1995 年的一次偶遇, 成就了 TIANZI 原创者与莨绸的一段奇缘。在她的手中, 莨绸这种已经消失了近半个世纪的古老神秘的珍贵面料, 被研发出 "TIANZI 彩莨"、"TIANZI 生纺莨"、"TIANZI 柯莨" 等新品种, 让这承载着历史重量的古老服装面料得以留存并重新焕发出新的生命力，使"TIANZI 莨绸"成为时尚界独一无二的闪亮风景，深受国内外消费者的喜爱。

②赋予莨绸生命。

莨绸承载着中华民族对于美的向往和理解，穿越历史的沧桑尘埃，不卑不亢，优雅含蓄，款款走来。自从原创者在一个废旧仓库里偶然发现了那一块莨绸布头，就以厚重的文化底蕴与鲜活的时尚创意征服着世界，已被越来越多权威媒体广为关注和传播。正是 TIANZI 原创者，将莨绸这种中国独有的古老而纯天然面料加以保护与传承，并经过多年的努力开发出了"彩莨"赋予了莨绸新的生命力和艺术思考，绽放绚丽的生命之花。

③赋予莨绸灵魂。

莨绸是一种起源于清道光年间的手工艺产品，一种世界顶级的丝绸面料。它的手工植物染色生产工艺已有 500 多年的历史，是以纯天然丝绸为坯布，用中国南部特有的野生中草药——薯莨为染料，经过榨汁、浸、晒、涂天然河泥等十四道工序染色而成。这一自然制作过程与中国人的哲学基础"天人合一"的主张不谋而合，TIANZI 原创者保留了它纯天然的传统取材以及纯手工的制作过程，把莨绸健康环保的自然理念融入服装设计中，赋予它天人合一的哲学思想，使得它在污染甚重的工业社会中独树一帜。

9.4.2　TIANZI 品牌内涵与文化解析

品牌是将企业与消费者内在心理渴求的人文理念相结合，提炼出共同向往的价值载体，具有独特的文化内涵和精神品质。"TIANZI"是其原创者灵性的本位演绎，透过质朴的材料、时尚的设计、宁静的色彩、简洁的形式、精致的细节，款款服饰无一不透着丝丝中国文化的痕迹，蕴含着深厚的中国文化底蕴。

（1）TIANZI 的品牌内涵。

"天人合一"是具有五千年文明史的中国文化精粹，也是人类一直追求的最佳生存状态和境界。蕴含了人和自然的平等和谐相处之意，也体现了"TIANZI"与 TIANZI 人合为一体，"平和·健康·美丽"既是"TIANZI 莨绸"品牌的设计理念，也是梁子公司的经营理念，更是天意人自身的生活理念。在这种理念导引下，天意的设计精致灵秀、含蓄优雅，不张扬、不奢华，崇尚纯粹与天然，兼具形式美和神韵美。其风格平和、淡定、自然、流畅，具有浓郁的中国风情和人文雅韵，于高贵优雅气质中体现出了内在知性淳美的本色，向人们传递着一种中国式的穿衣哲学。同时"TIANZI"把"生态、环保、健康"作为企业文化和品牌建设的第一宗旨，倡导一种生态、绿色和健康的生活方式，环保的理念体现在服装设计的每一个细节里，从面料到配饰，绣染到加工，每一项都尽量从环保的立场出发，"TIANZI"完美地顺应了时代的要求。

（2）TIANZI 品牌的文化解析。

"仁"和"天人合一"是几千年传统儒家思想的核心，"天人合一"是中国人的哲学基础，主张人类和大自然相互依赖，相互发展。"天人感应，观象制物，以象悟道，整合泛灵，是中国传统文化精神和思维方式的一个重要特质。""天人合一"的观念即"人与自然统一"，《庄子·齐物论》中论述道："天地与我并生，而万物与我为一。"中国古代哲家老子主张："人法地，地法天，天法道，道法自然。"《周易》中也肯定了人与自然的统一性和交融性。人是自然之子，是天地之气化育而成的，人与天地自然互相影响渗透，遵循统一的法则。人世是天道的展现，所以人们的服饰也应要合于天理，无论是在服饰的形制上，还是颜色、纹样上，都蕴含有深刻的"天人合一"的理念。中国古代上衣下裳的穿法就是对天地之别的认识，上衣象天，下裳象地，以代表"天地之法"之意，上衣多为玄色（黑色），下裳多为黄色，以应"天玄地黄"之理。

"天人合一"还体现在服饰以宽大、飘逸、含蓄为美上，由"天"之神圣、伟大、无限所推演出来的"大"于是也成了一种美的境界。中国古代服装一直以宽袍大袖为尚，把自然的人体隐藏于宽大的袍袖之中，构成了浑圆宏大、强调感悟的东方式神秘思维体系。这个体系中的"人"不同于一般意义上的人，是一个包融天地、与宇宙自然相通、具有神秘色彩的"人"。通过宽衣、大袖、长带造成的空间，更多地将天地自然融入自身，构成宇宙天地最大的和谐，产生出一种体现天人关系的道家意味的神秘气氛，从而体现"天人合一"

的哲学理念，东方宽衣文化就是在这种随天地自然的模仿中形成和发展起来的。天意的平和、健康、美丽的品牌理念，与中国文化精髓天人合一的和谐境界相结合，无论款式造型、色彩工艺用料配饰，还是服饰与环境的结合，都将人与自然完美地融为一体，散发出一种有着深厚的中国文化底蕴和强烈民族气韵的"和谐之美"。

9.4.3　TIANZI 品牌的文化演绎

"TIANZI"历年的以"天音""天籁""潺""和""濡"等为主题的时装发布会上，充分调动一切因素，将其"天人合一"的品牌理念和中国人文理念观的诠释得淋漓尽致，透彻地演绎了"TIANZI"亲近自然的理念。

在2006年"TIANZI 莨绸·潺"的春夏发布会上，用"水"贯穿始终，从开场小水珠的嘀嗒声，到中场潺潺的流水声，再到结束时的轻柔的哗哗声，并配以宁静、祥和的宗旨音乐贯穿始终。营造出一个纯净、天然、宁静的气氛，充满了中国古典的韵味，把水的纯净、水的淡泊、水的清丽解读得恰到好处，同时也把设计师的灵气发挥到极致。2008年主题"月亮唱歌"源于莨绸所展示的纯粹与天然、内敛又充满神秘力量感的气质，意味着天地有大美而不言，静听天籁，达到逍遥齐物、天人合一、欣然而乐的意境。而2009年5月 TIANZI 莨绸以"空"为主题的时装发布会，更是将东方文化的意会之美发挥到一个极致的境界：空灵的乐声仿佛天籁般响起，黑色的静谧的空间里，若有若无的轻纱慢慢飘逸，现场观众无不凝神于设计师所营造的空灵世界里，沉醉其中，摒弃杂念，静静冥想生命中的过去、现在、将来……"空"有一种妙不可言的意境，无有便是万有。"空"是天地万物的初始，是超越宗教、超越文化约束、回归自然人性本源，是从传统到现代的一种延伸，体现了浓浓的东方文化的艺术境界。

2013年，风声、水起、心动系列时装秀更是向世人奉献了一场民族文化与国际流行的时尚盛宴。在 TANGY collection 2014年春夏系列的发布会上，她将发布主题定为"色"，灵感来源于染莨过程，即一段胚绸，素白无色；浸染薯莨，暴晒烈日；由无色而浅色，由浅色而深色；最后经塘泥过乌而终成莨绸正果——黑色。就是要把莨绸作为一种礼物，送人鲜花手有余香，TIAN-ZI 原创者希望和有缘人一起分享莨绸的芬芳。因为佛说：色即有形质的一切万物。万物为因缘所生，并非本来实有，因此其当体是空，此谓之"色即是空"。此次发布会旨在寻找设计师品牌的知音。用莨绸做了近二十年时装设计的 TIANZI 原创者表示，她一直沉浸在这种发自内心的幸福与满足之中。"希望能通过我的设计，传达环保的理念，去细心品味崇尚自然、尊重自我的生活态度"。这好像是要把人带回到那个辽阔的树林中，在潺潺的溪水边，看薯莨被切开露出天然的橙红色，看白色的丝绸被自然浸染……那是一个有着史诗般浪漫的过程。

在设计创新中已把莨绸发挥到极致的 TIANZI 原创者，向人们展示了2014年春夏品牌流行的时尚言语：仍对莨绸面料进行着设计雕刻的整台时装，利用莨绸用薯莨汁不断渗透产生的不同的、渐变而和谐的自然色彩，将这一中国最古老的植物染色环保面料显现出了不同的、渐变而和谐的自然色彩。服装结构上通过平面、缠绕、相叠以及建筑感、空间感的融合和大胆的结构变化，给人以充分的自我空间。在时尚的设计中将生态和环保完美地进行融合，TIANZI 原创者在一贯的优雅飘逸基础上，加入趣味性元素，如给旗袍加上翻领以及精妙灵活的小领带，旗袍胸前用薄纱缝出波浪，这些由设计师深更半夜灵光乍现创作的成果，和吊染的围巾、拎包、项链，显现了时尚的生态理念。

案例小记：TIANZI 莨绸创始人之一的梁子，中国著名时装设计师之一，第11届中国时装设计"金顶奖"获得者。她因发现和保护性开发中国传统植物染色生态面料莨绸而被《时尚芭莎》喻为时尚界的"环保大师"；她曾多次应邀在巴黎、伦敦等国际时装周发布作品……TIANZI 以"生态时尚 天人合一"为创作理念，将国家级非物质文化遗产——莨绸推向了设计与时尚的国际舞台，从而使"TIANZI 莨绸"成为时尚界独一无二的闪亮风景。她和她的品牌，以自己独特的方式，向世界传播着东方文化的魅力。

9.5 芈狸：独树一帜的文化风格美学

9.5.1 芈狸的发展背景

（1）芈狸概况。

芈狸服饰有限公司创立于 1996 年，秉承创新的价值追求与传承东方文化，近二十年一直致力将原创精神转化为独特的服饰文化以及当代生活方式。芈狸（Militia）由芈氏夫妇创立，无论是"芈狸"这个名字本身，还是采用镜像处理过的品牌标志，都给人一种特立独行，与大众潮流截然不同。下属有北京分公司、上海分公司、状态国际发展（香港）有限公司、状态服装设计（珠海）有限公司。旗下品牌"芈狸（Militia）"已是中国现存最长亦是最成功的女装设计师品牌，同时，芈狸代理了包括意大利男装品牌 C. P. COMPANY、STONE ISLAND 及西班牙知名品牌 KOWALSKI 等国际品牌。2012 年，芈狸（Militia）已在全国上海、北京、深圳、福州、厦门、西安、长春、哈尔滨、昆明、乌鲁木齐、浙江等地拥有七十多家连锁店。

（2）芈狸发展历程。

芈狸一路走来，收获了业界绝大部分的荣誉。1994 年芈狸品牌创始人兼艺术总监马可带领公司团队参加兄弟杯国际青年服装设计师大赛，以"秦俑"系列获大赛唯一金奖。1995 年被日本《朝日新闻》评为"中国五佳"设计师之一。1997 年作为中国 4 个代表设计师之一，入选澳大利亚悉尼博物馆举行的"中国服装三百年"大型服装展览代表中国现代部分。1998 年参加 CHIC98，获"最佳设计"及"最佳品质"双金奖。1999 年，艺术总监马可小姐被美国"The FourSeasons"杂志评为亚洲"十佳"青年设计师赴巴黎参加"99 巴黎中国文化周"时装表演。2002 年荣获兄弟杯中国国际青年服装设计师作品大赛组委会颁发的"事业成就奖"，并作为中国首个服饰品牌受巴黎女装协会邀请，出席全球最大最高级的成衣展（PRET-A-PORTER PARIS）。2003 年作为中国纺织协会组织的"国际团"成员之一应邀参加全球最大的成衣展——德国 CPD 成衣展。2004 年荣获上海国际服装文化节 TOP10 时装设计师杰出贡献奖。2005 年在中国国际时装周上举办"芈狸"品牌 05 春夏时装发布会，获得新世界百货集团颁发的"最佳成长奖"，同年荣获"中国服装设计金龙奖之最佳原创奖"以及上海国际服装文化节"十大时尚新锐奖"和首届中国服装协会主办的"2003—2004 中国服装品牌年度大奖"，并在中国质量监督管理协会、中国质量标准研究中心、中国消费日报社联合进行的"中国市场消费商品质量、信誉、竞争力调查"中获"同行业知名品牌/领导品牌"称号。2006 年始芈狸从"芈狸是反的"的核心思想进一步提升为"创造和传播基于东方哲学的当代生活艺术"的经营理念。目前，芈狸（Militia）已拥有 30000 多名忠实 VIP 顾客，店铺 60 家，遍布全国 29 个主要城市、地区。

"芈狸"成立以来，不断学习、吸收国际先进管理经验并结合自身的特点，一直秉承东方本土文化的原创精神，持续地创新和经营，凝聚注重精神追求的信仰价值。2013 年 3 月，该品牌随着国家主席夫人彭丽媛优雅亮相俄罗斯，这个仅在圈内人流传的中国奢侈品品牌从此进入了大众的视野。

9.5.2 芈狸的品牌建设

"芈狸"品牌的精神世界与生活态度——用最简约的剪裁，去传达最丰富的生活语言；用一种淳朴、沉静甚至低调的态度，去响应这个繁华复杂的世界。其品牌主张"寻找当代中国生活美学的自我"就是让丰饶的文化资源作为其养分，追求"本源、自由、纯净"的品牌世界。

（1）芈狸品牌设计理念。

芈狸品牌设计的核心思想是创造和传播基于东方哲学的当代生活艺术，主张承传发扬东方文化和原创精神。不仅沿袭了传统禅宗、道宗、茶宗以及东方宽衣文化的源流，而且结合了当代的时尚元素并顺应绿色环保的潮流，开创了素心、素颜、素衣、素食、素居的绿色生活方式。这种理念使该品牌始终独立于主流时尚体系，用它惊人的创作实力去证明中国时尚的可能，总是扮演刺激中国消费者时尚素养的角色，并且作为大众品味的另一个出口，成为许多具有消费意识与文化美学自觉的现代女性忠实爱戴的设计师品牌。芏狸每一季的设计概念，艺术指导马可总是试图将这些概念从设计面提升到精神面和态度面，在这些创作上可以清晰看见芏狸期盼的不只是形式上的设计，更希望能提升到文化心灵层次的美学追求，芏狸要让中国消费者理解，一件衣服的哲学诠释。

（2）芏狸品牌标识。

芏狸这个简单独特的名字精确地解释了其追求"本源、自由、纯净"的品牌精神和理念。芏狸更加注重触觉，把 60% 的时间和精力花在触觉上，希望通过全身的触觉将舒适的感觉和自信的力量传递到内心，将难以用言语、视觉表达的东西通过触觉表达出来。

（3）芏狸品牌经营。

①控制规模，走精品路线。

作为具有一定规模的设计师品牌，芏狸引起众多风险投资人的关注，但其似乎并不为所动。风险投资人想着力打造的以服装连锁概念包装上市的思路，与芏狸的发展思路并不相符。2000 年，芏狸正式确立设计风格之后，就以特许经营的方式在全国开设了约 5 家专卖店，进入规模扩张期。2001 年，其店铺增加到近 30 家，2004 年更一度猛增至近 100 家店。作为设计师品牌，公司并不追求盲目扩张，2004 年年底，公司全面收缩店铺数量，在将 100 家店收缩到 60 家店的同时，公司将服装价格区间从 500 - 800 元逐年调整到现在的 1000 - 3000 元，年营业额约 3 亿元，毛利率近 30%。

②不断提高产品附加值。

通过控制规模、轻资产运营，同时，辅以另类营销模式，将美学和艺术融入商业运作，不断提升产品附加值。近年来，其创立的只展出不售卖的艺术品牌——"芏狐"，又为"芏狸"打通了国际化之路。芏狸是本土原创设计师品牌的代表之一，也是中国女装品牌从无到有、从"中国制造"到"中国设计"的缩影。2004 年世贸组织纺织品服装协议（ATC）正式实施，国际一二线品牌对本土品牌带来了相当大的竞争压力，再加上当时国内服装品牌之间抄袭之风盛行，于是，忠于原创的芏狸，果断地采取外包生产环节、收缩开店数量等轻资产策略，转而专注于产品附加值的提升。

③强化终端控制力。

国内服装品牌的渠道模式通常有三种：直营、代理和特许加盟。芈狸采取的是特许加盟模式，除了北京、上海和广州三地加盟申请人可以直接向芈狸公司申请以外，在其他区域芈狸都是交给当地的合作代理商，由其负责审批和协调开店事宜。与此同时，芈狸设定了一系列动态指标，根据60家店铺的不同发展情况进行考核，如单店每月销售额、每年销售额、单店每平方米所产生的效益等，在店铺达到一定指标后还会继续制定新的更高指标。通过这一系列的考核和跟踪管理，芈狸对旗下店铺具有很强的控制力。

此外，在店铺选址、店面设计、店员的管理培训等方面，芈狸也都有一套严格的标准。如芈狸的第一家书店与服装店相结合的"两面店"就选择落脚于云南昆明，在这里顾客除了购买服装，更多的是徜徉在美学与艺术的世界。而首家服饰家居店则选择落户于充满大都市气息的北京国贸店，在这里芈狸引入香港家居品牌"G.O.D"，让顾客放下工作的烦恼，享受如置身家中试衣的闲适。目前，芈狸还在不断朝着精细化管理的方向努力，以持续提升终端控制力。

芈狸的内部架构也围绕提升终端控制力组建。芈狸自初创时期便成立了买手部，建立了买手店铺经营模式，提升终端运营的能力。买手部员工来自于生产、销售或市场部门，负责汇集上下游产业链信息用于产品和市场分析，对外直接面对加盟商和终端店，对内各部门的工作运营，都集中在与买手部的协调中，如买手部有决定生产数量多少的权力，可以对服装款式提意见等，如此形成相互协调、信息共享的扁平企业组织构架。在2004年底缩减开店数量期间，公司内部也相应收缩了市场部，将重心从追求开店数量和规模效应上移开。与此同时，成立了加强终端控制力所必需的三个部门——品牌传播部门、培训部门和VIP顾客管理部门。

④"芈狐"与"芈狸"发挥协同效应。

"芈狐"是芈狸创始人在"芈狸"之后创立的艺术品牌，在2007年巴黎冬季时装周上首次发布。所谓艺术品牌，即只用于展览和收藏，传达设计思想，不用于销售。目前，主要是在国外的画廊、美术馆或博物馆展出。从商业角度看，制作只用于展示的艺术品牌服装有些有悖常理。但看似是设计师"理想主义"的举动，其实正发挥出巨大的品牌协同效应和商业价值。和芈狐的"血缘关系"令芈狸声名远播，为其打通了国际化道路。目前，芈狸已经远销至法国、德国、希腊、东南亚等地。此外，"芈狐"艺术品牌可以强化客户对品牌风格的理解和感悟，从而提升消费者对芈狸品牌的认知。

⑤另类营销：打造"两面店"和"生态店"。

与服装品牌通常使用的聘请形象代言人、媒体广告和冠名赞助活动的营销策略不同，芈狸选择的是从文化层面上激发客户的某种思想认同或情感共鸣，即所谓文化营销。文化营销主要体现在芈狸的店铺设计和独特的营销事件。

除了拥有普通的服装专卖店之外，芈狸还打造了两面店和生态店。"两面芈狸"店铺将书店与服装店相结合，一边售卖服装，一边售卖与文化、艺术、诗歌、文学和当代生活美学等相关的书籍。书店与服装店组合的"两面芈狸"，提供了一个让顾客在购买服装之余，思考关于外表与内涵、精神与现实生活的空间。

生态店是两面店的升级版，店面的装修和陈设全部采用环保和可回收材料，通过散布其间的服装、书籍和家居饰品，与顾客形成交流与互动，以此来呈现一种生活方式和生活态度。如芈狸位于北京崇光百货的首个生态店由香港知名设计师设计，其中的家居生活品牌 Y's 和从欧洲采购的饰品，据说都是马可从欧洲采风亲自挑选引入，与芈狸服饰一同展示，向顾客传达设计师对生活的理解与态度。未来，芈狸还计划进一步增加两面店和生态店在店铺总数中的比例。

面对中国全面追求着时尚生活、美学品味与现代生活素养，芈狸（Militia）试图用丰沛的创作力去颠覆主流体系下追求时尚的消费意识，并且期盼以中国原创的美学，提供世界看见中国时尚的观点，也提供中国学习时尚的重新思考。

9.5.3　芈狸的启示

（1）文化为本。

芈狸相信女人没有缺点只有特点，服装是表达个人意识与品味素养的媒介，芈狸为当代中国女性展示一种现代的生活意识：知性而向往心灵自由；独立并且热爱生活，对艺术、文学、思潮保持开放的胸襟；从容面对自己、面对世界，懂得享受生活带给她的一切并游刃自如。凭借其特立独行的哲学思考与美学追求，茉狸成功地打造了一种东方哲学式的当代生活艺术，更赢得海内外各项殊荣与无数忠诚顾客的爱戴。茉狸的标识是反的，其内涵是外反内正，她反的是那些束缚在创新上的旧框框、市场上的惯性，她提倡的是反向思维，她更关注自身内在的正面需求，更注重对生命、生活、生态正面主张的坚守。

（2）开凿品牌"护城河"。

茉狸品牌改变了中国女性为别人穿衣服的传统观念，女性应为自己穿衣服的产品定位使"茉狸"从诞生开始就决定了要创造一些与众不同的东西，注重反快餐设计，尝试在服装用料上开凿自己品牌的"护城河"即独家研发布料。自2005年开始，创始人就在公司创立了五个实验室：针梭织工作室、毛织工作室、配件工作室、染整实验室、品质实验室。这五个实验室是茉狸创始人毛继鸿效仿贝尔实验室建立的，意在沉下心来，在布料上慢工出细活的考究，体现自己品牌的价值主张。

（3）剑走偏锋的渠道模式：在书店卖衣服。

"茉狸"服饰的"两面茉狸"店，就在国内首创服装与图书相结合的零售模式。"两面茉狸"代表的既是服装的茉狸，也是阅读的茉狸，是"茉狸×茉狸"的双倍加乘效果。

"茉狸"12周岁生日当天，"北京SOGO生态店"开业，这家店是"两面茉狸"的升级版。与"茉狸"普通专卖店不同，"两面茉狸"在服装的基础上，增加了图书。而这家命名为"只在状态"的生态店中，除了服装和图书，店面装修全部采用环保和回收材料，还散布着一些家居用品，体现了一种"茉狸"的生活方式，构造一个与当代生活美学有关的生活空间。

2011年，小众文艺的"方居"开在了太古汇这个广州最高端的商场，与Hermes、LV、Dior等奢侈品比邻而居。作为"茉狸"渠道模式探索的产物，这家600平方米的书店，集书店、"美学生活"、咖啡、展览空间与服饰时尚等混业经营为一体。精挑细选了大陆、港台的4万种书刊及近万种英文出版物，其中设计、美术、建筑类书籍在国内都难得一见。

（4）培养忠诚客户群。

设计师品牌面对的是一个相对小众客户群，如何保持客户的忠诚度也是设计师品牌需要面对的问题。针对 VIP 顾客，芈狸设计了一系列会员活动：VIP 顾客生日当天可收到设计另类的钱包、针线包等小礼物；不定期举办的会员招募活动（活动期间可以以低于平日入会门槛的消费金额加入会员）、不定期举行的观影会；周年庆的积分返利、特别赠品回馈活动等。芈狸通过这些人性化的沟通方式和对服务客户细节的把握，培养了一批忠实的客户。据其公司网站介绍，成立至今芈狸已经拥有 VIP 会员约 3 万人。

按照芈狸会员的入会资格：普通 VIP 会员要一次性消费满 5000 元或在 12 个月内累计消费 8000 元；金卡会员要一次性消费 1 万元或在 6 个月内累计消费 2 万元。会员卡有效期均是 1 年，当年消费累计 8000 元可续会员一年，消费累计满 1 万元可续金卡会员一年。仅以其普通 VIP 会员的入会一次性消费金额计算，芈狸年营业额即可达 1.5 亿元，可见，客户忠实度对设计师品牌至关重要，是提高产品附加值的重要因素。

中国的时尚正在融入全球浪潮，而原创设计师品牌就是中国时尚未来赢得世界认可的开始，今天，"芈狸"这类品牌的消费群体看起来是小众群体，但是，正是这些小众群体，在界定着新的生活美学和品质消费，同时在引领着大众时尚。"例外"取得的成绩，其实并不例外。

（5）借势营销。

品牌与事件本身是否具有内在的契合度，关系到借势能否成功。芈狸无论是借平台，借文化根源，借名人效应，借政策之召，都与品牌自身的形象和谐匹配，因而口碑远播。我们知道公众对名人的关注程度，实际上是对其本人的不断认同过程，对其文化内涵和价值，尤其是成功价值的社会认同，这是一种价值情感的认同原则。

9.6　GtoIN：有别于欧美的清纯快时尚品牌

9.6.1　GtoIN 的发展背景

（1）GtoIN 简况。

GtoIN 是东莞市至尚集团有限公司（原东莞市东越服装有限公司，创立于

1996 年，其总部位于广东省东莞市虎门镇）旗下的休闲品牌之一，以其简洁时尚的设计、新潮的款式、精湛的手工、优质的布料、起货快捷而闻名。经过近二十年的拼搏与发展，至尚现已成为集品牌经营、产品开发、规模生产、市场营销于一体的大型服装生产企业。目前，集团在全国已发展专卖店三千多家，产品销售遍布全国 32 个省、市、自治区，并已在中国香港、马来西亚、越南、约旦等国家和地区开设了专卖店。

（2）至尚集团的发展阶段。

至尚集团的发展大致经历了如下四个主要发展阶段：

①起步阶段：主营批发业务。

1996 年，至尚制衣公司在番禺开工。1997 年公司迁往服装重镇虎门，为了避开老牌大型厂家的锋芒，公司老板把自己的服装产品定位在青春休闲风格上。公司发展初期仅有 20 多台衣车和 40 多名员工。当年，老板带着自产的 11 件服装，参加了第二届虎门国际服装交易会，与当时大部分虎门服装企业一样，以批发业为主，每年一届的服交会都能接到大量的订单。当时"至尚"服装每天最多时可批发出 7 万件，最多时一个月可发走 200 万件，全年基本上有上千万件服装被各地客商批走。至尚有两个 17 平方米的档口，生意非常红火。

②发展阶段：以特许经营的方式，走品牌专卖的发展之路。

1997 年，虎门镇全力扶持民营企业，从做强、做大的角度出发，推出了虎门最早的七大品牌，"GtoIN"是当时推出的七大品牌中最小的一个。七大品牌推出后，公司老板从并不宽余的有限资金中抽出很大一部分用于广告宣传，在当年举办的第二届中国（虎门）国际服装交易会上以小品牌、大手笔的姿态迎接来自四海宾朋的检阅。一夜之间，"至尚（GtoIN）"这个名字通过各种途径为大众所认知。

正当"GtoIN"品牌在批发市场上呼风唤雨的时候，老板敏锐地意识到批发经营难以适应当时的形势。于是他果断决定：以特许经营的方式，走品牌专卖之路。2000 年，正式注册至尚服装有限公司，并开始全面推广"GtoIN"品牌，同时明确公司的宗旨是为顾客呈奉物超所值的优质时尚服装。致力于通过提供平价、优质的时尚服饰，以引领热爱时尚、热爱分享的人们的穿衣文化和生活方式。为了打造出含金量更高的"GtoIN"品牌，提高"GtoIN"品牌的文化档次和品位，公司投入巨资，对"GtoIN"品牌进行了一系列的策划包装，力求在最短的时间内，从设计、广告、策划、陈列到形象等各方面给消费者以崭新的形象。特许经营使至尚公司迅速地实现了自己的"凤凰涅槃"，近 3000 家专卖店把"GtoIN"推向祖国的大江南北。

③全球扩张阶段。

21 世纪是全球一体化的经济时代，实施名牌战略是企业参与国际竞争的需要。在服装业，外来服装品牌进入中国依靠的是成熟的营销方式和市场推广经验，中国服装实施品牌战略虽然起步晚，但中国是制衣大国，有着无可比拟的本土优势和价格优势；另一方面，国内服装企业大多是从批发起家，累积客商众多，拥有无可比拟的渠道优势，这也为中国服装企业实施名牌战略打下了基础。从 2003 年开始，"GtoIN"迈出了全球化品牌扩张步伐，继在东南亚地区的马来西亚、新加坡等国家开始加盟连锁店后，2004 年又将加盟连锁店扩展到越南、俄罗斯等国家和地区。2007 年"GtoIN"专卖店持续扩张到科威特、约旦等中东市场。2010 年，至尚拥有了 14 个服装分厂，4000 余家专卖店遍布世界各地。

④形象重塑阶段。

2008 年以来，国际快时尚服饰品牌从中国一线城市迅速蔓延到二、三线城市，给国内大众时尚服饰业带来了巨大挑战，也刺激着行业的不断创新，迎来新的发展机遇。在异常激烈的市场竞争中，2011 年，为了重新塑造品牌形象，更贴近年轻消费者，至尚明确界定了"时尚，快分享（share in）"的品牌主题概念，并以最新的 AR 在线试衣技术为跳板，展开了一场传统行业的"时尚快分享"整合营销攻关战，在潮流技术、心理刺激、互动乐趣和利益回馈之间找到了一个绝佳的平衡，成功塑造了清纯的中国快时尚品牌形象。

9.6.2　GtoIN 品牌发展解析

（1）明确品牌发展战略方向。

战略决定一个企业的兴盛衰败。"至尚"从一个仅仅拥有 20 台衣车的小制衣厂发展成为集品牌经营、产品开发、规模生产、市场营销于一体的大型现代化民营企业，2005 年就相继捧回了"中国名牌"和"中国驰名商标"的称号，拥有 20000 多名员工，产品遍布国内外。这一切完全得益于公司掌门人创品牌的战略家眼光。至尚服装公司一开始就不满足于为他人作嫁衣、赚取微薄的加工费，以休闲的青春男女一族为目标市场，定位款式、花样、品种的多样性，以物美、价廉迅速赢得年轻消费者的青睐，成为当时享有中国第一号时装批发商之美誉的虎门富民商业大厦批发业主的翘楚。20 世纪 90 年代末期，虎门国际服装交易中品牌产品与批发产品之间的巨大价格差异，使至尚公司掌门人郭东林敏锐地感受了品牌运作产生的新商机，公司果断决定：以特许经营的方式，走品牌专卖的发展之路。几年后，在业内感觉以批发服装的方式所获得的利润越来越小的时候，"GtoIN"已成功转型，其特许加盟店每年以 30% 的速度递增，加盟店网络覆盖了全国二级以上城市。

（2）以人为本的经营管理理念。

战略为企业发展指引了方向，它需要有效的经营、运作手段，使战略设计得以执行。至尚公司确立并特别强化了以人为本的经营理念。

①引进人才，不拘一格。

"品牌要发展人才是关键"，至尚公司在通过参考国际国内大品牌的运作模式，确立了品牌立项拓展市场的路线之后，公司加大了人才引进步伐。在引进设计人才方面从来都舍得投入，不计较代价，公司认为只要对企业发展有帮助，那你就是企业的宝贝。早期公司老板为了请一名厂长，多次到那位厂长所在的企业去请，那位厂长所在的企业是一家濒临倒闭的国有企业，为了请到这一人才，至尚老板果断地买断了这位厂长的工龄，并将那个濒临倒闭的工厂买过来，让这位厂长嫁到至尚。演绎了"三顾茅庐"的现代版本。

自 2001 年起，公司又想方设法从全国有关院校广招服装设计的各种专才。一年之间以纯一下子用就 300 多万元从东莞理工学院引入 35 名服装设计专业毕业生。目前，供职于至尚集团并拥有设计师职称的专业人才达 100 多人。其中高级职称 20 多人、中级职称 50 多人。此外，公司还培养了 1000 多名技术骨干。他们成为至尚永立休闲服装时尚潮头的中坚力量。

②独特的人才培养模式。

至尚一方面引进人才，同时建立自己独特的人才培养基地即直营店，在全国各地的 100 多家直营店，均由公司员工自己经营，不为赚钱，只为培养加盟管理队伍和经营人才。如上下九路步行街的直营店，每月都能输送 5 到 7 名人才到全国各地，应加盟商的要求，帮他们开店、培训员工、管理店铺或开展经营。另一方面又让人才"回炉"和"走出去"。"回炉"就是公司聘请专家授课，进行内部培训，自我学习提高；"走出去"就是把一部分设计人才送到清华、中山大学等有关院校进一步深造，并派出部分人员出国考察。公司的设计师经常前往欧洲、日本、美国、中国香港等时尚前沿国家和地区，采集和吸收国际上最新的流行资讯，结合本土实际，设计出具有"至尚"味道的流行时装。

③共赢的服务客户理念。

让加盟商都有钱赚是至尚服务客户的理念。集团营销中心的主要任务就是帮加盟商挣钱。为此，需要将公司的设计、生产和销售终端捆绑成一个紧密的利益链条，迅速响应加盟商的各种要求，每个加盟店都会得到来自集团直营店培养的加盟管理队伍和经营人才专业而细致的指导。它们应加盟商的要求，帮它们开店、培训员工、管理店铺或开展经营。早前"至尚"在成都的一个专卖店，初期由于专卖店经理缺乏经验，生意很不景气。集团老板知道后很焦急："客户的失败就是我们的失败，要想尽办法帮助她！"他让公司的高层策划人员飞赴成都，对专卖店进行全面考察，专门制订了营销策略，并给予资金支持。如今这家专卖店生意红火，成为"至尚"业绩较好的样板店之一。另外，以纯集团设有专门的售后服务部，每个大区设有专职的客户主任，开设了消费者热线电话，积极主动地为消费者以及专卖店、加盟商协商、处理售后有关事宜。

④善待员工。

在至尚公司，事无巨细，员工们投书到董事长信箱的问题都能得到及时妥善解决。在至尚还流传着这样一个"传说"，假如有一天董事长把员工找到办公室，递给他一套商品房或一部小车的锁匙，这并不是一件很奇怪的事情。而且，送的房子都是以被赠送人的名字入户并办有房产证，集团还规定，对获得商品房的员工只要在至尚工作满 5 年，这套房子就完全是他的了。至尚不仅关心员工生活，还通过有计划、全方位的培训以及走出去的方式帮助员工成长，从而稳定了员工及人才队伍。

（3）品质至上的质量管理。

至尚服装有限公司投资 500 万元建立起来的质量检测中心，负责对从原材料采购到制作出成衣每个环节进行全面仔细的检测。至尚的每一批原材料，每一批成品，都必须经过严格检测。为了保证产品的质量，检测所对产品的检测范围还不限于国家要求的范围，而是对所有的项目都进行严格把关。

据了解，该检测中心现有日晒牢度检测仪、生物显微镜、恒温水浴锅、自动缩水率实验机、汗渍色牢度仪……所有仪器设备均达到国际或国内先进水平。对原料主要检测尺寸稳定性、色牢度、物理性能和化学性能等四个方面的指标，而在 25 项性能检测中，有 16 项高于国际优等品标准 0.5 级以上或符合国际优等品标准，有 3 项符合美国或英国标准，其余均符合国家标准。

此外，品质检测中心还对成衣产品进行有效检测。所有货品在送往专卖店出售前，必须先经过多次严格检测，检测范围包括尺寸、耐燃性、化学品、镍、起毛起球性、拉链、纽扣、盐漂及氯漂、洗涤及酸碱值等测试，以确保其最终使用的安全。至尚品牌在生产过程及尾部管理等环节层层把关，对品质进行控制，在车间时通过初查、中查、大查进行全面检查和质量跟踪，对包装、储存严格规范等。至尚已通过 ISO 9001：2000 认证，真正做到了从源头到终端的质量跟进。

新设备、新技术以及严格的质量管理，让至尚服装日益成为品质优良的代名词。在历次国家或省组织的产品质量监督抽查中也从未发生过质量问题，并且从未发生过产品质量投诉。至尚以过硬的品质基本完成了它的中国以及世界市场的布局。跃升中国休闲装领军品牌之后，以纯集团从 2008 年开始，不仅在英国、法国、日本、中国香港等国家和地区开设了产品研发工作室，还高薪聘请了具有相当专业水平的研发人才。每个季度 5000 个左右新款推向市场，极大提高了产品市场占有率。2007 年以来，已逐步将原来的"老爷车"全部更换为"重机"电脑衣车，2010 年初引进了格博电脑裁床设备后，不仅完全保证了产品尺寸的精确度，也提高了原材料的利用率。原有的质量检测中心也更新了大部分检测设备，将质量问题解决在萌芽状态。

（4）与时俱进的营销管理。

至尚质优价廉的产品赢得了年轻消费者，以专卖店为核心渠道系统完美诠释了至尚的直营理念。

①专卖直营，抢占市场先机。

率先开启的专卖销售模式使至尚积累了很多实战经验，包括在专卖店网点布局、专卖店规划、品牌推广、物流配送、终端销售培训等整个系统工程上，至尚都仔细设计、规划，使专卖店销售渠道的各个环节趋于完善。通过设立中央形象小组，为所有市场提供综合形象计划，在世界各地传达同一声音、同一资讯，并应地方需要和环境，采用跨媒体行销，包括采用大型广告板、杂志、互联网络及属下专卖店，提升消费者对"至尚"品牌的忠诚度。2008 年以来，至尚集团新开发的网络信息管理系统，每天均能及时了解到海内外 3500 多家专卖店的产品销售信息，并及时对畅销产品进行加单生产投放市场，以提高营销业绩。另外，以纯集团设有专门的售后服务部，每个大区设有专职的客户主任，开设了消费者热线电话，积极主动地为消费者以及专卖店、加盟商协商、处理售后有关事宜。

②明星代言、借势营销，强化品牌形象。

至尚最早启用了当红的香港影星张柏芝、古天乐做代言人。2009 年，集团与时俱进，启用韩国影视红星李准基作为其男装最新品牌形象代言人，女装最新品牌形象代言人则为 2009 年快女十强。加强与新生代消费者的沟通和联系。

借势营销是以纯的另一营销策略。2006 年 4 月，至尚取得国际足联 2006世界杯休闲类服装生产销售的中国独家代理权。在倍受全球关注和期待的2006 世界杯足球赛期间，至尚得以生产并销售国际足联指定带有世界杯授权LOGO、标识和吉祥物等图案的休闲服饰以及洋溢着世界杯文化的相关饰品。一方面，至尚集团根据参赛国家的队服颜色都设计制作了相应的男女 T 恤；另一方面，以纯为在德国世界杯比赛现场超过 500 人的央视报道阵容提供了国际足联的授权服装。以赞助商的形式介入世界杯，借用世界杯概念进行销售和宣传，使至尚（GtoIN）第一次在真正意义上借助世界杯走向世界。"在世界杯期间，至尚创下单天单店卖出 400 件 T 恤的纪录。"

③会展营销，强力推广。

作为从虎门走出去的知名国际品牌，虎门国际服装交易会是虎门一年一度的盛会。"至尚（GtoIN）"从 1997 年开始参展，至今为止已经近二十届了。集团掌门人还记得第一届参展时"至尚"只拿了两个展位，18 年来伴随着虎门服装交易会的发展，品牌宣传的效果越来越好，"至尚"的展位也越来越多，现在"至尚"每年都是 10 个展位（不是他不想多要，而是组委会最多只能给 10 个）。"至尚"每年的展位都有自己独特的风格，如 2007 年的埃及金字塔展位给与会者带来了很大的惊喜，并获得"最优秀展位形象设计金奖"，2008 年的展位主要以自然、环保、清新为主题，2009 年的展位概念则带给客商一种酒吧的感觉。

④试水电商，诠释全新的整合营销理念。

有人说，2009 年是电子商务年。东莞的服装企业也开始试水电子商务。至尚（GtoIN）上淘宝网的主要目的并不是以 B2C 这种方式进行产品的销售，而是希望借助电子商务渠道进行品牌传播和产品展示，意在使消费者通过网络了解至尚。因此，至尚（GtoIN）清理了公司以外的非正规渠道的网上销售，将淘宝渠道控制在公司总部。同时即使是公司自己在淘宝网上卖，对网上的销售量也是控制的，而且还要保证价格不会低于专卖店，不能与至尚（GtoIN）的加盟商冲突，以确保加盟商的利益。

2011 年是中国服饰市场处于快速增长的黄金时期，只有抓住这个时期，在中国市场站稳脚跟，才能真正迈向国际化。于是至尚（GtoIN）以最新的 AR 在线试衣技术为跳板，展开了一场传统行业的"时尚快分享"整合营销攻关战。

首先，至尚针对"80 后"和"90 后"这类消费群体喜欢娱乐、购物、社交和网络，喜欢分享的特点提出了"SHARE IN 时尚快分享"的品牌口号，这一口号正好能将 GtoIN 与消费者紧紧地联系在一起，既体现了至尚（GtoIN）的企业观念，也能引起消费者情感诉求的共鸣。"快"则体现当下消费者快速观念：快时尚，快生活。它还是至尚设计、生产和营销的灵魂，把时尚化为行动力，融合在品牌的血液中。为此，至尚（GtoIN）试图将

"SHARE IN 时尚快分享"理念注入到产业模式中，不断推陈出新，分享时尚潮流，以实现理念和产品的深度整合。

其次，AR + 明星激发互动激情。在此次营销传播中，至尚（GtoIN）提出"庚我一起拍广告"的口号，聘请代言人韩庚拍摄了新一季 TVC，并在 TVC 中预留了几秒钟的画面，而粉丝只需要参加 AR 试衣生成照片或视频，就可以自动植入 TVC 中，成为独一无二的 TVC 女主角。如此用户通过 AR 试衣等技术体验产品的过程，完美的融合"SHARE IN 时尚快分享"的理念和产品。据悉当时在一周内，AR 互动试衣的 Minimalisite 访客超过 20 万人次。

最后，整合制胜：传统 + 数字。在传播媒介上，至尚利用电视、网络等各种渠道，全平台覆盖。其选择深度联姻互联网、进行大规模整合营销的做法，开启行业先河。Minimalisite 的 AR 试衣、微直播的线上与线下直接对话、实体店的 AR 试衣、LBS 签到，还有超过 14 万人次参与到人人网以纯"时尚快分享"小游戏中来。在优酷，至尚制作的病毒视频《公路篇》在短短几天内点击率便超过 104 万次。各种交互模式整合在一起，很快在互联网形成一股以纯"时尚快分享"活动的舆论浪潮。据称活动期间，至尚各个活动店铺比以往同期提高了销售量，如四川省春熙路西段店，借助 AR 活动的开展，该店在活动 6 天后就已经售出时尚分享款 1500 件，派出特殊 AR 码 1500 张，销售额比同期增加了数十万元。

9. 6. 3　至尚（GtoIN）的启示

（1）企业家的战略眼光。

至尚（GtoIN）公司董事长郭东林感言" 一个企业要取得长足发展，作为企业家没有长远的战略眼光是不行的。"至尚（GtoIN）集团在传统产业领域一路走来的创新实践，为众多"草根"企业提供了重要启示：只要把眼光放远，不断创新管理理念就能赢得市场。

（2）不拘一格的人才战略。

企业、品牌发展的关键是人才。至尚以人为本、不拘一格的用人之道不仅吸引了行业内的专业人才，提高了员工素质，更重要的是稳定了员工和管理者队伍，为企业创新发展提供了可持续的人力资源保障。

（3）完善的质量管理体系。

"质量造就名牌，管理赢得效益。"至尚集团严抓质量管理，决不允许不合格产品流入市场，对每一道工序都严格把关，建立并健全了完备的原料采购和货品质量检验机制。至尚"质量反思台"的故事值得业界人士深思。据称在集团的大院里有一个非常特别的地方——质量反思台。在质量反思台上有两把椅子，中间写着"质量反思台"几个大字，专供产品出现质量问题后责任人反思使用。在反思过程中，台上人与台下人不准交流，需要静坐两个小时反思质量差错。这样的反思要比打坐面壁还难受，因为是大庭广众之下的反思。至尚集团无论是哪级领导，只要是有相关质量责任，都要这样做。而集团董事长郭东林坐"质量反思台"的故事，就是至尚集团视质量为企业的生命和效益的故事。也许，正是至尚这种以质量赢客户和以客户为中心的服务理念，才使其在纺织服装行业走到了今天，并且取得了良好的发展。

（4）与时俱进的品牌运营管理理念。

从早期批发经营到品牌连锁专卖、从清纯休闲到时尚快分享、从传统直营到线上线下整合，无不体现着至尚对市场需求的精准把握。在其他企业将社交媒体作为提升品牌影响力、扩大知名度的途径时，至尚却更新潮一步想到直接利用社交媒体促进实体店铺的销售，占据了市场的先机。作为传统的服装品牌，至尚没有因循守旧，固守传统模式，而是主动吸取新鲜信息，在做好充分准备后，以靓丽的姿势出席在新潮营销的舞台，整合资源，全方位出击，全网络渗透，对整合营销做出全新诠释，完美演绎了一场传统行业与新媒体营销的"非诚勿扰"，赢得了更多年轻消费者的认知与认同。

参 考 文 献

［1］Amara, N., Landry, R.. Knowledge sources of information as determinants of novelty of innovation in manufacturing firms: evidence from the 1999 statistics Canada innovation survey ［J］. Technovation, 2005, 3 (25): 245 – 259.

［2］Belussi, F., Arcangeli, F.. A typology of networks: flexible and evolutionary firms ［J］. Journal of ProductInnovation Management, 1998, 27 (4): 415 – 428.

［3］Bengtssona, M., Solvellb, R.. Climate of competition, clusters and innovative performance ［J］. Scan DinavianJournal of Management, 2004, (2): 25 – 244.

［4］Dei Ottati, G.. The remarkable resilience of the industrial districts of Tuscany ［J］. Global Pressure and LocalResponse in Italy, Geneva, Switzerland. InternationalInstitute for Labour Studies, 1996.

［5］Faems, D., Van Looy, B., Debackere, K.. Interorganizational collaboration and innovation: toward a portfolio approach ［J］. Journal of Product Innovation Management, 2005, 22 (3): 238 – 250.

［6］Gereffi G. International trade and industrial upgrading in the apparel commodity chain ［J］. Journal of International Economics, 1999, 48 (1): 37 – 70.

［7］Gummesson, Evert. Making Relationship Marketing Operational ［J］. International Journal of Service Industry Management, 1994, 5 (5): 5 – 20.

［8］Hatzichronoglou, T. Revision of the High-Technology Sector and Product Classification ［J］. OECD Science, Technology and Industry Working Paper, Paris, 1997.

［9］Henderson J., Dicken P., Hess M. Global production networks and the analysis of economic development [J]. Review of International Political Economy, 2001, 9 (3): 436 –464.

[10] Humphrey J. , Schmitz H. How does insertion in global value chains affect upgrading in industrial clusters? [J] Regional Studies, 2002, 36 (9): 1017 –1027.

[11] Jones, Richard. Finding Sources of Brand Value: Developing a Stakeholder Model of Brand Equity [J]. Journal of Brand Management, 2005, 13 (1): 10 –32.

[12] Keeble, D. , Wilkinson, F. . Collective learning andknowledge development in the evolution of regionalcluster of high technology SMEs in Europe [J]. Regional Studies, 1999, (33): 295 –303.

[13] Keller, Kevin Lane. Brand Synthesis: The Multidimensionality of Brand Knowledge [J]. Journal of Consumer Research, 2003, 29 (4): 595 –600.

[14] Keller, Kevin Lane and Lehmann, Donald R. How Do Brands Create Value? [J]. Marketing Management, 2003, 12 (3): 26 –31.

[15] Knorringa, P. . Agra: An Old cluster facing the newcompetition [J]. World Development, 1999, (2): 1587 –1604.

[16] Kwaku Atuahene, G. . An exploratory analysis of theimpact of market orientation on new product performance [J]. Journal of Product Innovation Management, 1995, 12 (4): 275 –293.

[17] LallS. , 2000, "The Techno Logical Structure and Perfomance of Developing Country Manufactured Exports, 1995 –1998", Oxford Development Studies, 28 (3): 337 –369.

[18] Moenaert, R. K. , Souder, W. E. , De Meyer, A. , Deschoolmeester. D. . R&D marketing integration mechanisms, communication flows, and innovation success [J]. Journal of Product Innovation Management. 2003, 11 (1): 41 –45.

[19] Mudambi, S. . Branding importance in business-to-business markets [J]. Industrial Marketing Management, 2002, (31): 31 –43.

[20] M. Dertouzos, R. K. Lester and R. M. Solow (eds) . Made in America:

Regaining the Productive Edge, Pickles J, Smith A, Bucek M, et al. Upgrading, changing competitive pressures, and diverse practices in the East and Central European apparel industry [J]. Environment and Planning A. 2006, 38 (12): 2305 – 2324.

[21] Prahalad C K and Hamel G. The core competence of the corporation [J]. Harvard Business Review, 1990, 68 (5/6): 79 – 91.

[22] Prahalad C K and Ramaswamy V. Co-creation experiences: The next practice in value creation [J]. Journal of Interactive Marketing, 2004 3 (1): 5 – 14.

[23] Rabellotti, R. , Schmitz, H. . The internal heterogeneity of industrial districts in italy, brazil and mexico [J]. Regional Studies, 1999, 33 (2): 97 – 108.

[24] Rabellotti, R. . Recovery of a, exican cluster: devaluation bonanza or collective efficiency [J]. World Development, 1999, 9 (27): 1571 – 1585.

[25] Schmitz, H. . Does local co-operation matter evidencefrom industrial clusters in south Asia and Latin America [J]. Oxford Development Studies, 2000, 28 (3): 786 – 815.

[26] Srivastava R K, et al. The resource-based view and marketing: The role of Market-based assets in gaining competitive advantage [J]. Journal of Management 2001, 27 (6) : 777 – 802.

[27] Tewari, M. . Successful adjustment in indian industry: the case of ludhiana's knitwear cluster [J]. World Development, 1999, (27): 1651 – 1672.

[28] Vargo S L and Lusch R F. From repeat patronage to value co-creation in service ecosystems: A transcending conceptualization of relationship [J]. Joural of Business Market Management, 2010, 4 (4): 169 – 179.

[29] Vargo S L and Lusch R F. It's all B2B, and Beyond: Toward a systems perspective of the market [J] Industrial Marketing Management, 2011, 40 (2): 181 – 187.

[30] Vargo S L and Lusch R F. Service dominant logic: Continuing the evolution [J]. Journal of theAcademy of Marketing Science, 2008, 36 (1): 1 – 10.

［31］Wang J. New Phenomena and Challenges of Clusters in China in the New Era of Globalisation, In Ganne B and Lecler Y, (ed.) Industrial clusters, global competitiveness and new policy initiatives ［M］. World Scientific, 2009：195 - 212.

［32］卞芸芸，陈烈，沈静等. 产业集群特征探析及形成机理——以中山市沙溪镇为例［J］. 经济地理，2008，28（02）：322 - 326.

［33］卞志刚. 例外服饰品牌定位分析［J］. 中国外资，2013，6.

［34］曹洪军，高松，庄晖. 我国中小企业品牌资产发展路径研究［J］. 中国工业经济，2008，12（249）：124 - 133.

［35］陈芳. 反传统企业触网趋势——"以纯"受制加盟模式叫停线上销售［N］. 中国商报，2013 年 1 月 25 日，第 012 版.

［36］陈晓芳. "以纯"郭东林穿破袜子的服装大鳄［J］. 商业故事，2010，6.

［37］崔晓兰. 论口碑营销的借势——以例外服饰为例［J］. 山东纺织经济，2013，9.

［38］傅莲英，秦英福. 以纯：特许经营闯出发展新路［N］. 国际商报. 2005 年 01 月 04 日，第 006 版.

［39］管华，周莉英. "天人合一"在服装品牌文化中的应用［J］. 美与时代（城市版），2015，1.

［40］胡建. 一座城市的时尚霓裳舞步［N］. 中国服饰报 2011 年 8 月 19 日第 A02 版.

［41］解学梅，曾赛星. 基于创新价值链的集群区域品牌模式构建［J］. 现代管理科学，2008（12）：47 - 48.

［42］赖松. 粉蓝衣橱：探讨时装的艺术本质［J］. 纺织服装周刊 2013（总 27 期）.

［43］赖松. 探索艺术跨界与商业变革——访粉蓝衣橱时尚集团董事长李飞跃［J］. 纺织服装周刊 2014（总 22 期）.

［44］赖松. 新老品牌再腾飞［J］. 纺织服装周刊 2014（总 27 期）.

［45］李虹. 快时尚：产品力至高消费者至上［N］. 广告大观综合版，2012，10.

［46］李剑华．"天意"品牌风格研究［D］．北京纺织大学硕士学位论文，2009，12．

［47］李雷，简兆权，张鲁艳．服务主导逻辑产生原因、核心观点探析与未来研究展望［J］．外国经济与管理，2013，35（4）：1－12．

［48］李雷，赵先德，杨怀珍．国外新服务开发研究现状述评与趋势展望［J］．外国经济与管理，2012，34（1）：36－45．

［49］李莉．我们继续施展"魔力"［J］．纺织服装周刊2011，6．

［50］李晓慧，吕杨等．设计师品牌走出商业钝感地带［J］．纺织服装周刊，2010（总19期）．

［51］李英．服装品牌力量：他们是行业的推手［J］．纺织服装周刊2011，7．

［52］立风．马天奴：品牌常青的商业模式．世界经理人网站（企业战略，管理文库），http：//www.ceconline.com，2015，4，28．

［53］梁明．生态时尚天人合一天意梁子"色"倾时装周［J］．中国品牌，2013，12．

［54］刘嘉．艺之卉：跨界演绎鱼文化［J］．纺织服装周刊，2010，11．

［55］刘蛟．艺之卉创意产业促发新一轮升级［N］．中国纺织报，2008年12月5日第001版．

［56］刘君，白敬艳，赖秋劲．民族风格服装品牌的现状与发展探析［J］．丝绸，2013，10．

［57］刘林青，产业国际竞争力的二维评价及演化研究——全球价值链背景下的思考［M］．北京：人民出版社，2011．

［58］刘青，李贵才，仝德．深圳女装品牌企业升级途径与空间组织［J］．城市发展研究，2011，18（10）：10－13．

［59］刘树青．"天意"的"品牌生态观"［N］．中国纺织报，2003年04月11日．

［60］刘晓英．艺之卉品牌传播之艺［J］．经营与管理，2007，9．

［61］鲁军，刘虹辰，艺之卉．品牌创新逆市飞扬［N］．深圳商报，2008年11月26日，第A01版．

[62] 鲁仁. 以纯：将复杂的问题简单化 [N]. 民营经济报, 2006 年 8 月 23 日, 第 A14 版.

[63] 毛立辉. 谁让"以纯"如此妖娆 [N]. 中国服饰报, 2005 年 01 月 14 日, 第 B37 版.

[64] 毛蕴诗, 金雨晨, 李杰. 加工贸易相关产业转型升级研究——以广东省纺织服装业为例 [J]. 当代经济管理, 2012, 34（8）.

[65] 孟韬. 企业品牌、网络关系与产业集群 [J]. 东北财经大学学报, 2006（3）：14 – 16.

[66] 孟杨. 和梁子一起听月亮歌唱 [J]. 纺织服装周刊, 2008, 3.

[67] 孟杨. 天意梁子祈愿祥和 [J]. 纺织信息周刊, 2005, 11.

[68] 孟杨. 阅读之旅——走近设计师品牌"艺之卉" [J]. 中国纺织, 2005, 8.

[69] 明娟, 王子成, 张建武. 广东制造业产业竞争力评价与分析 [J]. 经济地理, 2007, 27（4）：565 – 570.

[70] 潘明韬, 小企业经营困境中的服装产业升级——基于全球商品链的分析 [J]. 生产力研究, 2012（No.1.）：232 – 235.

[71] 潘钦栋. 一个时尚品牌的诞生——从郭东林的操盘看"以纯"的破茧化蝶 [J]. 中国纺织, 2007, 1.

[72] 庞彩霞, 郑杨. 看"草根"企业如何长成参天大树——以纯集团有限公司创立自主品牌纪实 [N]. 经济日报, 2011 年 11 月 28 日, 第 001 版.

[73] 秦晶. 寒冬里吹来"以纯"风——与"以纯"休闲服饰华北区总经理吴正华对话 [N]. 发展导报, 2005 年 12 月 9 日, 第 004 版.

[74] 秦英福, 汪纯侠. 踏上"以纯"的品牌商路 [N]. 中国纺织报, 2004 年 12 月 31 日, 第 T00 版.

[75] 秦英福. 以纯跨入 FIFA 品牌阵营 [N]. 中国纺织报, 2006 年 4 月 21 日, 第 007 版.

[76] 丘海雄、于永慧、丘晴, 珠三角传统产业出路何在——来自广东东莞虎门的调研报告 [J]. 学术研究, 2008（10）：45 – 51.

[77] 邱月烨. 例外但不意外 [J]. 二十一世纪商业评论, 2014, 1.

[78] 秋影. 以纯: 左手渠道, 右手品质 [N]. 中国服饰报, 2012 年 11 月 16 日, 第 B30 版.

[79] 任宝, 李鹏飞, 王缉慈. 产品品牌数量对产业集群影响的实证研究——以中国服装产业集群为例 [J]. 地域研究与开发, 2007, 26 (03): 6 - 10.

[80] 阮素丹. 自然神韵与东方意境的融合——解读 "天意·梁子" 服饰的文化内涵 [J]. 辽东学院学报 (社会科学版), 2012, 2.

[81] 史世伟. 德国国家创新体系与德国制造业的竞争优势 [J]. 德国研究, 2009 (01).

[82] 宋凡. 以纯向左凡客向右 [J]. 中国纺织, 2013, 7.

[83] 宋韬. 全球生产网络中发展中国家 (地区) 服装产业升级的路径选择 [J]. 世界地理研究, 2010, 19 (01): 79 - 85.

[84] 苏珊·博尔格, 理查德·K. 李斯特主编, 由香港制造——香港制造业的过去·现在·未来 [M]. 北京: 清华大学出版社, 2000.

[85] 苏铁鹰. 以纯新品牌神速现身天猫 [N]. 中国纺织报, 2013 年 11 月 15 日, 第 002 版.

[86] 粟晗. "例外" 品牌文化在其终端卖场的视觉传达研究 [D]. 湖南师范大学硕士学位论文, 2014, 5.

[87] 孙彦红. 试析近年来意大利产业区的转型与创新 [J]. 欧洲研究, 2012 年第 5 期: 117 - 135.

[88] 王传英. 意大利产业区发展经验与启示 [J]. 经济纵横, 2003 年 7 月.

[89] 王缉慈. 我国服装业的地方集群战略思考 [J]. 世界地理研究, 2003 (02): 32 - 38.

[90] 王萌萌. 中国元素对中外服装设计师影响的差异性分析 [D]. 沈阳航空航天大学硕士学位论文, 2011.

[91] 王彦勇, 徐向艺. 国外品牌治理研究述评与展望 [J]. 外国经济与管理, 2013, 35 (1): 29 - 56.

[92] 王永仪, 魏衡, 魏清泉. 广东虎门镇服装加工产业集群发展研究

[J].经济地理,2011,31(01):97-101.

[93] 王羽.做中国的香奈儿——访马天奴集团董事长吴穗平 [N].中国纺织报,2013年6月28日,第008版.

[94] 王育楠.马天奴的时尚帝国 [N].中国纺织报,2014年7月25日,第008版.

[95] 王志灵.以纯式突围:解困东莞困境 [N].21世纪经济报道,2008年9月8日,第042版.

[96] 王周扬,魏也华.意大利产业区充足:集团化、创新与国际化 [J].地理科学,2011,11.

[97] 邬爱其.全球化下我国集群企业的合作关系演变 [J].科学学研究,2006(6):374-380.

[98] 吴俊,欧敏静.试论中国元素服装的民族精神——结合"天意·梁子"品牌服饰分析 [J].山东纺织经济,2012,5.

[99] 吴晓燕.以纯的"快时尚"运动 [J].成功营销,2011,11.

[100] 武文珍,陈启杰.价值共创理论形成路径探析与未来研究展望 [J].外国经济与管理,2012,6(34):66-73.

[101] 夏燕.李飞跃与新深圳时代 [J].中国服饰,2010,8.

[102] 夏燕.深圳女装之蜕变 [J].中国服饰,2011,7.

[103] 谢洪明,王现彪等.集群、网络与IJVs的创新研究 [J].科研管理,2008(6):23-29.

[104] 徐萍.南昌以纯服装公司营销策略研究 [D].南昌大学硕士学位论文,2011(S1).

[105] 徐淑琴,郭东林.开拓"以纯"服装品牌之路 [J].广东科技,2010,4.

[106] 宣耿珺.休闲服饰行业新媒体营销策略研究——以YS以纯为例 [D].兰州大学硕士学位论文,2014,4.

[107] 杨建梅,黄喜忠,张胜涛.产业集群的品牌结构及其对集群竞争力影响的探讨 [J].科技管理研究,2006,(11):56-68.

[108] 姚伟坤,周梅华,张燚.产业集群环境下的企业品牌纵向合作关

系研究 [J]. 中国管理科学, 2009, 8, (17): 84 - 90.

[109] 姚作为. 品牌资产理论的成熟与展望 [J]. 上海经济研究, 2007, 2: 29 - 38.

[110] 姚作为. 企业集群与品牌聚合 [J]. 生产力研究, 2004 (9): 131 - 134.

[111] 尹力. 挑战传统, 尽展美丽——记"马天奴"服装专卖连锁企业有限公司的崛起 [N]. 市场报, 2000 年 12 月 27 日, 第 012 版.

[112] 余勇. 品牌在左质量在右——深度透析以纯成功之道 [J]. 中国纤检, 2009, 6.

[113] 袁雪. 解密"德国制造"神话: 中小企业撑起一片天 [J]. 中小企业管理与科技, 2010, 1.

[114] 赵晨宇. 艺之卉勇敢为先 [J]. 北京时尚, 2012, 9.

[115] 郑春玲. 大众休闲品牌服装的商品组合研究——以"以纯"的商品组合为例 [D]. 浙江理工大学硕士学位论文, 2010, 3.

[116] 郑凤妮, 秦英福. 探索以纯飞跃之谜 [N]. 中国服饰报, 2005 年 01 月 28 日, 第 B26 版.

[117] 郑磊. 赢在边缘的典型案例——以纯 [J]. 中国制衣, 2007, 6.

[118] 周姚. 深圳品牌女装近十年发展概况研究 [J]. 学术论坛, 2014, 12.

[119] 邹岚. 从丝绸之路文化看现代服饰品牌文化的建设——以本土品牌"例外"为例 [J]. 大众文艺, 2015, 3.